地方創生先駆者モデル

「共助」が生み出す新たな戦略

地方創生先駆者会議【監修】
EYストラテジー・アンド・コンサルティング【著】

中央経済社

(左から) 村上敬亮氏 (デジタル庁　統括官)、牧大介氏 (株式会社エーゼログループ代表取締役社長)、安部敏樹氏 (株式会社 Ridilover　代表取締役)、加戸慎太郎氏 (株式会社まちづくり松山　代表取締役社長)、古田秘馬氏 (株式会社 umari　代表取締役)、藤沢久美氏 (株式会社国際社会経済研究所　理事長)、上山康博氏 (株式会社百戦錬磨代表取締役社長)、竹本吉輝氏 (株式会社トビムシ　代表取締役)、宮瀬茉祐子氏 (わたしをことばにする研究所　取締役)、堀　潤氏 (わたしをことばにする研究所　代表取締役)

「地方創生先駆者会議」メンバー

はじめに

地方創生先駆者会議は、何故、どうやって始まったのか

２０２３年１月20日、「ＥＹ知恵のプラットフォーム」が主催する「地方創生先駆者会議シンポジウム」に来場した方から終演後、次のように言葉を掛けていただきました。

「自治体で地方創生を担当しています。１人で頑張ってきました。でも、何をしているのか誰にも理解されていないようだし、成果も上がらない。うまくいっている地域と何が違うのか。どうすれば成功するのか、どこに答えがあるのかわかりませんでした。

成功している地域には地方創生の請負人のような人がいますよね。ああいう方とめぐりあわない限りは駄目なんだと、ほとんど諦めかけていたわけです。そうです、今日ここに来るまでは。大丈夫です。まだやれる気がしてきましたから」

＊

おそらく全国各地で、多くの方々が、同じような立場で同じような壁に突き当たっているのだと思います。そうした方々の輪をつなぎ、地方創生を成功に導くためのノウハウと知恵を共有するため、ひいては地域を起点に日本を再び活力ある国にできることを願って、地方創生先駆者会議が、今から約２年前より活動を始めることになりました。

地方創生は属人的現象に過ぎないのか

「地方創生」という言葉が初めて使われたのは、２０１４年9月のことです。第2次安倍晋三内閣の発足と同時に方針が発表され、地方創生担当大臣に石破茂氏が就任し、同時に「まち・ひと・しごと創生本部」が設置されました。その趣旨は、日本が直面する少子高齢化という課題に的確に対応し、人口減少に歯止めをかけるとともに、東京圏への一極集中を是正しながら、各地域がそれぞれの特徴を活かした自律的で持続的な社会を創生することを目指すというものです。

以来これまでの約9年、地方創生推進交付金、ふるさと納税などを活用しながら多くの地域が、さまざまな取組みを続けてきました。にもかかわらず、成功例と呼べる事例は、まだまだ決して多いとはいえません。

その要因もまたさまざまにあると思われますが、多くの場合、人材不足とノウハウ不足によるものだと考えられます。人材は都市部の大企業にはいるかもしれませんが、地元ではなかなか集められない。ですから、補助金の期限が来てプロジェクトが終わると、それを担っていた優秀な人材も大企業に戻ってしまい、地元には何も残らない。何度補助金プロジェクトを繰り返しても、同じことを繰り返してしまいます。

プロジェクトを引き継いで持続可能な事業として発展していけるだけのノウハウも資金もない。補助金に依存したプロジェクトを単発で続けるだけでは、自律的で持続的な地域社会を実現することは難しいでしょう。

一方で、確かに、この本で紹介する先駆者達の取組みのように、成功事例は複数あります。はじめは民間有志が少人数で立ち上げた小さな事業が、やがて話題を呼び、地元からも域外からも人が集まりはじめ、いくつもの事業が立ち上がっていく。その主役は地元の人たち、若しくは地元の人となった域外からの人たちです。大企業が助っ人に来なくなっても続いていく。むしろ、大企業の方も面白がってコミットを続けていく。民間事業が起点になる場合も、自治体の事業から展開が広がる場合も、パターンはさまざまですが、焚き火の火が大きくなってように、こうした地域では自律的な取組みが広がっています。

この違いは一体どこから来るのでしょうか。それがこの本のテーマです。

こうした成功例には多くの場合、中心人物がいます。あのシンポジウムの来場者が言われた「地方創生請負人」のように見える凄腕の人物が。もしくは、最初から集団で盛り上がっていたかのように見える推進役の仲間たちがいて、端から見れば、何かそういう人々がいたからこそ、その地域は成功したのだと思い込まされてしまうのです。

これをもって、「地方創生の成功例は属人的現象である」との定説が生まれます。その地域を元気にしたいと願うマインドがあり、そのための具体的な絵を描ける知恵と構想と行動力があり、なおかつお金を集められる知識やツテを持ち、事業を起こす力があって、さらに人を巻き込むこともできるカリスマ的な人。そうそういるものではありません。

幸運にもこうした人物と出会えた地域だけが再生できるのだとしたら、地方創生は画餅に過ぎないと言わざるを得ないでしょう。

そんなことで良いはずがありません。日本の未来が懸かっている以上、「凄い人にめぐりあえてよかった、うまくいきそうでよかった、ラッキーだった」というような、単なる偶然の産物として地方創生を終わらせるわけにはいかないのです。

では、どうするか。私たちはこう考えました。

一見して属人的現象のように思える成功事例をいくつも並べて俯瞰してみたら、それらに共通するある種の「型」のようなものが浮かび上がってくるのではないか。「凄い人」にもそれぞれの個性と能力がありますが、それを因数分解し要素を洗い出せば、実は、成功要因を構造化し定式化することができるのではないか。これを経験的な理論として体系づけ横に展開することで、「成功する地方創生」のモデルを人工的に再生産することも可能になるのではないか。「地方創生スタートアップエコシステム」は人工的に創出できるのではないか、という問い立てです。

この問い立てに答えるには、数々の地方創生事業を成功させた経歴を持つプロフェッショナルの協力が欠かせません。自らの成功体験に基づく具体的なノウハウや知見を備え、かつ他の地域の成功事例を分析して抽象的な論理へと言語化できる人たち。

私たちはそんな具体と抽象の世界を自由に行き来できる達人を「先駆者」と呼び、一堂に会して議論を重ねていただくこととしました。まずは「型」を見出すことから始めよう。

それが、「地方創生先駆者会議」の始まりです。

「共助」による新しい社会システムの構築を

事の発端は3年近く前に遡ります。我々ＥＹＳＣ（ＥＹストラテジー・アンド・コンサルティング）公共・社会インフラセクターのメンバーは、前述のような地方創生のあり方についての論議を重ねていました。

ＥＹは世界150以上の国・地域に700を超える拠点を有し、企業等にビジネスコンサルティングなどのサービスを提供しているプロフェッショナルファームです。そのＥＹが、なぜ地方創生なのか。それは、全世界のメンバーファームに共通するパーパス（存在意義）として「Building a better working world（より良い社会の構築を目指して）」を掲げ、「長期的価値（Long-term value）」の追求を最重視しているからです。

コンサルティング会社は通常、クライアント企業の経営課題を解決することを第一義的な使命としています。ＥＹにおいてもそれは変わりませんが、私たちの場合、その経営課題の先には業界全体の課題があり、さらにその先に日本の課題、すなわち社会課題があると考え、それらすべての解決に資することがパーパスに則った使命であると自認しています。

したがってＥＹは、目先の利益のみに捕らわれず、長期的視点からコミットする姿勢を基本としているのであり、地方創生は、まさそうした問題意識と価値観、そして時間軸を持つ我々こそが正面から向き合うべきテーマであると考えているのです。

私たちにとって、地方創生だけがゴールではありません。地域の変革を起点として、日本全体に関わる新たな社会システムを構築することを最終的な目標としています。少子高齢化が進み、気候変動問題が深刻化し、パンデミックの脅威や地政学的リスクが高まる一方、地域における高齢者への生活支援、一人親世帯が無理なく働き暮らせる環境づくり、中小企業に対するＤＸ支援など、新たな社会課題も次々に生まれています。

こうした日本全体のひずみをもっとも深刻に受け止めているのが地域経済です。自治体財政はますます逼迫しつつあります。民間サービスも地理的な多様性や分散性、サービス単価の低さなどが足かせとなり

EY知恵のプラットフォームとして

地方創生で先行開発した、先駆者会議、ノウハウの定式化、社会実装へのチャレンジという、「知恵プラ」事業サイクルを、他分野にも広げ、ブランド価値の向上、事業化市場への拡大へとつなぐ。

EY知恵のプラットフォーム（略称：「知恵プラ」）の事業サイクル

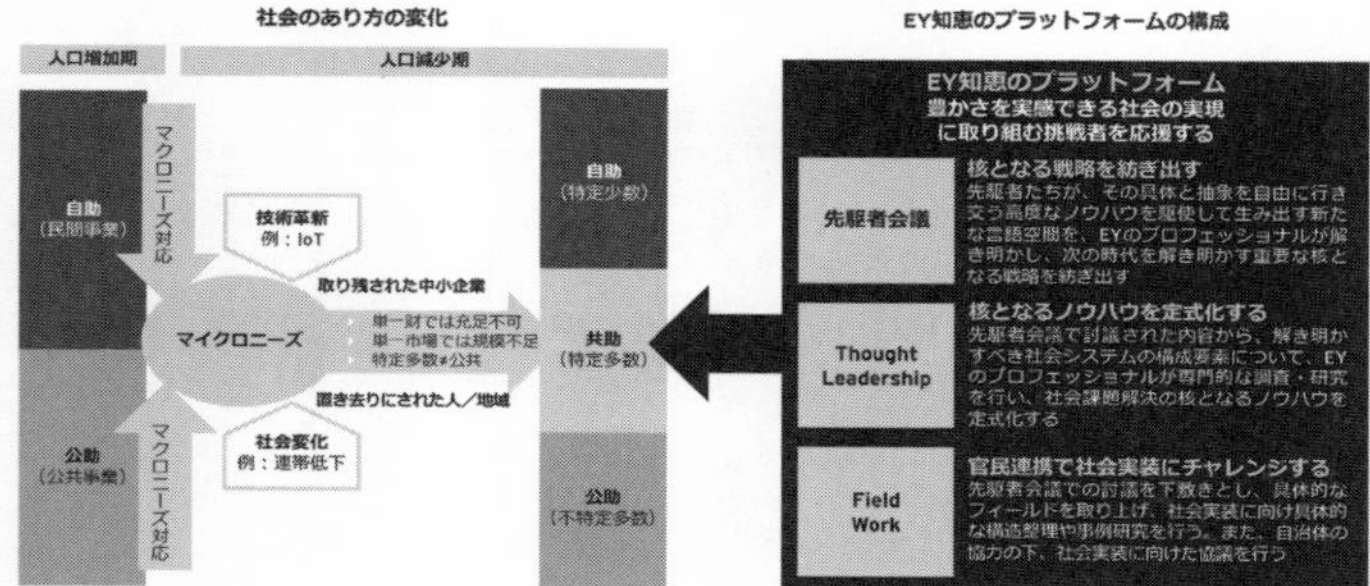

知恵プラHPより

EY知恵のプラットフォームは、地方創生を皮切りに、データスペースエコノミー、モビリティなど、コンサルテーション市場の先行開発を担う組織として徐々に活動の輪を広げていく。

その持続可能性が問われている状態です。行政サービスでも民間サービスでも解決困難な課題が今後さらに増えていくのだとしたら、両者の知見を統合する新たな仕組みを構築し、官民の有機的な役割分担によって市民へのサービスを賄う必要は、地方にこそあるでしょう。

つまり、行政による「公助」と民間による「自助」に加え、両者の協働による「共助」の仕組みが求められているのであり、その確立こそが、日本の抱える最重要課題であると考えます。

こうした展望に基づき、私たちは、官民が連携して社会課題の解決に当たり、双方の知恵を持ち寄って共助社会の創出に取り組むための枠組みをつくりました。それが、2021年11月12日に発足した「EY知恵のプラットフォーム」です。地方創生は、その重要テーマの1つに位置づけられました。

EY知恵のプラットフォームは、「先駆者会議」「Thought Leadership」「Field Work」の3つの部会で構成されています。

先駆者会議では「核となる戦略を紡ぎ出す」ことを目的として、具体と抽象の両面を行き交う高度な知見やノウハウを駆使しながら、社会課題の解決に向けた方法論を言語化していきます。それをもとに、「核となるノウハウを定式化する」ための専門部会が Thought Leadership です。ここでは先駆者会議が導き出した社会システムの構成要素を整理し、新たな調査や分析を加えて体系化します。そのうえで、Field Work のフェーズへと進み、具体的なフィールドを取り上げて自治体の協力も得ながら、それぞれの現場で、体系化した仕組みの官民連携による社会実装にチャレンジすることになります。

「地方創生先駆者会議」の成り立ち

「地方創生」を初回テーマに据えた先駆者会議は、ＥＹ知恵のプラットフォームが始動するのと同時に、２０２１年11月12日に第１回会議を開催しました。参画いただいたメンバーは以下のとおりです。

◎先駆者

○安部敏樹　氏　　株式会社 Ridilover　代表取締役
○加戸慎太郎　氏　　株式会社まちづくり松山　代表取締役社長
○上山康博　氏　　株式会社百戦錬磨　代表取締役社長
○竹本吉輝　氏　　株式会社トビムシ　代表取締役
○藤沢久美　氏　　株式会社国際社会経済研究所　理事長
○古田秘馬　氏　　株式会社 umari　代表取締役
○牧大介　氏　　株式会社エーゼログループ　代表取締役社長
○村上敬亮　氏　　デジタル庁　統括官

◎ファシリテーター
○堀　潤　氏　　　　わたしをことばにする研究所　代表取締役
○宮瀬茉祐子　氏　　わたしをことばにする研究所　取締役

先駆者としてお招きした8名はいずれも、地域づくりにおいて目覚ましい成功実績を持つ、いわば地方創生のプロフェッショナルです。かつ、前述したように自身の体験に基づく具体的な事例やノウハウについて語れるだけでなく、そこに見え隠れする要素を捉えて抽象的な理論を導き出す能力にも長けた方々を選ばせていただきました。

先駆者の中での議論の先導役を、前出の村上敬亮氏にお願いするとともに、わたしをことばにする研究所の堀潤氏（元ＮＨＫアナウンサー）および宮瀬茉祐子氏（元フジテレビアナウンサー）の両名に会議全体のファシリテーターを依頼しました。加えて、堀氏、宮瀬氏には、会議で上映する各事例の取材映像も制作いただきましたが、この映像が本会議の検討に大きく貢献することになります。

開催した会議は全7回。第1回の古田秘馬氏を皮切りに、２０２２年12月12日に行われた最終回の牧大介氏まで、７名の先駆者が持ち回りでプレゼンターを務める形で、およそ2カ月に一度の頻度で開催しました。

各回の基本的な構成は、まず会議の冒頭で、先駆者が自分自身の関わる地方創生の事例についてプレゼンテーションを行うことから始まります。並行して、その事例の舞台となった現場を堀氏・宮瀬氏が実際に訪ね歩いて取材した映像が、発表の合間に流されました。これを受けて、何が成功要因として挙げられるのか、どんな課題を克服したか、普遍化できるポイントは何か、これからどうするのか、といった要素について全員で議論を交わします。

会議に先立ち、プレゼンターとなる先駆者と村上氏、堀氏、宮瀬氏を交えた綿密なヒアリングが行われ、発表内容の要旨や鍵となる要素、現地取材のポイントなどが確認されました。

例えば、古田氏が香川県三豊市の事例を紹介した第1回会議では、民間レベルの小さな事業を発端とする「自助から共助への展開」が通底するテーマとなりました。これを受けて第2回会議に登壇した竹本吉輝氏が、島根県海士町で廃校寸前となった公立高校の再生に始まる「公助から共助への流れ」を紹介。さらに、第3回会議ではガラリと方向性が変わり、八面六臂のロビイスト的な活動で民泊新法を実現へと導いた上山康博氏による「政と官の動かし方」で耳目を引きました。

このように各回であらかじめ大枠のテーマは設定されていましたが、実際の会議においては、それをベースにさまざまなキーワードが生まれ、またそれに触発されるかのように、明文化されていなかった論理が新たに共通言語化されていきました。

一例を挙げれば、ある地域での活動が一定の段階に差し掛かると、その動きに関心を惹かれ、自分にも何かできるかもしれないと域外から集まってくる人たちが現れます。最初は「観客」に過ぎないその人々を具体的な活動に誘うには、「本気」にさせる周囲からの「煽り」が必要となり、またその活動に芽を出し長続きさせるための「出番と居場所」が求められます。しかし、そこでは往々にして何らかの対立構造が生まれるため、新しく来た人たちを守るための「防護膜」を用意すべきであり、またそうした経験を積みながら成長し巣立っていくための「藻場（もば）」のような仕組みが重要になります。

こうして合流と対立と成長を伴う「鍵となる事業」がエリアのあちらこちらで生まれていくと、それはあたかも「ミルフィーユ」のような様相を呈しながら重層的な構造を形づくり、いよいよ地方創生の本格ステージへと発展していく。

本書の第1章では、こうした会議の全容を各回でほぼそのままの流れで再現しています。この流れは議論の発展過程を表すものであると同時に、第1回から第7回までの全体を見たときに初めて浮かび上がる、地方創生の「型」が次第に形をなしていくプロセスでもあります。ぜひ、第1回から順にお読みください。なお、先駆者の1人である安部敏樹氏の会社が運営するオウンドメディア『リディラバジャーナル』にも、それぞれの会議の全文議事録が収録されていますので、更に各回の詳細なやりとりにご関心を持たれた方は、そちらをご参照ください。

進化する先駆者会議、深化する地方創生を目指して

今、全7回の先駆者会議を終えてわかったことは、やり続けなければならないということです。

会議での議論の積み重ねを通じて、地方創生を成功へ導くための要素の洗い出しとその言語化、それらに基づく理論体系としての「型」づくりについては、一定レベルの段階に達することができたように思います。それは村上氏の手による「地方創生先駆者モデル」として、本書第2章にまとめました。

しかし、ここからさらに詰めていくべき次の課題も見えてきました。その1つは、人づくりです。会議ではファイナンスの用語になぞらえて「GP（General Partner）」と呼びましたが、地方創生には無限責任を持って地域の事業を切り盛りする牽引役が不可欠です。また、地域側からそれをサポートする「エリアオーガナイザー」や、資金調達も含めて事業の環境づくりを外から支える「アクセラレーター」の存在

も必要です。地域には、そうした事業化を担う人材と支える人材が圧倒的に不足しているのが現実です。

これを打開するために、先駆者会議では、GP候補や、エリアオーガナイザー、そしてアクセラレーターになっていく人材を育成するため、先駆者とその候補者達50名程度を集めた協議会を立ち上げることにいたしました。すでにその活動は始まり、今回の先駆者を第一世代とするなら、第二、第三の世代を生み出す試みに着手したところです。この活動を軌道に乗せ、人的ネットワークを駆使した地方創生の新しいステージを開いていきたいと考えています。

「地方創生は属人的現象に過ぎないのか」。その答えは「否」でなければなりません。しかし、一方で、地方創生を支える主役はあくまでも「人」であり、支え合う「仲間」がいなければ、その持続可能性は得られないだろうことも、この先駆者会議を通じて改めて認識することになりました。

「最後はやっぱり人なんです」と、第5回会議で地元松山での苦労体験を披露された加戸慎太郎氏は言いました。また、前出の竹本氏は、本書のためのインタビューに応えて次のように話しています。

「（古田さんをそのままコピーすることは出来なくても、）古田さんの備える機能を要素分解することにより、別の人物が似たような働きをすることも可能になるはずです。それに、加戸さんが1人で背負ってやってきたようなことも、何人かで分担できるかもしれない。（中略）ただし、それは人に依拠することを否定するものではありません。Aさんという人物がいなくてもできるけど、Aさんが務めてきた機能を担える別の個人が必要であることに変わりはない。その意味では、脱属人というより脱固有名と言ったほうがよさそうです」

第3章をお読みいただけるとわかりますが、堀氏・宮瀬氏による取材映像が、今まではおぼろげだった見方や考え方の解像度を上げ、共通言語化するうえで非常に意味があったと、先駆者の方々が口をそろえて証言しています。映像はまた、それぞれの地域の事情を頭ではなく心で理解するうえでも効力を発揮したようです。その映像の一部も、『リディラバジャーナル』の特設ページ（注釈参照）にダイジェスト版が掲載されていますので、ご覧下さい。

人の心に訴えかけるエモーショナルな仕掛けも、また、地方創生には欠かせません。安部氏はこれを言葉を換えて「物語」の必要性として指摘しています。その意味でも、やはり「人」は主役であり、人づくりが待たれることになるのでしょう。「まだやれる気がしてきました」と話してくれた、あのシンポジウムの参加者のような方々の心に火を灯し、いろいろな人にその火をつなぎながら大きく育てる「焚き火」のような仕組みが、全体の仕組みを動かす原動力になるでしょう。

そして、もう1つ。最終回で牧氏から投げかけられたこの会議の次のステージに向けた課題も残っています。牧氏が事業を行う岡山県西粟倉村では、20年前に近隣自治体との合併をしない選択をして以来、森林再生事業を軸にローカルベンチャーの育成に力を入れ、50社以上のスタートアップを生むことに成功しました。しかし、1つひとつがしっかりと持続可能な事業となっていくためには、一定規模以上の事業となることが欠かせません。事業のスケールアップが次の課題となります。しかし、そのスケールアップを域外の資本に頼れば、せっかく育てた事業が地元不在の事業になる。とはいえ、自分たちでやろうにも、地域にはそこまでの資本力がない。この矛盾に、多くの「成功した」地方創生の取組事例が、立ち止まることを余儀なくされているのが現状です。

先駆者会議では、第4回会議で「分配思考から投資思考への転換」の重要性を説いた藤沢久美氏の指摘により、ファイナンスの仕掛けが規模拡大への鍵となることがわかっています。では、それを具体的にどうするか。この命題と向き合うため、ＥＹでは、先駆者会議は今年度中に「第2ラウンド」を開始することとしています。

＊

今回の先駆者会議によって、地方創生を成功へと導く手順のすべてが明らかになったわけではありません。なお多くの疑問や課題を積み残していることは否めませんが、「山頂」へ登るための道筋の1つが霧が晴れるように見えかけていることも確かです。

本書では、そこに至るまでのプロセスを読者の皆様と少しでも共有できるよう、空気感も含めて会議の実像を伝えることに努めました。また、現実に地域の側で地方創生を担う方々や、その動きを域外から支援する人々にとって少しでも役に立てるよう、共通言語となり得るフレーズやキーワードをできるだけ多く用いることにも努めました。

本書とＥＹ知恵のプラットフォームの活動が、今後の地方創生を支えるネットワークの形成と、地方創生スタートアップエコシステムの構築に寄与できることを願っています。

２０２３年9月

ＥＹ知恵のプラットフォーム事務局

地方創生先駆者モデル　～「共助」が生み出す新たな戦略～

第1章

先駆者会議

第1回　香川県三豊市　古田秘馬氏のケース
UDON HOUSE から Urashima Villege へ
―観光客が5年間で100倍に

人口6万人余りの海に面した小さな町、香川県三豊市が「地方創生の成功例」として注目を浴びている。UDON HOUSE から始まった新たな取り組みの流れが、「日本のウユニ塩湖」と呼ばれる父母ヶ浜がSNSで話題を集めたのを引き金に、人を集め、さまざまな創業を生み、すでに15以上の会社が新たに動き出した。三豊市の地域プロデュースの一翼を担った株式会社 umari の古田秘馬さんのプレゼンテーションから、第1回先駆者会議が始まる。

◆地域のプロデュース

古田：地方創生を考えるとき、地域の課題解決から入る例は多いでしょう。しかし、私はいつも、「みんなでこんな町をつくりたい！」という地域のみんなとの思いから「地域をプロデュースする」ことにしています。香川県三豊市も、そんな事例の1つでした。

地域のプロデュースにおいて重要なのは、軸足を「コミュニティ」に置くことです。よくグローバルとローカルといいますが、この対立軸で地域を捉えると、全国どこでも同じような活動に終始しない。グローバルの価値観は、基本的に数の論理で成り立つ。しかし、ローカルが強いのは数ではない。それを支えるコミュニティだ。そう考えて、私たちはグローバルの対立軸を、ローカルではなくコミュニティとすることにしました。魅力あるコミュニティ作りこそが、地域プロデュースの根幹です。

◆高付加価値ではなく、他付加価値

そう考えると、大多数の人にとって価値がなくても、ある一定の客層に圧倒的に支持される可能性を秘めたものが見えてくる。浜辺に建つボロボロの小屋は、グローバルな不動産価値から見ればまったく魅力がないけれども、サーファーにとっては貴重かもしれません。何かに特化したコトを突破口として、それぞれが志向するコミュニティをつくればよいのだと考えています。

もう1つのポイントは、高付加価値ではなく「他付加価値」という考え方。例えば、無農薬で栽培した最高級のリンゴからつくるジュースに1本1万円の値を付けて売ろうとするように、多くの人は付加価値を高くする選択をします。確かに最初は目を引くかもしれない。でも、長続きはしないでしょう。では、「他の付加価値」とは何か。三豊市では、うどんを食べることにではなく、作って学べる教材キットとして成功しました。食とは異なる別の付加価値をうどんに付けたということです。

そもそも、香川県ではすでに「うどん」にまつわる商品開発やブランディングはやり尽くした感がある。今さら1玉1000円の高付加価値うどんを出しても売れそうにない。そこで、10玉7000円の粉から始まるうどん作りのためのセットを「さぬきうどん英才教育キット」として販売したところ、孫と一緒に、もしくは孫にプレゼントしたいお年寄りに人気を博し、飛ぶように売れました。そのセットの中には、実質1玉700円のうどんが含まれています。これはうどんとしては確かに高価。しかし、買っていただいているのはうどんだけでない。「孫との時間」や「教育」という、うどんの「食」とは違う「他の付加価値」なのです。

◆UDON HOUSEと父母ヶ浜

三豊市での取り組みについて、順を追って説明しましょう。

始まりは「UDON HOUSE」です。古民家を買い、讃岐うどんをつくって学ぶ外国人向けの体験型宿泊施設をつくりました。コンセプトは「泊まるうどん」。山に泊まれる山小屋があるように、うどんの本場に泊まれるうどん屋があるのも面白い。そんな発想から生まれた、地域の食文化を学ぶ宿泊型ビジネスです。

料金は1泊2日で3万円。そう聞くと、高いと思われるかもしれません。ですが、例えば同じ値段でイタリアのナポリに「泊まれるピザハウス」があるとして、本場のピザづくりに加えて現地の人との交流まで体験できるとなったら、どうでしょう。むしろ安いと感じるのではないでしょうか。

実際、このUDON HOUSEは外国メディアの目にも止まって話題となり、CNNのトラベルニュースに10日間掲載されたこともあります。それから間もなく、およそ25もの国や地域から人々が訪れるようになりました。

次のステップではもっと多くの人がかかわれる、活躍の場づくりを考えました。今でこそ「日本のウユニ塩湖」として知られる人気の観光スポットになった、父母ヶ浜ですが、その頃はまだあまり人のいない寂しい海岸でした。しかし、地元の皆様が30年以上毎月みんなでビーチの清掃をしているお陰で、はだしでも歩ける浜として、インスタの普及とともにようやくSNSに投稿され始めた時期でした。

その父母ヶ浜で、老朽化した公衆トイレの指定管理者を更新する話を聞きつけた私たちは、行政にパークPFIという手法を提案しました。「指定管理費はいただきません、年間の地代も払いますので、年間を通じてここで商売をさせてください」というモデルを、地元の企業、地域外の緑のメンテナンスの専門

古田氏講演資料より

企業、そして地元の地域商社で提案しました。

そのビジネスモデルのもと、ワークショップを開いたり地元のスーパーの3代目が地域の内と外をつなぎたい！とコーヒー店を出したりするうちに話題となり、自分も何かしたいと名乗り出る人たちが増えだしまし、インスタグラムの爆発的な普及とともに一気に父母ヶ浜は全国区となっていきました。そしてその流れは父母ヶ浜だけにとどまらず、地域のプレイヤーたちにチームを作ってプロジェクトを生む流れが伝播していきました。30歳代の子育て真っ盛りの世代が「おむすび座」という古民家を改修した子育て世代のためのお座敷カフェを始めたり、廃業して30年近く経っている酒蔵を、地元の100年企業の4代目、5代目が中心となって会社を作り、宿泊とレストランに復活させたりと、そうやって15以上の会社が次々と立ち上がり、ついには30本のプロジェクトが動きだし、三豊全体が賑わいを見せるように変わっていきます。

こうして活動を広げていくと、県外からも「自分もかかわりたい」と集まってくる人が増えてきます。そうし

瀬戸内works

古田氏講演資料より

た方々が泊まれる場所が不足していたので、今度は「ＧＡＴＥ」という宿泊施設をつくりました。住まいだけでなく、仕事とコミュニティまで提供する場所です。週末だけカフェを手伝う、ＩＴ関連のサポートをする、といった地元で働く機会と交流の場を紹介することにより、長期滞在をすることが可能になりました。初めての土地で心細くなる人たちを、地域の仲間が支える仕組みです。

要するに、私たちがつくっているのは、地域におけるこうした「機能」であり、コンテンツではないと思っています。

◆地域の一番の敵は依存心

お金の話もしておきます。何か取り組みを始めるのにあたり、私たちは基本的に自己投資やクラウドファンディングを中心に資金を調達することにしています。補助金を使う手もありますが、それ頼りになってしまうとうまくいかないからです。

地域の一番の敵は「依存心」だと私は思っていま

す。地方創生を自分事として捉え、自分たちの手で支え合いながら事業をつくることが大事です。行政がやってくれる、大企業に任せればいい、町の重鎮に頼ろうではなく、「自分たちでやろうぜ！」という姿勢です。地域にないものは自分たちで生み出せばいい。そうした考えに適しているのが、クラウドファンディングによる資金調達です。

実際、観光客も50万人に達するレベルになると、大企業が注目しだします。大手資本によるホテル進出の噂もありました。それに伴い雇用が生まれるのなら願ってもない、とする考えもあるでしょう。しかし、それでは地元企業が大手の下請けになってしまいます。UDON HOUSEをつくった仲間たちとある時飲み会でその話題となり、「それなら自分たちでホテルをやってしまおう！」と私たちは決断しました。

この頃には取り組みの規模も大きくなり、ある程度の成功も見込めたので、今度はクラウドファンディングではなく自分たちで出資をし、融資も受けて事業を進めることにします。具体的に言うと、地元メンバー11社が５００万円ずつを出し合い、さらに地元金融機関から1億４０００万円を借りました。その11社には建築会社や建材屋、家具屋、バス会社、電力会社などがいて、それら出資した企業がホテル内のすべての業務を請け負う仕組みとしました。自ら得た利益をコミュニティで蓄え循環させる、地域開発の新しいモデルをつくることができたと思っています。

そんな仕組みも評価されて、浦島伝説で知られる場所に建てたこのホテル「URASHIMA VILLAGE」は２０２１年に、「ウッドデザイン賞」の最優秀賞（農林水産大臣賞）を受けています。

◆大事なのは、アイディア自体ではなく、その理由

こうした取り組みを進める中で、改めて重要だと思ったことを最後に２つ挙げておきましょう。

地方創生において必要な要素

 総合的なマーケティングリサーチと地域の現状把握

 それに合わせたターゲットの明確化

 ターゲットに向けたコンセプトの開発

 コンセプトを実現するコンテンツの発掘

 コンテンツを事業化する地域人材の育成と機会の提供

 全国・世界共通のプラットフォームでの情報発信戦略

 適正なファイナンシャルスキームの確立とKPIをしっかりと作る経営チェック体制

以上の要素が"どれかだけ"ではなく、
すべての要素を合わせて知見としてサポートしなければ意味がない。

古田氏講演資料より

まず、関係人口をいかに増やし、関係性の密度を上げていくか。三豊市は7つの市町村が合併してできたため、〝三豊市〟というアイデンティティが希薄な部分がありました。実はお互いのことをよく知らない。だからこそ、ビジョンを語る場で触発し合い、東京から来た「よそ者」も偏見なく受け入れてくれて、地元への想いを強くできたのだと思います。

自分たちのありたい姿について真剣に語り合える場をつくることは重要です。表立って見えるものではありませんが、活動を下支えする効果は大きいはずです。

もう1つは、「コンセプト」と「アイデア」を明確に分けて考えること。コンセプトは「なぜ、それをやるのか？」、アイデアは「どうやってやるのか？」ということですが、往々にして両者を一緒にしているか、どちらかしかないケース

が見られます。

例えば、「ご当地グルメ」「ゆるキャラ」「ご当地アイドル」「マラソン大会」「世界遺産」「大河ドラマ」。これらはよくある地域のイベントですが、多くの場合、なぜそれをやるかが置き去りにされています。大事なのはコンセプトです。他の地域で成功したアイデアだけを横にトレースすると、その取り組みは瞬く間に陳腐化します。

三豊市の場合、「讃岐うどんの文化を伝えよう」とコンセプトを決めて、ボロボロの古民家で何ができるのかを考えたとき、「うどんを学べる宿をつくる」というアイデアが生まれてきました。

共有すべきは「アイデア」ではなく「コンセプト」。そのことに本気を出して向き合えば、それぞれの地域で異なるコンセプトが自然と出来上がってくると思います。

まとめとして、三豊市のプロジェクトを通していえる成功要因、7つのポイントを書き出してみました。社会的評価の高いプロジェクトをつくる際の視点と言ってもよいでしょう。

◆本気に火をつける人の繋がり

堀：気になるワードがたくさん出てきましたね。私たちも、現場を訪ね、2人の方にお会いし、色々な思いを取材してきました。

1人は、東京の大手企業から三豊のコミュニティに飛び込み、うどん作り体験を提供するUDON HOUSEを始めた原田佳奈子さん。もう1人は、原田さんの活躍に触発された、今川宗一郎さん。「宗一郎珈琲」や「宗一郎豆富」など新たなブランドを始めた地元スーパーマーケットの3代目です。

お二人は、UDON HOUSEで開かれた地元経営者の飲み会に参加したのが縁で、「地域のやりたい心に火をつける」というビジョンに共鳴。その結果、2人の周囲でも、次から次へと新たな創業が起きていきました。

宮瀬：原田さんと今川さんは別々の事業をされているのですが、取材をすると、お二人からは同じレベルの熱量を感じました。東京から三豊に飛び込んだ原田さんの本気が、三豊にいた今川さんの本気に火をつけた。ぶつかることで信頼が生まれ、更にその周囲の事業拡大にもつながっていく。こういう風に人をつないで共通の認識を持つチームを築くのは簡単ではないと思いますが、どのようにされたのですか？

古田：私たちは「無責任」な仕事しかやりません。ただし、無責任というのは他人や地域に対する責任は持たないという意味で、徹底して自分のやりたい仕事をする。やりたくなければ辞めればいい、やらされていると続かない。こういう話をよくします。UDON HOUSE の場合も、コンセプトを提案したのは自分ですが、原田さんとは、雇う側と雇われる側の関係ではなく、対等の立場で事業をやろうと伝え、お金も互いに出し合って UDON HOUSE を始めたんです。

宮瀬：外から来た原田さんの活躍を、地元の人たちがどう捉えていたか、今川さんに伺ったところ、地元の住民だけで集まると、「誰が中心なのか」に視点が向きがちだけど、外部の存在が入ることでそれが払拭できると。

古田：最初はザワザワしていましたよ。東京から若い女性が移住してきたわけですから、何をするんだろうと。でも、原田さんを囲むようにして飲み会を続けていくうちに、それぞれのやりたいことや、地域に対する想いをみんなで共有できるようになりました。そして、ついには原田さんがハブのような役割を担い、各市町村のリーダー格の人たちの間につながりが生まれます。彼女を介して、地域における新たな関係づくりが進んだのです。

村上：こんな風に、地域の人間関係は二重にも三重にも広がっていって、活動を続けるほど密度も濃さを増していく。三豊市の場合も、コアになる人から中間で支える人、反対を唱える人までが重なり合い、まるでミルフィーユのように重層的なコミュニティが出来上がっていったんですね。

◈「出番」と「居場所」

古田：取り組みが面白ければ長く続き、そこからまた新しい事業を生み出す土壌ができていく。例えば、シリコンバレーが常に人を惹きつけ続けるのは、そこに美味しいグルメがあるからではなく、新しい何かを生み出せる可能性があるからです。三豊市もすでに起業の場として選ばれるようになりました。それこそが地域の魅力、ブランドの証だと思っています。

これからのコミュニティ作りにとって大事なことは、域内外の人材に「出番」と「居場所」を作ることです。挨拶の機会のような出番もなければ、知り合いも乏しい居場所のない飲み会には行きたくありませんよね。やりたいことをやれる出番があり、安心して過ごせる居場所がある。そうして、域外から人々を、域内で新たな取り組みに目覚めた人を、次から次へと本気のネットワークに取り込んでいくことが大切です。

安部：お話を伺っていると、人に対する「目利き」の精度がすごい。企業などで本当に良い人事を実現しようとすると、人物の良い面や伸ばし方をかなり緻密に見て配置しなければなりません。地方創生の現場も同じで、人の配置を緻密にしている地域はうまくいっているように感じる。目利きをした人も、選ばれた人も、期待以上の結果を出そうとするからです。目利きの質が責任の質を決める、とも言えそうです。

◆「煽る」ことが大事

藤沢：原田さんや今川さんのような桁違いの本気度を持つ人、いわば「スーパー本気度」のプレイヤーがいることも大きいですね。私も地域でいろいろ取り組んでいるのですが、何かをやりたいと思って具体的なアイデアを持つ人たちがいるものの、もう一歩踏み出せずにいる。どうすれば、スーパー本気度の人を見つけたり育てたりできるのでしょう？

古田：今川さんも最初は本気を出し切れていなかった。三豊市にかかわりたいと言って外からある専門家がやってきたとき、その人にすべて任せて、結果的には振り回されて終わったことがありました。ちょうどそんなときに原田さんが三豊に来て、落ち込む今川さんに「あなたは本気で何をしたいの？」と尋ねる場面があった。それから今川さんの意識が変わったように思います。

安部：「煽る」ことが大事なんですね。煽らないと、すぐに辞めてしまうかもしれない。地元の人も外から来た人も、みんなで煽りあう。とにかく、煽る、煽る！

竹本：私の場合、地域にたくさん「心が折れている人」がいました。それが逆に面白くなる要素の1つでもあるのですが、地域の方々のポジティブな熱量が足りていないと感じる場面は多くあります。藤沢さんが言われたように、やりたいことがたくさんあるというレベルにも到達していない状況です。ただ、それが地域差なのか、単なる個人差なのか、かかわる産業の問題なのか、あるいは私自身の感度がいけないのか、そこのところは正直よくわかりません。

古田：変化が表れやすい地域とそうでない地域というのは、確かにあります。人体に例えるなら、体の表面は治癒しやすくても、内臓は治るのに時間がかかる。一次産業よりサービス業のほうが新しい取り組みを始めやすいこともあるかもしれません。三豊市がよかったのは、確たる観光名所がある近隣の琴平町や観音寺市とは違い、何もなかったからかもしれません。変な過去の成功体験に振り回されなかった。誰からも注目されていないノーマークの土地だからこそ、ちょっとしたことの実現が「自分たちはやれる！」という自信にも繋がった。それもよかったと思っています。

上山：私も、基本的には地域の人たちは心が折れているものだと思っています。ただ、そうした人たちに「頑張れ」と言うのは逆効果です。良いところを探し、それを伝え、心の底から褒めてあげることが大事ではないでしょうか。

三豊もそうだったかもしれませんが、外から来た見知らぬ人に対して、初めは拒否反応や不安感を抱くのは無理もないことです。特に東京から来た人に褒められても、なんとなく信用ならない。その点、外国人観光客にたくさん来てもらえたことはよかったですね。わざわざ外国から来てくれること自体に説得力がある。また外国人の評判が連鎖的に更に外国人を呼び込む。その仕掛けにメディアを有効に使えたのもよかった。その成功が、心が折れた人たちを癒やし、次につながる循環を生んだ面もあるように思います。

◈ 融資と投資、地域の勝ち癖

村上：地方創生は「属人的な成功」に負う部分が大きいのが実情です。この状況を改善し、一定の「型」のようなものを引き出すには、「人」と「金」の両面から問題を因数分解していく必要があると思います。今までのお話で人に関するヒントはいろいろとありました。お金の仕組みについてはいかがでしょう？

古田：冒頭でも少し触れましたが、融資と投資の違いついて整理してみます。一般的に言えば、融資はこれまでの実績を踏まえて行われるもの、投資はこれからの可能性に向けて行われるものだと思います。最近ではそこにクラウドファンディングなどが現れて、実績や経験がなくても良いアイデアがあれば寄付が得られるといった変化も見られます。

さらに別の変化として、地域における融資と投資のポジションは逆転するかもしれないと私は考えています。何か新しいプロジェクトに挑戦しようとするとき、普通は皆で資金を出し合う投資から始めます。しかし私は、自分自身で融資を受け、最大限のリスクを背負って始めるほうが有効だと思い始めているのです。

なぜか。新たなチャレンジというものには独断的で素早い判断が求められるうえ、その新しすぎるものに対する理解を得るのに大変な時間と労力を要するからです。うまくいかなかった場合に負の連鎖に陥る恐れもあり、実際、地元でお金を出し合った施設が破綻するケースも多く見てきました。ならば、個人がリスクを取ってやるほうが早い。UDON HOUSEを始めるとき、そう思いました。

ところが、URASHIMA VILLAGEでは、一転して投資に切り替えました。先ほども言ったように三豊での取り組みが熟度を増し、一定の成功ラインが見えていたからです。成功を独り占めしない、全員で成功体験を共有することが大切ですし、地域に「勝ちぐせをつける」ことが可能となる段階まで来ていたので、皆で話し合って資金を出し合うことに決めました。勝ちぐせがつくと、新しいことを始める勇気と自信も生まれます。

◆ 自助から共助へ、共助のファイナンス

村上：URASHIMA VILLAGEでのやり方は、資金調達のある種のプラットフォームといえそうですね。出資した11人のメンバーという「同じビジョンに共鳴した集団」を地域の中で切り出せたことには大きな意味があると思います。「思い込みと情熱の程度においてメンバー間に差がない集団」を生み出せている

地域の事例は多くありません。自治体が持つ公平性の論理が作用して、思いが同じように熱い集団が際立つことを妨げているのかもしれません。

古田：地域におけるファイナンスの仕組みが、「公助＝税金を投入する」か「自助＝個人の投資・融資」に限られていて、共助の仕組みが働かないことにも問題があると思います。私が考えているのは、「地域で頑張る人たちが、自分たち専用の銀行を持つ」といったイメージです。返せる目処がなければ借りられない融資でもなく、一定の条件をクリアしなければもらえない補助金でもない、「地域が盛り上がる」ことをリターンとして自分たちで資金を出し合う共助のファイナンスです。

竹本：共助のファイナンスによって行政を介さないプロジェクトが実現できるのはよいことだと思います。ただ、私の場合、森とか里とかのとんでもなく広い空間、いわば共有財産的なものと向き合うプロジェクトが多いので、そこにかかわる人の規模も必然的に大きくなります。その中で一部のトップランナーだけが突っ走っても、全体はなかなか動きません。大多数の人たちの重心を少しずつずらすにはどうするか、ということを考えると、むしろ行政に積極的にかかわってもらったほうがよいケースもあるように思えます。

藤沢：私のプロジェクトは企業からスポンサーシップをいただく事例が多いのですが、リターンをどこに求めるかは悩みどころになっていますね。

加戸：金融的には債務や収益の問題は当然ありますからね。でも、ある大企業の話では、共助型のサービスも、ネットワークを活用すれば企業にもメリットがあると考えているようでした。例えば、電子決済サービスを地域で広げようとするとき、１つひとつの店舗を回って話をつけるのは骨が折れますが、商店街のネットワークを使えば一気に導入できます。私は商店街組合の代表をしていますが、商店街も本来は共助です。共助的なお金の集め方、コンテクストのつくり方をどうするか、いろいろと試してみたいと思っています。

安部：私が仕込みたいと思っているのは、先ほどから言われている「関係人口」をストラクチャードファイナンスに落とし込める基盤をつくること。考えられるお金の入口の1つは観光でしょうか。宿泊費で5万円は落とせます。もう1つは寄付。例えば、関係人口になった人がサブスク的に寄付を続けていく仕組みをつくれば、自由度の高い、しかも計算のしやすいお金ができそうです。地域としては、頑張れば頑張るほどストックが積み上がっていくイメージが描ける。寄付を続けることで、その人もより濃い関係者に変わっていきます。

◆ ベーシックインフラ・モデル

堀：ふるさと納税はそれに近いように思えますが、地域とのかかわり度合いはいかがでしょう。

安部：見返りに物品を期待するというのではなく、ただただその地域に感化されたという「体験」に対する寄付なんです。応援するだけでいい。言ってみれば、地域の人たちとの関係性を維持するための交際費のようなもの。例えば、私が三豊市にサブスクで毎月1000円払い続けるとして、現地に行けば歓迎されて、いろいろな人と知り合いになれる。私の宿泊体験は年間1万2000円で一挙にバリューアップするわけです。私のリターンはというと、「応援する幸せ」です。

古田：サブスクのお話が出ましたが、私がこれからしたいことも、サブスクのような形態を使った地域のベーシックインフラの構築です。新しい税金の取り方といいますか、地域の人たちがお金を出し合い、地域のパブリックサービスをそれで賄い、浮いたお金をさらに投資に回していくような共助ファイナンスのモデルづくりを考えています。
そのサブスク事業を請け負う組織は自前の電力会社を持ち、製造もするし、交通サービスも提供する。すると原価が下がり、生活費も抑えられる。その地域に移り住めば、もしかしたら月5万円もあれば暮らしていけるかもしれない。地域のベーシックインフラ・モデルです。
さらに先を見通せば、このモデルを複数の地域で確立し、それらをつないで共通インフラを構築する展開も考えられるでしょう。そんな絵を描いています。

堀：最後に古田さん、付け加えることがあればお願いします。

古田：これからは「ＩＴ」の重要性がすごく高まってくると思います。Information Technology ではなく、Inspiration Technology のＩＴ。つまり、直感力です。
今は情報があふれすぎていて、物事を直感で判断することがしづらくなっているように思います。好き嫌いではなく、インスピレーションを生み出す感性。これを鍛えることが重要ですし、そのための環境設定が大事だと思っています。
これは Well-Being（地域の幸福度）にも通じることです。情報に振り回されず、直観的に幸せを感じ取れる環境をどうつくるか。最近はそういう視点でディスカッションをすることにしています。

古田氏講演資料より

第2回　島根県海士町　竹本吉輝氏のケース
島前高校からはじまる起死回生の物語
―公助から共助へ。そして半官半Xへ

島根半島の沖合に浮かぶ隠岐諸島の1つ、中ノ島に位置する海士町（あまちょう）。「存続の危機」に瀕していた人口2300人余りのこの小さな町が、公立高校の再生を軸に若い世代を集めることに成功し、起死回生の移住者増を実現。卒業生が島に戻れる産業づくりや、町の未来を支える民間事業を生み出す活動へとつながった。14年にわたって島のさまざまな取り組みにかかわってきた株式会社トビムシの竹本吉輝さんが全容を語る。

◆ 全体が残らないと1つも残らない

竹本：私がかかわる地方創生の案件というのは、先駆的に何かを仕掛けたというよりも、「あるようにありたい」と願って正々堂々といろいろな壁に向き合ってきた事例が多いように思います。これからご紹介する海士町も、そんな地域の1つでした。

海士町の取り組みには3つのキーワードがあります。

第1に、「ひとつが残るためには全体が残らないといけない」。これは養老孟司さんの御宅でお茶を飲みながら伺った言葉です。養老孟司さんのお話によると、ヒマラヤの森林限界というのは4200mなんだそうです。なぜこんなに高地でも森林ができるかというと、ヒマラヤ山脈というのは、大昔にインド大陸

がユーラシア大陸にくっつく過程でゆっくりと隆起してできたので、それに合わせて多くの生物が一緒になって適応できたから。要は取り残される種が少なく、全体として適応できたというんです。つまり、全体が残らないとひとつも残らない、ひとつを残すためには全体が残らないといけない。地域というのも、これと同じかもしれない。そう思いました。

第2に、「If you want to go fast, go alone. If you want to go far, go together.（早く行きたいなら、1人で行け。遠くへ行きたいなら、みんなで行け）」。アフリカの格言ですが、海士町の取り組みにぴったり当てはまります。

最後に、「ないものはない海士町」。海士町のキャッチフレーズ。これには3つの意味が込められていて、まず「本当になんにもない」、次に「必要なものはすべてある」、そして「ないものは、つくればよい」ということなんです。

どういうことか。次に話すことを聞きながら考えてみてください。

◆自ら身を削らない改革に支持はない

隠岐諸島はおよそ180の島々からなる群島ですが、最も大きいのが隠岐の島で、これを島後（どうご）と呼びます。その向かいにある知夫里島、西ノ島と並ぶ島前（どうぜん）三島のひとつが、中ノ島（海士町）。全体が隠岐ユネスコ世界ジオパークに指定されている素晴らしい島々ですが、なかでも中ノ島は豊かな湧き水と耕作に適した平地に恵まれ、食糧自給率140％という半農半漁の島です。

そうした豊かな環境にもかかわらず、人口減少は止められず、人を集めるために産業を起こそうにもうまくいかないまま、財政破綻も目前の状況でした。まさに存亡の危機に瀕していた。

そうしたさなかの2002年5月、前町長の山内道雄さんが、自分の給与を半減し、議員や役場の管理職の給与も減らすという大きな選択をします。職員組合からも自主カットの申し出がありました。「自ら身を削らない改革は支持されない」という町長の信念のもと、まず役場が率先し、次いで島民にも協力を呼びかける格好で、町全体が生き残りをかけて動き始めます。バス料金の値上げや補助金の返上などが行われ、カットされた給与の一部を子育て支援に回したりもしました。

◆高校の存続が、島の存続に直結する

そうやって捻出したお金を原資にして、延命するだけでなく、「攻めの取り組みを！」ということで、町役場の産業政策課長だった大江和彦さん（現町長）を中心にさまざまな取り組みが始まるなか、2007年に始まったのが、「島前高校魅力化プロジェクト」です。

海士町にある島前高校（島根県立隠岐島前高等学校）は島前三島でただひとつの高校ですが、その頃すでに廃校スレスレの状態でした。人口が減り、産業が廃れ、島の未来に希望が持てなくなるなかで、生徒数もどんどん減っていきました。子どもが高校に上がる前に本州に引っ越す家庭も出てきました。

このままでは若者たちが島の外に出て行ってしまう。なんとかしなければダメだ。そんな思いで、教育委員会の教育課長だった吉元操さん（現副町長）が創った初動のきっかけに呼応するカタチで大人たちが動きだし、「隠岐島前高等学校の魅力と永遠の発展の会」が立ち上がります。島前三町村の首長、議長、教育長、校長、PTA会長、卒業生会長からなる協議会で、島前高校を残すためにどうしたらよいか、みんなで話し合いました。私も委員として参加しましたが、この学校を残すことが、イコール島を残すことになる、それくらいの気概が感じられました。

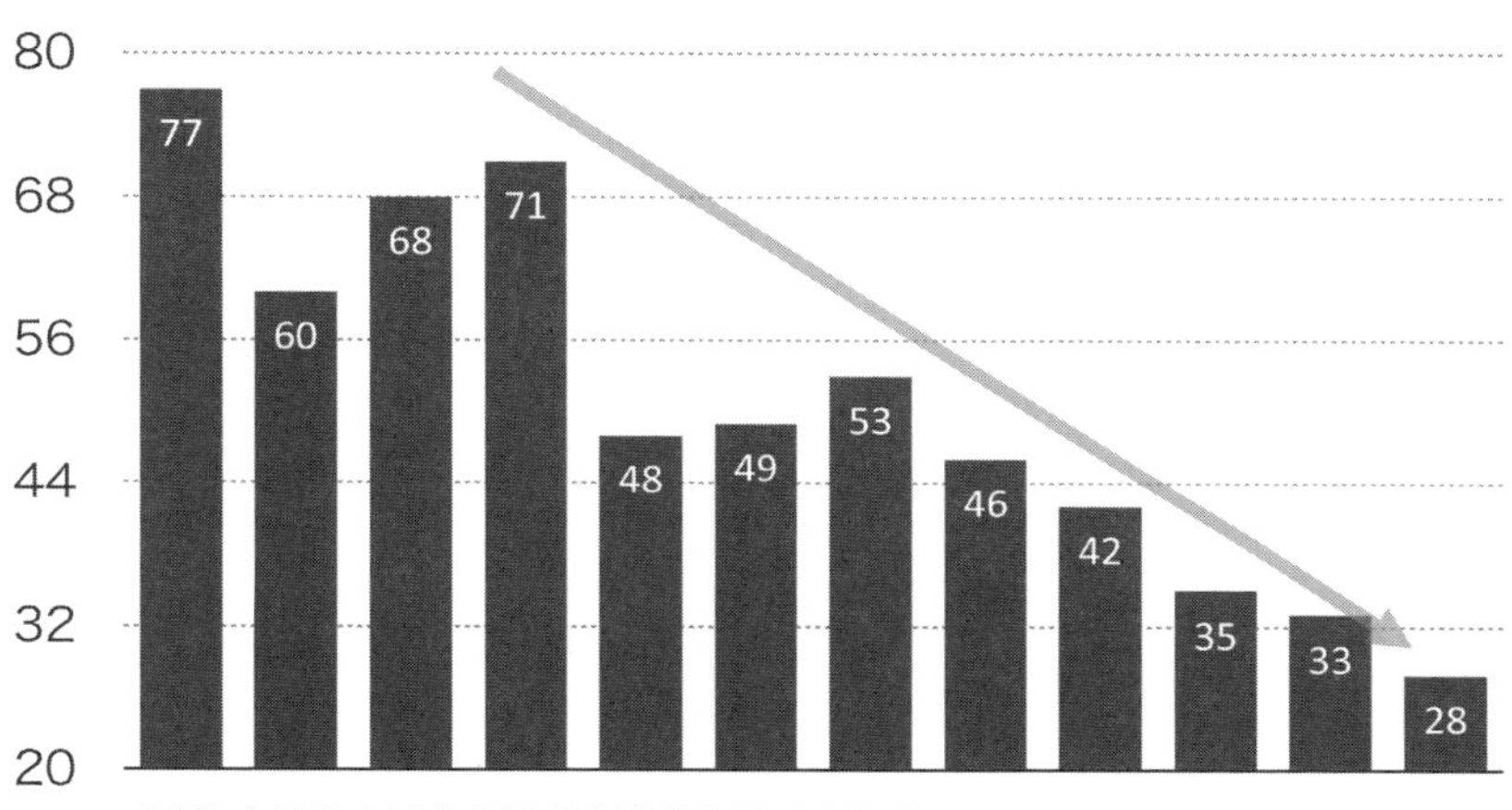

竹本氏講演資料より

そこで始めたのが「島留学」。全国から生徒を募集して、少人数の手厚い指導で1人ひとりの可能性を伸ばすという取り組み。これが本当にうまくいって、今までに島外から150人以上の生徒を受け入れています。中学まで海外で過ごして高校からここに来る子や、中高一貫校から転校してくる子もいるんですね。

◆「高校・寮・公立塾」による三位一体の改革

同時に寮を活性化させ、学校地域連携型の公立塾も立ち上げて、高校・寮・塾が三位一体となる改革を進めていくうちに、口コミでどんどん評判が広がっていきました。

島外からの留学生が増え出すのに合わせて始めたのが、里親ならぬ「島親制度」。中学を出たばかりで、縁もゆかりもない場所にやってくる生徒たちをケアするための仕組みです。

離島では都会と違って生徒たちの学力も進路もさまざまで、塾や予備校もありません。そこで、1人ひとりに見合ったカリキュラムで学べるようにとつくった施設が、公立塾の「隠岐國学習センター」でした。ここには自分たちの夢を自由に語り合う「夢ゼミ」という場があります。なぜそれがやりたいのか、それは島ではできないのか、などとヒートアップした議論を展開したり、誰かの夢に近いことを体現している大人をゲストに呼んできたりして、それぞれの夢の解像度がどんどん上がっていきます。また、島はある意味社会的課題の巣窟でもあり、社会的な学びがどんどん進んでいく。その成果は、AO入試などでの入試実績にも出ています。

この塾には今、全校生徒の約8割が通っています。先生たちはいつか異動するかもしれませんが、この塾に来れば卒業後でも見知った顔とまた会える。そんな素敵なサードプレイスになっています。

◆島内人口の1割強が移住者に

こうした取り組みの結果、島はどう変わったか。グラフを見れば一目瞭然です。

島前高校の生徒数はプロジェクトを始めた翌年（2008年）に底を打つと、そこからうなぎ登りに増加。生徒数が毎年増え続けている過疎地域で唯一の学校といわれています。島外からの受験倍率は2・8倍という驚異的な数字で、島内からの進学者も7割アップ、教員数も倍増しました。

教員が増えれば、その家族も増える。そうした関係人口の増加に合わせて移住者も増え、2004年から2021年までの17年間で830人（603世帯）が島にやってきた。うち約半数が定着し、人口のおよそ1割強が移住者という状況です。

2015年8月のデータですが、島内人口は2352人。これは国勢調査に基づく人口推移の予測値である2007人を345人も上回る数字です。過疎地域における予測値はかなり正確だといわれるなかで、

島前高校の生徒数の推移

倍率2.8倍(令和３年)／島内進学者も7割超に／教員数も倍増

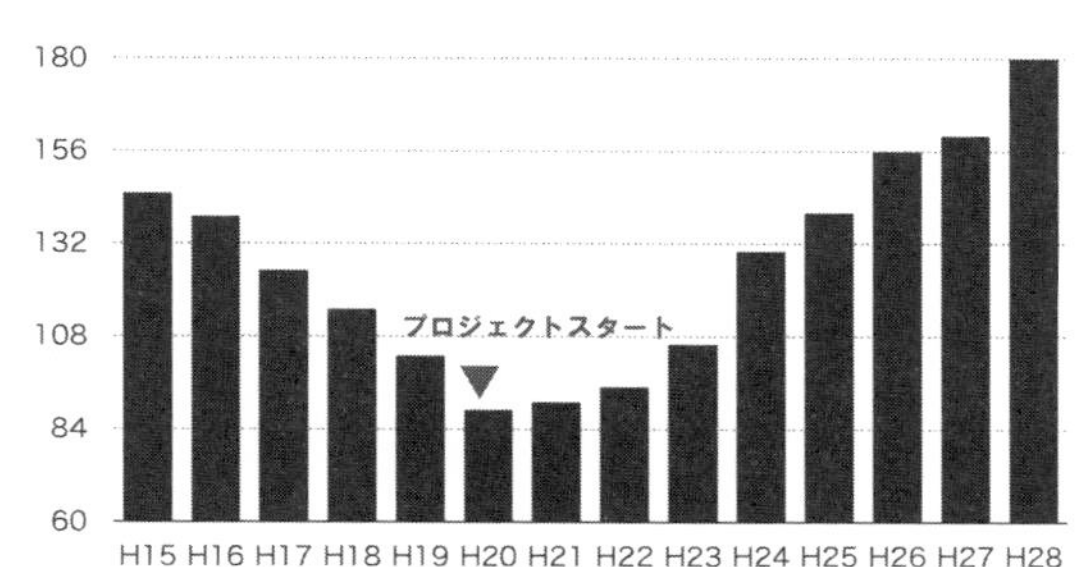

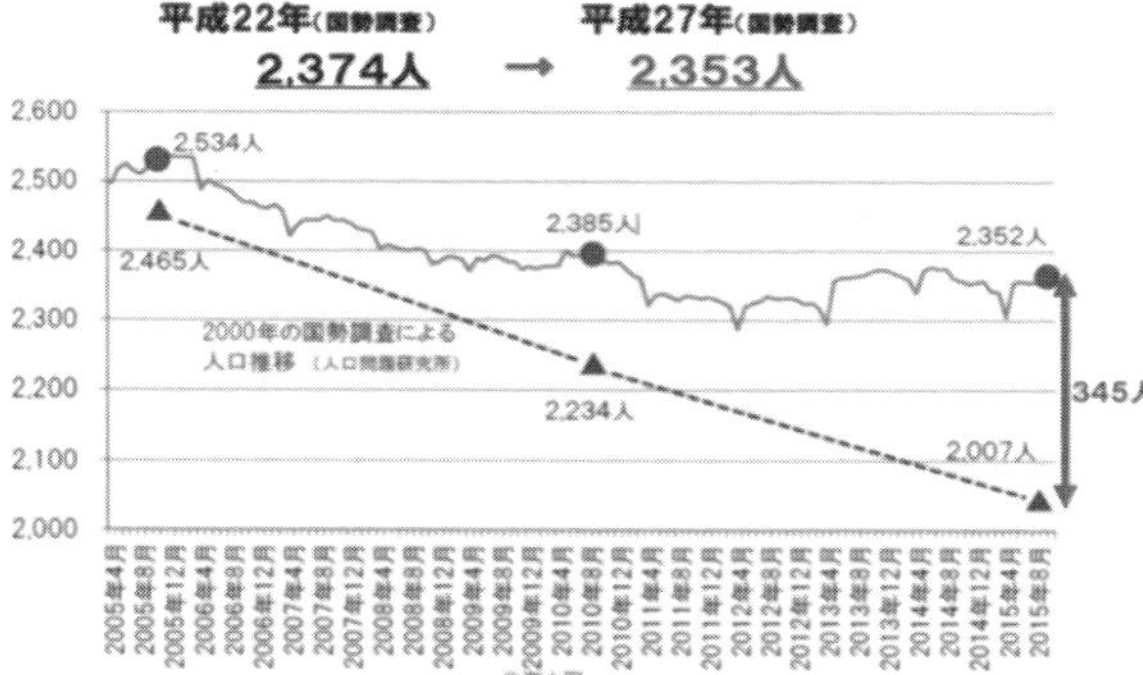

竹本氏講演資料より

高齢者数の自然減を考え合わせると、10年にわたってほぼ動的平衡を保っているのは本当にスゴいことです。まさに方丈記にいう「ゆく河の流れは絶えずして、しかももとの水にあらず」ですね。

◆葛藤が渦巻く「10年目の倦怠期」

堀：ありがとうございました。海士町はもうすでに少子化でもなければ、高齢化でもない。高校改革を軸にここまでの成果は驚くべきことですね。

竹本：ただ、海士町に関しては、これまでの取り組みを要素分解して、どんな順序で何をしたからこんな結果が出たというようには言いにくい。養老先生の言葉のように、時間を掛けた全体の取り組みがあって初めて今の結果がある、ということだと思います。

堀：私も実際に海士町を訪ねていろいろな方にお話を聞いてみて、20年という長い時間をかけて地域の取り組みが広がっていき、島の人たちが少しずつ発見をしていったんだなと思いました。8人の生徒を受け入れたというある島親の方は、島留学をきっかけに大人の意識が変わり、島外の人を「よそ者」と呼ばなくなったと話しています。

その一方、シビアな現実も耳にしました。卒業したら「ありがとう」の言葉を残して島を出ていってしまう若者たち。どうしたらいいんだという悩みも渦巻いていた。

竹本：その葛藤があるのは確かですね。生徒が島で充実した時間を過ごし、社会で期待される人間に育てば育つほど、日本のため世界のために活躍してほしいと素直に思えますし、本人もまた外の世界で頑張りたいと思うでしょう。でも本音を言えば、地域の未来を創るために残ってほしいという思いもある。

村上：海士町の例で気づかされるのは、誰かが最初に全体を計画し、綿密な設計図を描いて物事を進めたわけではないということです。UDON HOUSEという自助の取り組みが引き金になった前回の三豊市の共助の取り組みとは異なり、公立高校という公助の舞台から始まり、共助に至ったケースではあるけれど、自治体や特定のプレイヤーが何か全体を設計して、特定の人の思惑で動いていたわけではない。むしろ、島前高校という狭い舞台の上で、すごく近接した人間関係が葛藤や対立を生みながら少しずつ変わっていった。そこがむしろ、印象に残りました。

藤沢：設計図がなかったのだとしたら、都市部の学校で学びづらさを感じているような子たちを受け入れて花開かせる仕組みをどうつくったのか、とても興味がありますね。それに、葛藤や対立を必然的に伴うものだとするなら、どうしたら持続可能性を得られるのかも気になります。

竹本：私たちは「10年目の倦怠感」と呼んでいるのですが、島外からの留学生が増えて人気校となり、大学への進学実績も上がってきて好循環ができるかなと思った矢先、島内の保護者から「普通の高校に戻してほしい」という声が上がったんです。島前三島にはここしか高校がありませんから、ほかに選択肢はないんです。学校としては、東京の有名高校を蹴ってまでここに来た生徒たちに、社会的学びの特長を活かして、いい大学に進んでほしい。しかし、島の親御さんたちは必ずしもそれを望んでいない、普通の学びを期待していることがわかってきた。

当初、学校側では普通科を2つに分け、難関大学への進学を視野に入れる「特別進学コース」と、就職を前提として地域づくりにかかわる「地域創造コース」をつくります。ところが蓋を開けてみたら、「特別進学コース」ではなく、地域づくりに関心を示す生徒が大勢現れ、「地域創造コース」を選ぶ生徒が想定以上に増えていく。そのため、コース制を廃止して「普通科」に統合し、「普通科」のなかでオリジナルな学びの機会をつくったところ、親御さんからは「〝普通の〟普通科でいい」との意見が主張される一方、「島前高校らしさが大事」という主張もあって、意見がまとまらない状況となりました。設計図がない以上、こうしたトライ&エラーをこなしながら次に進んでいくしかありません。現在は、「〝普通の〟普通科」を整えた上で、更に地域に踏み込んだ学びを企図した「地域共創科」を用意するなど、再三にわたるトライが続いています。

村上：島留学の第1期生が大学を卒業して島へ戻ってきたのは、ちょうどそんなときでしたね。一般的にはこうした場合、地元の銀行とか役場に就職というパターンが多いわけですが、海士町ではそこまで吸収できるほどたくさんの就職先はない。「これじゃまずい」ってことになりますね。

堀：そこでまた新しい展開がある。竹本さんに詳しく聞いてみましょう。

竹本：10年目というのは、前町長・山内さんの素晴らしいリーダーシップのもと、さまざまな改革を断行して、「どうやら、この町は続けられそうだ」というのが見えてきた時期です。いわば公助による成果が、マクロな数字としても表れてきた段階ですが、その反面、地域内の経済循環が取り残されてきたことも徐々に露呈してきます。

どういうことかというと、教育とか観光などの三次産業が注目され始めると、もともと主流だった一次産業などの活力が相対的に失われていくという、ありがちな現象です。

他方、紆余曲折ありながらも復活した島前高校からは多くの卒業生が巣立ち、なかには島に戻って恩返しがしたいという若者も出始めてくる。

この2つの時期と、さらに大江さんという新しい町長に交代するタイミングが重なり、次のステップへのギアチェンジがうまくいったんだと思います。

◆ 公助全開から「半官半X」へ

その象徴的な改革のひとつが「半官半X」です。それまでは頼れる民間組織などないなかで、新しい挑戦のすべてを官が引っ張る「全官ゼロX」の体制で一定の成果を上げてきました。しかし、卒業生を含めて意欲ある若者が島にあふれてくると、活躍の場はもはや官だけでは足りなくなり、民間事業にテコ入れせざるを得なくなった。要するに、学校を中心とする人づくりの場があり、そこをしっかり駆動させることで卒業生や関係人口を増やし、それらの人的活力を今度は島全体のエネルギーの推進に回していこうと、そういう意味での半官半Xです。

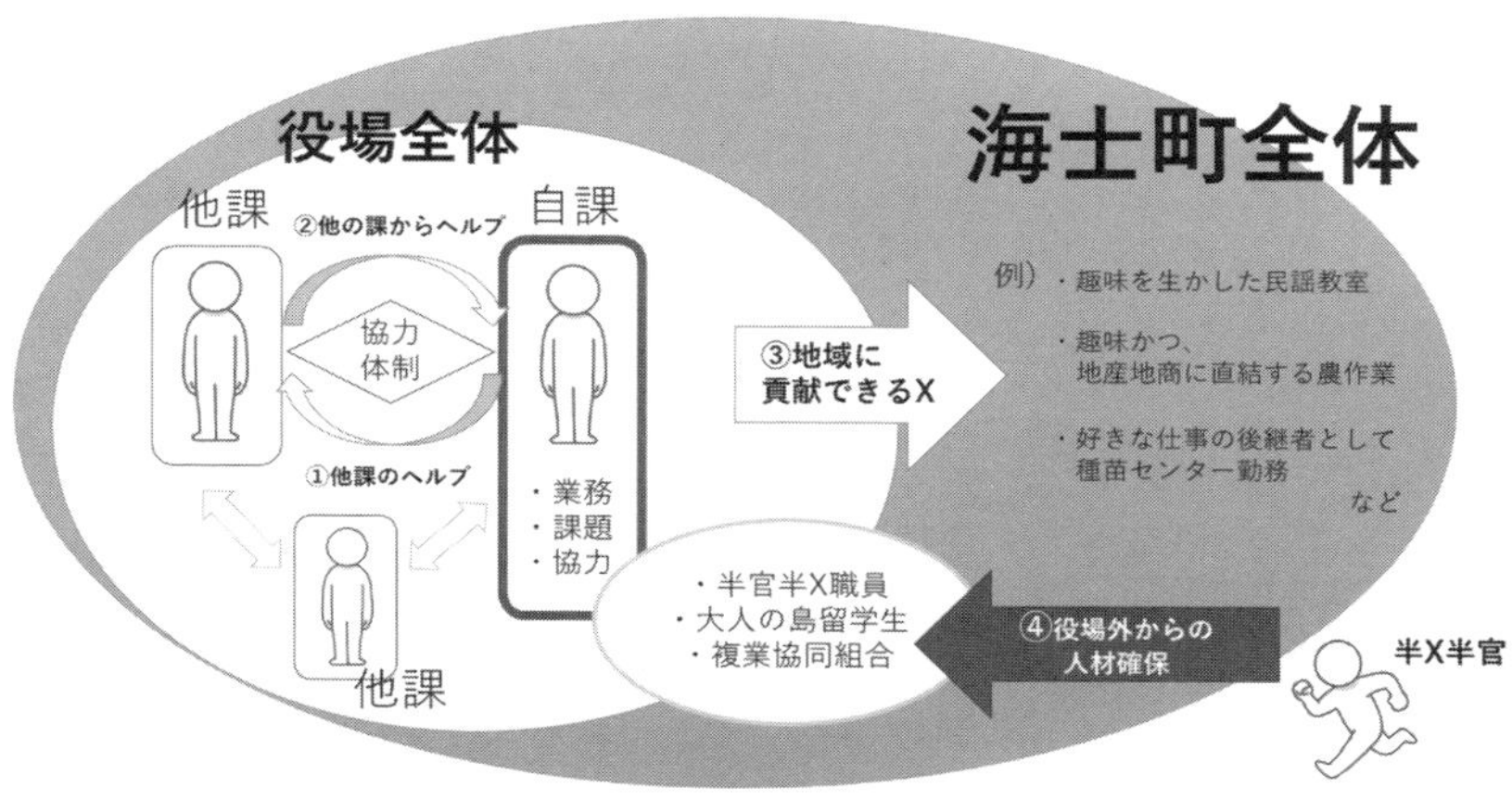

竹本氏講演資料より

◆「未来共創基金」で公助から共助へ

具体的に何をしたか。ひとつは「未来共創基金」の創設です。これは島の未来を支える民間事業に投資をするための基金ですが、その原資に町へのふるさと納税から4分の1を充てることとしました。例えば、誰かが島でパン屋さんを始めようとした場合、市場規模から見て金融機関から資金調達できるほどではなく、かといって公的な補助金を直接入れるのも難しい。そういったマーケット的にも公共政策的にも関与しにくい事業の立ち上げをどう支援していくか、そんなことを考えてつくった仕組みです。

ふるさと納税を使うわけですから、このお金は公金そのものですが、それを民間基金に入れて一般会計から引き離すことで、議会承認を経ることなく事業に使えるようにした。それは非常に難しい意思決定を伴うものでしたが、困難を克服して実現にこぎ着けました。

それだけに、支援する事業の正当性、公正性を担保することは特に強く意識していて、投資を求める申請者には、事業計画を何度も協議しブラッシュアップすることはもちろんのこと、産業文化祭という島の大きなお祭りでプレゼン発表することが課されます。その事業がいかに島の未来につながるか、見知った人たちも多い島民の前できちんと説明し、伝えきるという、重い責任を伴う行為です。

こういう取り組みを始めて以来、4000万円だったふるさと納税の寄付金が1年後に1億2000万円に、2年後には2億1500万円と一挙に膨らみました。その4分の1が未来共創基金に充当される。いわば共助的な資金として活用できる土壌が、着実に整ってきている状況です。

◆島の未来を担う人材をつくる

次に取り組んだのは「複業協働組合」。せっかく島にやって来た移住者が、就職先とのミスマッチで不本意に島から去ったりすることがないように、最初は複数の職場に勤めることを認めるというものです。

島というのは人材の流動性が極めて低い社会です。島外からいきなり来て就職といっても、雇うほうも雇われるほうもリスクが大きい。また、一次産業のように繁閑の差によって時節ごとにニーズが変わる仕事もあります。そこで、複数の事業者で組合をつくり、その中で四半期ごとに違う仕事をしてもらえるようにしたのです。

そうするうちに自分にマッチする職場が見つかれば、組合から出て個別に雇用契約を結ぶ。あるいは、いくつかを副業として兼ねてもいい。就労の機会が限られた小さな島社会の中で、その機会を最適化できる良い取り組みだと思います。

もう1つ、「半官半X条例」も挙げておきます。簡単に言うと、公務員が民間の仕事にもかかわれる仕組み。地域にとって、役場というのは有能な人材が集まりやすい場所です。その力を、どうすれば地場の民間企業ともシェアできるのか。働き方改革や副業・兼業が推奨される機運もあるなかで、公務員の職務

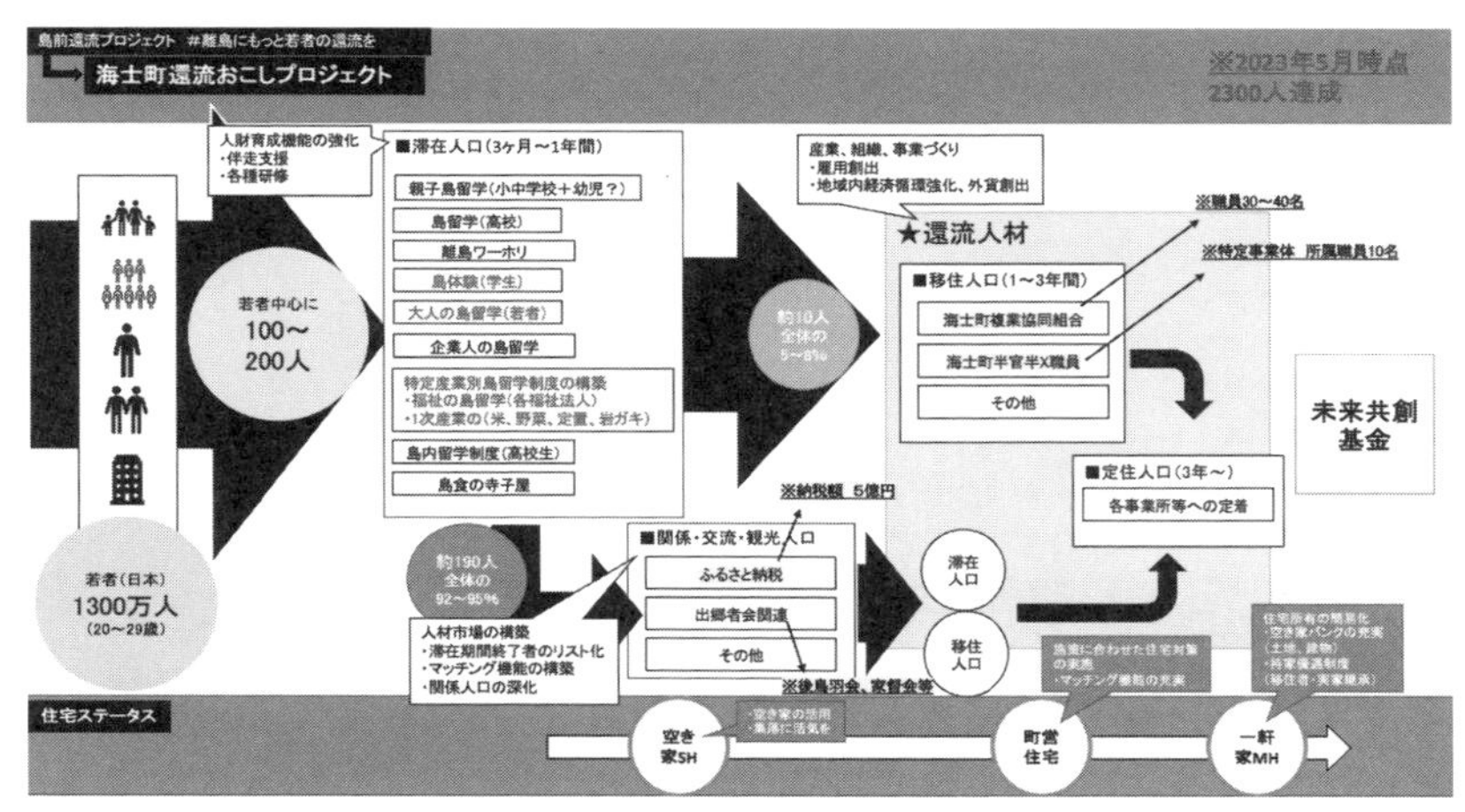

竹本氏講演資料より

専念義務に違反しない格好でうまい仕組みがつくれたら。条例改正も含めてそれを実現させました。

つまり、地域に貢献できる「X」という仕事を職員が見つけてきたら、公正な判断基準をもって町長がそれを認定したうえで、役場の仕事をいったん休む、あるいは掛け持ちしながらその仕事「X」に取り組む、という仕組みです。

こうした取り組みは初めからすべて計画されたものではなく、1つひとつ目の前の小さなことに集中してきた結果に過ぎません。ですが、いま振り返ってみると、「島の未来を担う人材をつくる」というメッセージがすべてに通底していたことに気づきます。半官半Xも、未来共創基金も、複業協働組合も、人づくりを未来につなげるためにしたことでした。結局、すべてのことをやって、ひとつのことを残そうとしている。そういう地域だと思います。

◆ 地域を包む「膜（コミュニティ）」と「核（人）」

安部：非常に面白いですね。離島という閉じられた環境があり、その中で自治体が主体となり、いわばオーナーシップを握ってモノゴトを進めるしかない必然があった。生命体に例えるなら、細胞膜で覆われた自分の領域の中でこそ、核が自分の存在する必要性を自覚できるのと同じように、海士町という強烈な「膜（コミュニティ）」があったので、「核（人）」である人々が自分ゴトとして取り組むことに成功した。そんな印象です。

ただ、ほとんどの地域では、そこにいる人たちが1人としてオーナーシップを持てないでいるのが普通であって、そういう地域にこの事例をどう当てはめていくのかが論点と言えそうです。海士町が素晴らしいのは、オーナーシップを持たせる環境がもともとあり、さらにそれを高めようとして、半官半Xや複業協働組合といった仕組みづくりができたところでしょう。投資のための島民へのプレゼンも、言った以上はオーナーシップを持たざるを得なくなるわけだし、やり方が上手だなと思います。

三豊のケースと入り方は逆かもしれませんが、いずれにしてもフィールドに対するオーナーシップと、事業への主体性や向上心、この2つがそろうことが変化が生まれる条件かなと思います。

古田：僕らの言う「出番と居場所」と同じことかもしませんね。出番しかなければ疎外感があるし、居場所だけあっても常に受け身になってしまう。両方があって、その絶妙な呼応が必要。三豊の場合、出番づくりから始まって居場所を見つけていく物語があった。海士町では、逆に居場所所づくりが先にあり、出番が後からできてきた。まさに自助から入るか、公助から行くかの違いなのだけど、結果的には出番と居場所の両方ができたという意味では同じだと思います。

若者が島から出ていってしまうことに危機感があったという話もありましたが、僕なんかは逆にそれでいいいんじゃないかと思う。何をもってサステナブルと捉えるかだと思うんだけど、高校までしかないというのも島の魅力であり大事な要素であると言えませんか。

竹本：確かに出ていってはいるけれど、入ってくる人たちもいて、島の人口動態はむしろ良くはなっています。

加戸：島国である日本も膜に囲われた環境だと考えると、いろいろな課題が浮かび上がった海士町は日本の縮図であって、うまく火が付けば日本もこんなに変われるんだという事例を見せてもらった思いです。「核と膜」あるいは「機能と場所」と言えるかもしれませんが、これをどう組み合わせれば人々の生活が豊かになり、幸せになれるのか。海士町の取り組みには、島国日本がウェルビーイングの本質に到達できるヒントが潜んでいるのではないかという気がします。

◆教育を中心に置く地域経営の仕組み

安部：堀さんが取材された島親の方が、「よそ者」という言葉が差別的だということを最近になって知ったというお話。これは重要な気づきだと思いました。この人はきっと何人もの子どもたちを受け入れるなかで、いろいろなことに晒され、リスクを背負ってきたんだと思うのですが、その背中を見て生徒たちもまた成長した。ここには「晒されている大人と接点を持つ」という、今の教育にとって一番大事な仕掛けがあると思うんです。学校の先生って、多くの人は社会やリスクに晒されずに教えているから、教育が説教みたいになってしまって子どもたちに届かない。スタディはしても、ラーニングにはならない。海士町では、教える大人が晒され続けているからこそ、ベストな教育環境が出来上がった。そんな気もします。

竹本：晒されて、ヒリヒリ感満載の島ですからね（笑）。

上山：ちょっとうまく出来すぎてますよね、こんな良い話が本当にあるのかって感じました（笑）。唯一の高校を残し、そこに若い人が外からやって来て、暮らしてゆく。そういう子たちが地域にいる、その時点でもう未来に期待が持てる。それだけで全体が大きく変わってくるんですね。前回も話しましたが、ほとんどの地域は未来に期待を持てずに過ごしている人たちばかりです。未来のために何かしなければと頭ではわかっていても、じゃあ誰がやるんだという話になりますから。

牧：竹本さんが先ほどおっしゃった、「未来の人材を創る」というすべてに通底する意思があったというお話は印象的でした。初めから全体の設計図があったわけではなかったということですが、バラバラに点が打たれているように見えて、実は相互に関連している。やはりしっかり設計されているんじゃないかなと思います。

それと、海士町の教育委員会にはなぜか経営企画の機能がある。普通の教育委員会にはあまり見られないことです。教育を中心に据える地域経営の仕組みが海士町にはあった、これが実はすごく大事な要素ではないかと思います。今の海士町では、雇用を創り、事業を創り、需要を創るという産業政策がしっかり動いていますが、その原動力となったのは、育てた人の行き場がないという問題意識であり、次の世代を育てようとする意思だった。海士町の次のフェーズが見えてくるような展開ですね。

◆「みんなでしゃばる」社会のディープな民主主義

堀：人づくりから産業づくりへ、その過程では現地の方々のいろいろなご苦労や試行錯誤があったようですね。半官半Xの取材で役場を訪ねたとき、執行部の方がこんな話をされていました。「僕らはもともと青年団だから、すごく結束力がある。ただ、青年団はもうなくなってしまった。僕らの次は誰が担うのか、それが今の課題だ」と。昔だったら、公共工事をやるのに役場の人間が地権者たちと交渉して、怒鳴られたりするなかで誰よりも詳しく地域のことを知るようになり、いろいろなアイデアを持つこともできた。

だけど、今はもう公共工事がない。だから、半官半Xのような形で民間の現場で一緒にいられるような仕組みが必要なんだと。そこから青年団ではない、次のネットワークをつくりたいと語っていました。

藤沢：堀さんの取材ビデオの中で、「Entô」というホテルの支配人が「この島は誰のための島なのか」と自問し続けてきたお話がありましたね。あの言葉が印象的で、「この日本って誰の国？」にも通じるものがあると思うし、本来あるべき「ディープ民主主義」とでもいえるものがここで生まれてきているように感じました。

竹本：実は「自治と民主主義」というのは今回の事例の隠れテーマでもありまして。「社会」というのは「世間（みたいなもの）」だと僕は捉えていますが、その世間とは「我々（We the People）と思しき人々の集まり」であり、海士町にはこの我々としての「膜」が明確にあるんです。つまり、「島としての我々」という認識がとても強いわけですが、その中でもさらに集落単位で小さな膜が存在している。

例えば、島の伝統的なイベントである綱引き大会がその象徴かもしれません。地区のプライドをかけて全員参加で闘う「負けられない戦」です。僕も島に引っ越してきた2日後に駆り出されたんですが、見ず知らずのおばちゃんがやってきて、「そんな引き方じゃだめだ。こうやって体重を乗せるんだ」って必死に説教してくる。そういう小さな膜としての地区があり、島という大きな膜があって、全体がひとつの「社会」を形づくっている。

ルールを決めずに互いの顔を見て暮らしていける社会の最大人数は150人だといわれています。したがって、それを超えると一定の社会ルールをもったコミュニティが必要になる。次に150人を超えて「We the People」と思える人数の上限はというと、アリストテレスとかトマス・ジェファーソン、ジャン＝ジャック・ルソーとかの偉人の言葉から考えるに、5000人から2万人あたりだろうとなる。海士町は2300人。コミュニティが成立するのに適度なスケールのもとで、村上さんのおっしゃる「地域に一定の密度があり、そこで協議を重ねることの重要性」が体現できています。

では、コミュニティとして機能している社会とは何か。「さまざまなモノゴトの持続性や持続不可能性について、個々人が自分ゴトとして認識できる社会」だと僕は思っています。カーボンニュートラルになれば、自動的に持続可能な社会になるわけではない。

その持続性に対して個人がどのように反応するか。当然、賛成も反対もあれば、作用・反作用もあり、それでよいと思います。みんながいっせいに同じ方向を向く必要はまったくなく、自分ゴト化することを前提に、さまざまな意見が盛り込まれることが重要です。

したがって機能しているコミュニティとは、「身の回りの事象に応答できる人々の集まり」であり、その応答能力、すなわちレスポンスするアビリティのことを、英語ではResponsibility というのだと、自分は考えています。

地域のさまざまな事象に対して応答できる社会、それは言い換えれば、未来に対して責任を持つ市民の集まりです。反対に、責任ある市民として対話ができなくなっている社会において、民主主義は死んでいるともいえる。大いなる無関心の塊と化すのです。その意味で、ここ海士町には未来へのResponsibilityがあると思っています。

最後にもう1つだけ加えると、海士町は「みんなでしゃばる」コミュニティです。これは僕の大好きな大江町政のスローガンであり、コモンセンスです。「しゃばる」は海士町の方言で「強く引っ張る」の意味。だから、「みんなでしゃばる」は「みんなで引っ張る」ということ。それと同時に「みんな」が「でしゃばる」ことをよしとする。個人の「でしゃばる」行為が言いっ放しにならないのは、みんなで「しゃばる」

ことを前提としているから。これを合言葉にしているところは本当に海士町らしいなと思います。

ここにも「ひとつが残るためには全体が残らないといけない」のメッセージがあり、地域全体が持続的に残るために「みんなでしゃばる」ことを実践しているのが海士町です。

◈地方創生に求められる「密度の再構築」

宮瀬：今回は残念ながら私は取材に行けなかったのですが、映像に写された皆さんのお話を聞いていると、公助と共助を明確に区別するのは難しいと感じておられる印象を受けました。公助の中にも温度感や手触り感があって、そうした密度の濃いコミュニティが機能するには、竹本さんもおっしゃるように一定の規模なり範囲なりがあるように思えました。

村上：ほかの地域にも当てはまるかどうかわかりませんが、この海士町の事例では、島前高校という誰からも見やすい「世間」をつくった結果、失われかけていた共助に近い仕組みをつくり直す試行錯誤がうまく働いたのではないかと思います。

地方創生のうまくいかない例によくあるのは、まだその地域で十分に「密度」が出来上がっていない状況なのに、成功した地域の仕組みだけを持ってこようとすることです。みんなが散々に葛藤や対立を経験した結果、ある思いを共有する人間関係の密度が醸成された状態に到達していなければ、成功事例の横展開は難しい。すなわち「密度の再構築」が大切なのだと思います。

古田：こういう取り組みというのは、全体がある程度仕上がった段階で、初めてそれを見た外の人たちが「素晴らしい」などと評価するものだけど、大事なのは取り組みの出発点であって、その始点のあり方によって取り組みの全体像も変わってくるように思います。例えば、メイクアップアーティストがアイラインひとつを変えた瞬間、それに合わせて髪やアクセサリーや服装や立ち居振る舞いさえも、あらゆるものが変わり始めるのと同じように。海士町もそうですよね、教育を変えたことが全体の変化の起点となった。

安部：教育を起点としたことについて少し違う見方をすると、地域改革の出発点となったその教育の中身というのは、要はイノベーションの推奨なのだと思います。イノベーター育成を目指している。だからこそ、そこで育った魅力的な人たちは次のステージを目指し、人とは異なることを求めて「我々」から離れていく。島に帰ってこないのはむしろ当然かもしれない。今ここにないものを創りたいわけですから。だけど、島に戻ればレスポンシビリティを求められてしまう。そこで思うのは、イノベーションと民主主義との本来的な相性の悪さです。どうしても矛盾をはらんでしまう。

村上：その「ねじれ」がパワーを生み出した面もありますよね。

上山：海士町での取り組みは、ＤＭＯ（観光地域づくり法人）のあるべき姿そのものなんだと思います。けれども、実際には海士町にＤＭＯの組織はない。地域連携ＤＭＯでは船頭がたくさん出てきてうまくいかないケースがよくありますが、海士町くらいの規模が民主主義は成立しやすいのでしょう。

◆「分断」を乗り越えた先にイノベーションがある

堀：内にいようと外にいようと、この海士町を一度でも通った人たちが、いつでもどこでも島にかかわることができる。そんな関係人口のつくり方をしたいとおっしゃる人もいました。

上山：将来はもしかしたらメタバースのように、そこに住んでいるような、住んでいないようなかかわり方に移っていくのかもしれません。

加戸：人間は必ずアイデンティティを求めるものなので、どんな場所にいても「膜」をつくるし、その中にいれば安心するものだと思う。そうした人々の包み方として、海士町のやり方は成功したんですよね。ただ、ひとつの膜から生まれたストーリーが、次の物語につながっていかないと意味がない。そのためにも、多様な価値観の人々を取り込む必要がありますね。

安部：地域の中での役割は人それぞれですから、その人の発達過程に応じて分散したり、またあるときに戻ってきたり。そんなグラデーション的な環境の中で関係人口を増やしながら総合的な戦略を立てていく。そういう方法しかないかもしれません。

牧：地域には、「お互いがぶつからないように生きる」という暗黙のルールがありますよね。相互監視社会における忖度型合意形成とでもいうような。選挙も戦わなくて済むようにうまく調整したりする。ところが、そこに移住者が入ってくると、生態系が撹乱され、分断が顕在化する。それが双方向性のある作業の始まりであり、その先に多様性を受容し合う寛容な社会が生まれると、そんなふうに感じました。

巻き込まれて嫌な思いをすることもあるでしょうけれど、それは密度を高めるには必要なこと。分断を顕在化させることにも意味があると思います。

竹本：確かに、海士町では「分断を明らかにしよう」という意思が、ここ何年かで働くようになっています。危機的状況から脱しなければならないときは分断など関係なく、みんなでベクトルを合わせて突っ走るしかなかった。けれど、今はもう次のフェーズに入り、反対があってもよしとする動きがある。いろいろな考えや取り組みが出てくるなかで、グラデーションに幅ができ、その先がどうなるか。これからが海士町の腕の見せどころなのでしょう。

牧：先ほどの安部さんのお話に戻りますが、顕在化した分断を乗り越えていった先にイノベーティブな人材が残る、そういう未来がありそうですね。

藤沢：そう思います。私は企業のイノベーションプログラムを支援していますが、初めにコミュニティの中で分断を顕在化させ、その結果としてイノベーションを起こすという方法論が現にあります。

堀：先ほども触れたEntôの展示室を訪ねると、「大陸が分かれて火山が噴火して、カルデラになって、今、3つの島がある。それが隠岐群島だ」と書かれているのを目にします。最新の研究によると、今から2億5000万年後、分散した島々が再び1つに集まるのだそうです。まさに今日ここで繰り広げられた議論のテーマについて、実は海士町の皆さんは潜在的に認知されていたのかもしれませんね。

竹本氏講演資料より

第3回　民泊を制度化する　上山康博氏のケース

市場創造型の業界団体はどうやったら作れるのか
―政と官を信じて動く、ロビー活動の極意

株式会社百戦錬磨の上山康博さんは、民間の立場から「住宅宿泊事業法（民泊新法）」を成立へと導いた立役者。「民泊」をめぐる政治と行政、事業者の利害をコミュニケーションの力を駆使して見事に調整。地域のためのビジネスへと仕立て直すことに成功した。上山さんの言う「訳のわからん使命感」とは。地方創生を進めるのに避けては通れない、多様なプレイヤーを味方につける術。その驚くべきノウハウについて、先駆者たちが意見を交わす。

◆「民泊」を地域に活かすためのルールづくり

堀：「ヤミ民泊」という言葉がニュースを賑わせた時期がありましたね。2000年代の中頃から、インターネットなどを通じて一般の民家や施設を宿泊所として貸し出す「民泊」が日本でも流行りだしますが、違法に営業されるものが大半で、既存のホテルや旅館からしたら営業妨害。周辺住民とのトラブルや、防犯・防災、衛生上の観点からも問題視されました。その民泊を活かすための新しいルールづくりに奔走したのが上山さんです。

上山：実は「ヤミ民泊」ってネーミングをしたのが僕なんです。ある新聞記者にそう話したのが始まりで。民泊は本来、地域にとって新たな観光を生み出す可能性を秘めたもの。きちんとコントロールするルール

をつくれば、新しい市場が開けるはず。そう思って、国に働きかけることにしたんです。

村上：少し補足すると、国内の宿泊施設は旅館業法のもとで営業認可を受けていますが、これは厚生労働省所管の法律で、もともとは感染症対策などの公衆衛生を目的につくられたものなんです。皆さんが宿帳に記帳するのも、不特定多数の人が集まる場所でもしも感染が起きたとき、その感染源を特定する必要があるからです。こうした衛生規制に加えて消防法上の義務などいくつかの縛りがあるために、結果としてそれが、新たな宿泊施設に対する参入規制のような側面も持つわけです。

民泊が問題となったのも、これらの規制に適合しないまま営業する施設が拡大したからで、そのまま放置すれば違法性を問われ続けることになり、新たな産業の芽を摘むことにもなりかねない。また、規制を遵守し、通常のルートで宿泊客を得ている既存の旅館やホテルが損害を被ることにもなる。そうした状況でした。

上山：はい、まさにそのとおりです。結果から言えば、国家戦略特区を活用することを手はじめに、2013年12月に旅館業法に特例を設ける形で「特区民泊」が成立します。そのうえで、2017年に「住宅宿泊事業法」、いわゆる民泊新法の実現へとこぎ着けました。この住宅宿泊事業法は観光庁（国土交通省）の所管です。ここに至るまでの道のりがけっこう大変でした。

やっていることは正しいはずなのに、なんで間違いだと言われるのか。ぼやく民泊事業者の言い分も、それを仲介するオンライン旅行代理店（ＯＴＡ）の気持ちもわかります。でも、やはり法治国家である以上、ルールがあれば守らなあかん。必要なら、新しいルールを作ったらいいのと違いますかと。

そうやって業者と話をしつつ、旅館業界の人たちとも話をつけなあかんですし、いろいろな組合の人も出てきます。霞が関の皆さんにも、永田町の先生方にもそれぞれ個別に話をして、いろんなお考えを聞きました。シェアリングエコノミーのような新しい考え方の人たちとも、うまく歩調を合わせていくことが大切です。最後は法案審議中の参議院に参考人招致までしてもらって、その必要性を訴えました。大声で申し上げたんです。「皆さん！　最後にこれだけは聞いてください！」って。「違法物件を紹介しているような宿泊事業者に対しては、仲介業者の免許は絶対に出さんといてください！」と。

そして、僕が「ヤミ民泊」と呼んだ事業者の人たちに対しても、「正しく認められた規則の中でやっていきましょう。そうすれば、関係者の方々の理解も進んで、さらなる緩和にもつながるはずです！」と呼びかけました。

◆まずは利害の調整、課題はぼちぼち解消

村上：衛生規制上も消防法その他の規制においても、古民家などを活用した民泊施設をこれに適合させようとすると、大変な投資が必要になります。また、規制に合わせると、一棟貸しの一軒家の中に受付と従業員を置くことにもなって民泊利用客が興ざめしてしまうなど、民泊の趣旨からズレてしまう。だから、大胆な規制改革を進めやすい特区の活用から始まったというのが経緯です。

上山：国家戦略特区の仕組みを使いましょうと内閣府に持ちかけたのが、私のやってる百戦錬磨という会社です。ところが、これに参画してくれる自治体がなかなか現れない。「そんなややこしいこと、せんとこうや」みたいな雰囲気で。結果、新しいことをやってみたいと最初に手を挙げてくれたのが、東京の大田区と大阪府／大阪市でした。

村上：そんな経緯を経て、たどりついた住宅宿泊事業法ですが、いろいろな方々の利害を調整した結果、課題も残りましたね。

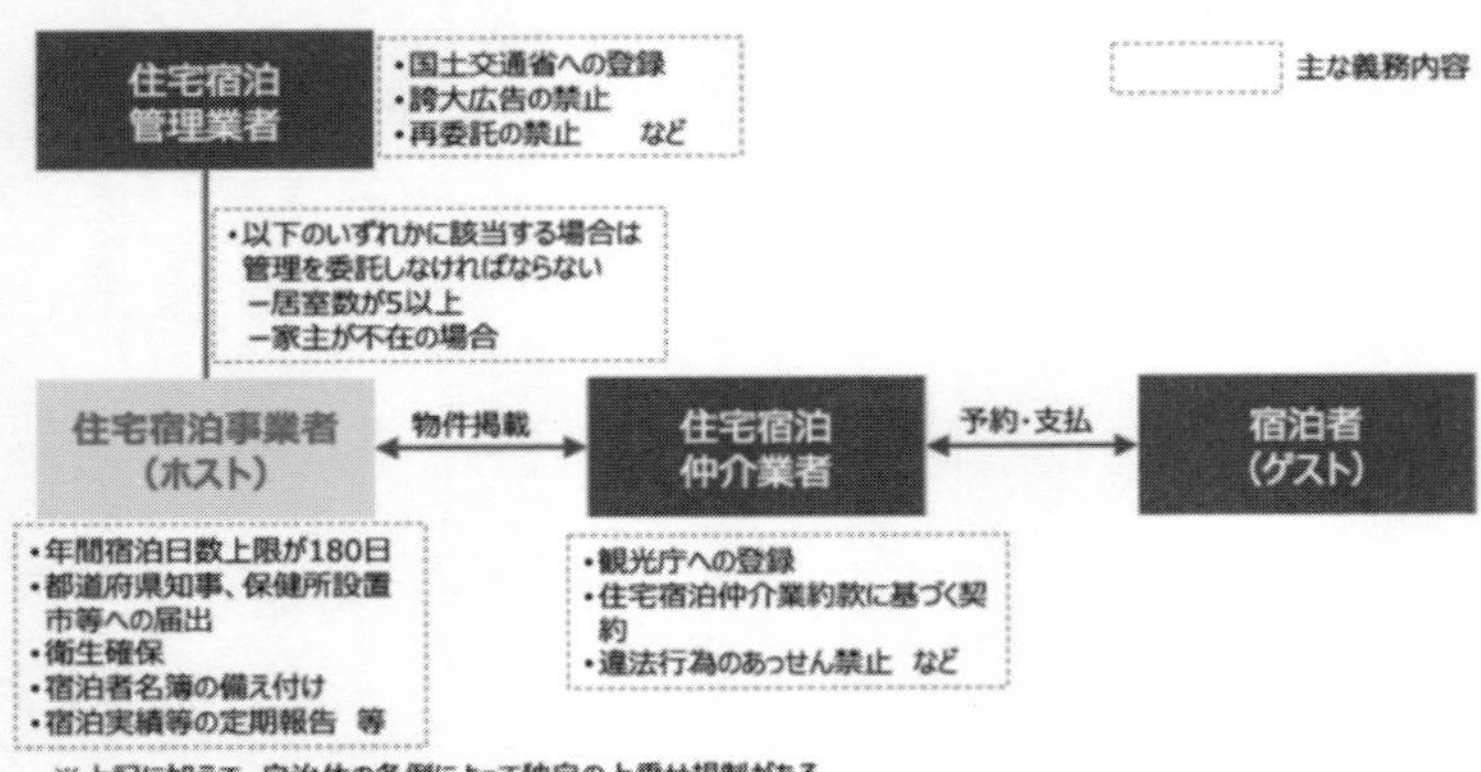

上山氏講演資料より

上山：はい。この法律が定める住宅宿泊事業（民泊）の座組を簡単に申し上げますと、まず宿泊事業を営むホストがいて、その事業者と宿泊客（ゲスト）の間をつないで情報提供や予約受付などを行う仲介業者がいます。先ほど触れたＯＴＡがこの仲介業者ですね。また、部屋数が少なかったり家主がいなかったりする場合に、宿泊所の運営を委託する管理業者というのも介在します。

課題の１つ目は、この管理業者が不動産事業者に限られていることです。例えば、近くで民泊をやっている同業者や、近隣のホテル・旅館が民泊施設の面倒も見ましょうという気になっても、彼らは不動産事業者ではないので、それができない。地域に特化した旅行会社とか、ＤＭＯ（観光地域づくり法人）などが管理業者に参入できるようになれば、地域の新しいビジネスにつながるはずなんです。

課題の２つ目は、ホストになるにも年間の宿泊日数が１８０日までと決められていることです。

1年の半分しか稼働できない。これが一番大きな壁なんですが、それでもとりあえずこの仕組みに従って、皆さんの理解を深めながらぼちぼちやっていきませんか、そうすればさらなる緩和への道も開けてきますよ、こういう取り組みです。

◆「地域に溶け込む意思」があるか否か

堀：上山さんはそうしたルールづくりの過程で、民泊にかかわる事業者が集まる業界団体の設立にも奔走します。住宅宿泊協会（ＪＡＶＲ）と日本ファームステイ協会（ＪＰＣＳＡ）ですね。これによって、無秩序に展開されていた民泊の世界に新しい枠組みをつくり、「ヤミ民泊」という無法地帯を消してしまったんです。

上山：大事なことは、地域に溶け込む意思があるかどうか。いずれも、その意思がある事業者であることを示すためにつくった組織です。

住宅宿泊協会というのは、民泊を扱う国内外のＯＴＡの集まりです。日本で営業するほぼすべてのＯＴＡが参加する唯一の団体で、インバウンド（訪日外国人旅行客）の大半がこのメンバーのいずれかのサイト経由で日本に来るわけです。コロナ禍で一時的に消滅しましたが、インバウンド市場の拡大は国家戦略であり、このメンバーの活動が国にとっても非常に大きなプラスになる。そんなら、まとめとかんといかんやろ、ということです。

日本ファームステイ協会。これは農家に泊まる「農泊」を推進する官民連携の団体で、民泊や農泊の事業者と自治体、大手企業などが参加しています。農家の空室、空き家、別荘などの地域の遊休資産を上手に活用し、農家の家に泊まるホームステイ型滞在だけでなく、広い意味での空き家、例えば、古民家、別荘、城、武家屋敷なども活用して、それらに泊まる一棟独立型の滞在を広げるのが目的です。具体的には、これをやっているけどうまくいかない人などの支援に取り組んでいます。初代会長は鳥取県の平井伸治知事、現会長は内堀雅雄・福島県知事、理事長は元農水省事務次官の皆川芳嗣さんというように、錚々たる方々に入ってもらい、政策部会などもつくって行政への提案活動もしています。

私はこの2つの団体の代表理事をやらせてもらってるんですが、そうした活動の一環で、ファームステイ（農泊）推進議員連盟とか、ワーケーション推進議員連盟とかの方々とも意見交換を行っています。やりたいことを具体的に進めていくためには、やはり永田町の先生方にご理解いただくことが大切なんです。つい先日は自民党の部会に出て、デジタル田園都市国家構想の実現に民泊を役立てましょうという話もさせていただきました。ちゃんとした団体ですってアピールしています（笑）。

地域の現場にも出かけていきます。三重県津市に美杉リゾートという施設があります。ここでは本来なら民泊に反対してもおかしくない地元の旅館やホテルの方々を主役にして、近隣の空き家を「離れ」として活用する話を進めています。長期滞在のお客さんに離れを使ってもらい、一種の民泊とする。そうした話を発展させるためにも、先ほどの管理業者の縛りを緩和させる必要があるのです。

◆「アルベルゴ・ディフーゾ」という観光活性化策

最近の取り組みをもう1つ紹介すると、「アルベルゴ・ディフーゾ（AD）」というのがあります。「地域まるごとホテル」などと呼ばれる分散型ホテルの仕組みです。

堀：観光地にある遊休の民家や施設を一軒一軒自分たちで管理するのは大変だから、レセプション機能を持つ中核施設を1つ設けて、そこが中心となって空き家を使った宿泊施設だったりレストランだったりを水平的に展開するという、町ぐるみの取り組みですね。空き家問題、過疎問題の解決策として、イタリアで40年ほど前に始まったと聞いています。

上山：そうですね、古民家ホテルのようなところに泊まってもらい、その土地の食材や観光を楽しんだりして、地域の暮らしを体験していただく。「泊まる」と「暮らす」の中間ぐらいの感覚で、その町の文化や歴史も感じながら、短い期間だけど住民になるみたいな滞在スタイルです。

日本でいうと、昔の宿場町とか城下町なんかは向いていると思いますね。実際、岡山県に矢掛町という旧山陽道の宿場町があるんですが、ここの矢掛屋さんという古民家旅館が中核拠点として、２０１８年に日本初のＡＤに認定されています。アルベルゴ・ディフーゾ インターナショナル（ＡＤＩ）という国際的に普及活動を進めている組織があって、ここが定めた10の基準を満たせば認定されるんです。

最近では自治体そのものを認定する「アルベルゴ・ディフーゾタウン（ＡＤＴ）」の仕組みも始まりました。これにはＡＤと並んでもう1つ、「オスピタリタ・ディフーザ（ＯＤ）」というのも含まれます。こちらも基本的にはＡＤと同じなんですが、もっと広範囲に、だいたい中核拠点から半径1キロにわたって施設が広がる地区が対象になります。ＡＤの場合は半径２００m以内ですね。

アルベルゴ・ディフーゾという考え方を最初に打ち立てた人で、今はＡＤＩの会長をしているジャン・カルロ・ダッラーラさんが最近よく日本に来られるんですが、「日本の集落っていうのは広いよね。だから範囲もキロ単位で考えて、別々の事業者がゆるやかに連携する形もいいよね」とおっしゃっています。それがＯＤです。

日本を中心とするアジア東部で、ＡＤＩはこの5年をめどに１００件ほどのＡＤＴ認定を実現させたいようです。そのためのＡＤＩ直轄の極東支部も日本にできました（２０２２年7月設立）。この認定を受けると、世界からたくさんの観光客に来てもらえる。非常にシンプルでわかりやすい。次のインバウンドの波に備えるのにちょうどよい取り組みです。

◆別荘地や城下町、耕作放棄地を観光アセットに

ということで、民泊新法の施行後、宮城県の蔵王町ではアルベルゴ・ディフーゾ的な発想と相まって、あまり人が来なくなった別荘地を宿泊施設として再利用する試みが始まりました。昭和40年代くらいに建てられた老朽化の進んだ別荘で、そのまま終わりそうな物件がたくさんあったんですね。これを私の会社と不動産事業のNコーポレーションという会社が一緒に支援することになり、地域の人たちといろいろな話をするなかで、宿泊施設として生かす案が浮上しました。

最初は1軒から始めたんです。それが今では同じ地域で40軒くらいに拡大しています。もともと外国人客を当て込んでいたところ、コロナ禍で全部消滅しましたけど、逆に長期滞在する国内の方が一気に増えて、稼働率は悪くても7割、よいときは9割もいく。

この事例を踏まえて、岩手県の八幡平でも無数にある別荘地を宿泊施設化する方向で展開しつつあります。ここは範囲が少し広いので、オスピタリタ・ディフーザの仕組みで世界初の認定を取りに行こうと考えているのですが、ただ食の部分が少し弱いので、これを補わないといけません。そこで、地元の食を味わう施設と、中核となるレセプションを兼ねる形で「ノーザングランデ八幡平」という施設をつくりました。今日は、この施設のために自分自身でリスクをとり、懸命に走りきった責任者の大坊さんもお越しです。

堀：取材でそのレストランを訪ねましたけど、地域の食材がふんだんに使われていて、地元らしさが感じ

られるし、食べたくなるし、オシャレだし、とてもよく工夫されているなと思いました。地域の新しい価値を提供する拠点にもなっているんですね。

上山：それに加えて、ここには昔から地熱発電があるんですね。エネルギーの面でもサステナブル、そんなこんなでしっかり持続できる地域に仕上げていこうという気運になっています。

他の事例としては、長崎県の平戸市。ここは「城泊」ですね。狼煙という会社と一緒に手掛けて、お城を歴史文化の資料館として使うだけではもったいないので宿泊施設にしたというケース。日本に今ある城は1960年前後につくられた復興城が多いので、そろそろ耐震補強をするか、造り直すか、もうやめるかを判断すべき時期に来てるんです。

この「平戸城CASTLE STAY懐柔櫓」は日本初の「泊まれる城」ということで、当初はアッパー層対象で1泊100万円の高額設定から始めたんです。1日1組限定で特別城主になる。「これぐらいせーへんとな」と言って100万円の商品をつくってみた。そうすると、不思議なもので次には50万円でつくれるようになるんです。高額商品からやってみるというのも、地域の経験値としてありかなと思いました。

城下町に滞在するプロジェクトは宮崎県日南市の飫肥（おび）地区でもやっています。「日本の棚田百選」の坂元棚田と歴史的街並みを融合させて、農泊を取り入れたオスピタリタ・ディフーザをつくる取り組みです。あとは、宮城県の大郷町。ここは耕作放棄地が多いので、クラインガルテン（滞在型市民農園）にしていこうというモデル。

こういう話を進めながら、地域の文化財や遊休資産を活用するのは大事なんじゃないですかと、菅義偉官房長官時代の観光関係のタスクフォースでも話をさせてもらいました。

岩手県八幡平市＝オスピタリタ・ディフーサモデル（OD）（クレセント・大坊社長）

八幡平温泉郷をオスピタリタ・ディフーサとして再生を目指す

- ・**ノーザングランデ八幡平**オープン（株式会社クレセント保有）＝地元食材の情報発信拠点化
- ・**空き別荘・空きペンションを一棟貸し宿泊施設**として再生し運営
- ・八幡平DMO（関係会社）とともに**地域一帯を国際水準のリゾート地してブランド化**
- ・八幡平DMOによる泊食分離促進と**滞在の多様性拡大**

上山氏講演資料より

長崎県平戸市＝城泊を中心とした地域資源の融合（AD・OD）（狼煙・鞍掛社長）

平戸島まるごとホテル構想の実現

- ・インバウンド発祥の地「平戸」。継承される歴史文化を活用した地域資源の活用
  ①城下町エリア②農山村地域エリア③漁村エリアのそれぞれの魅力をリ・デザイン化
- ・潜伏キリシタンの文化を活用したコンテンツの構築
- ・豊富な魚食材等を活用した食メニューの開発
- ・平戸観光協会（DMO）が推進するアドベンチャーツーリズムとの連携

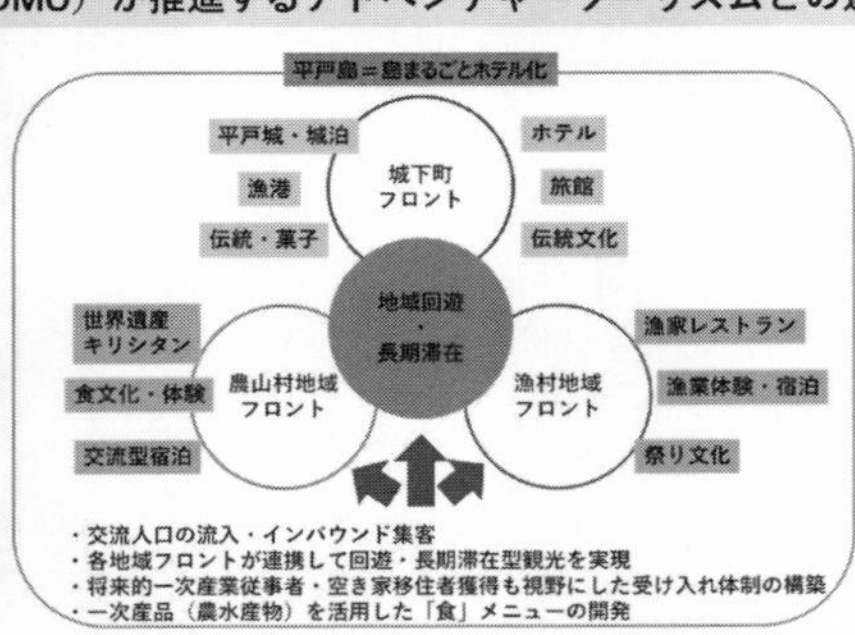

上山氏講演資料より

宮崎県日南市＝歴街と農泊の融合（AD）（狼煙・鞍掛社長）

酒谷農村地区・飫肥城下町エリア分散型ホテル構想の実現

・日南版オスピタリタ・ディフーサ構築
（日本百選「坂元棚田」と歴史的建造物街並み）の融合と受入体制整備
・酒谷・飫肥滞在に向けた食メニュー等開発への取組
・歴史的町並み×アート、棚田×食メニューなど特徴あるコンテンツの造成

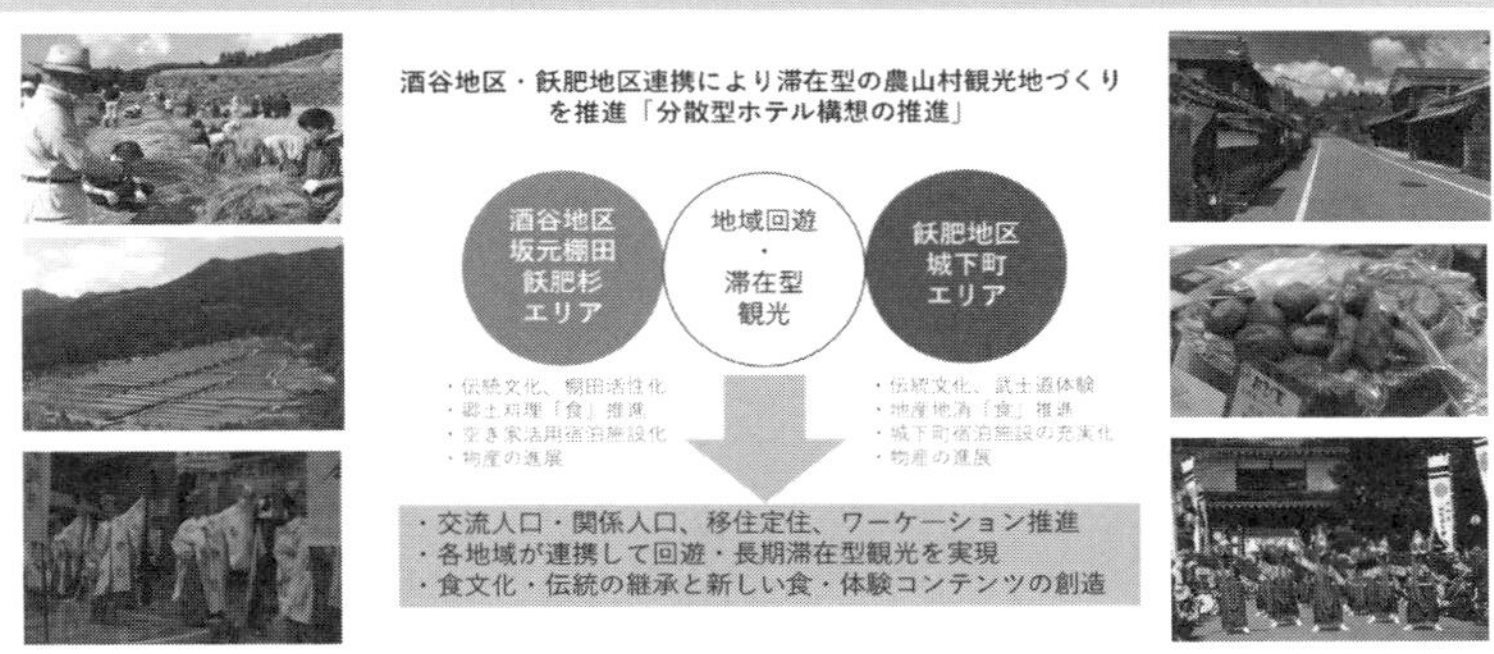

上山氏講演資料より

宮城県大郷町＝クラインガルテンモデル（OD）（ラトリエ・堀社長）

休耕地の貸し農園化・空家の宿泊施設化による町中クラインガルテン構想の実現

・２０年赤字の町所有**中心施設**「パストラル縁の郷」（飲食、宿泊、体験施設）運営
＝地元野菜をふんだんに使ったフレンチが楽しめるクラインガルテンに。
・旧貸し農園・**休耕地の貸し農園化、空家の宿泊施設化**（遊休資産の利活用）
・おおさと地域振興公社（３セク）を中心とした**農泊地域協議会**の再構築・運営

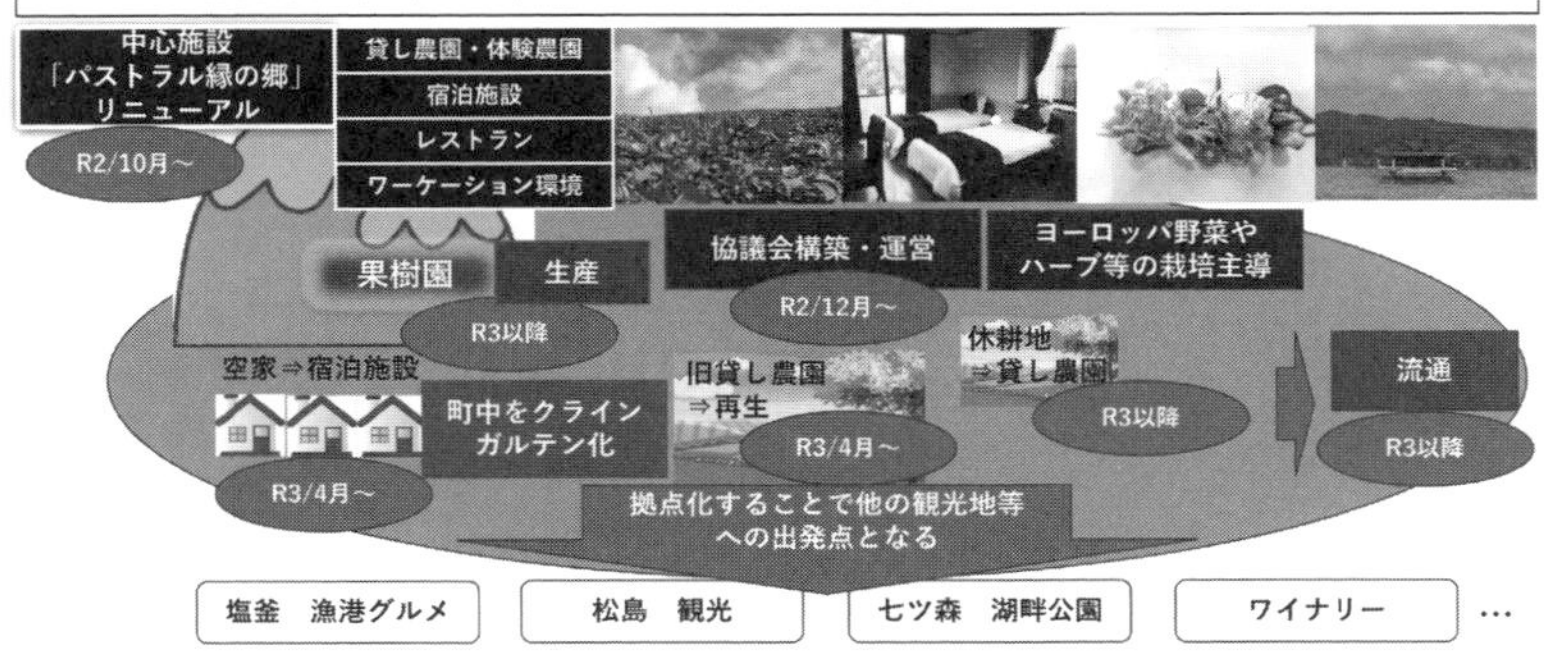

上山氏講演資料より

◆「訳のわからない使命感」に突き動かされて

安部：いやもう「ただただ偉い」という感じです。ここまでちゃんと政治と向き合って、新しい旅行カテゴリーを正規化するために協会までつくっちゃう。旅行周りの業界というのは法規制が厳しくて、よほどの大手でなければなかなか儲からないのが実態です。なのに協会なんかの仕事をしたら、そこで露骨に儲けるわけにもいかなくなって、こんなに労力を払っているのにご自分の会社へのリターンは少ないに違いない。それを思うと本当に偉い。日本社会にとってありがたいことだと思いました。

藤沢：本当にそうですね。国や行政を相手にまとめて連絡ができる窓口として、業界団体をつくられた。素晴らしいことだと思います。誰かが取り組みを始めたいと思ったとき、まずどこに行って何を聞けばよいのかわかりませんし、国と地域のコミュニケーションにも難しさがあるはずですから。

アルベルゴ・ディフーゾのお話もすごく面白くて、きっとこれからブームになるんだろうなと思いながら聞きました。でも一方で、地域において一体誰がこれを言い出すんだろうとも思ったのです。私もある地域で取り組みを始めようとしたときに、地元の方々から「我々は別に稼がなくていいんです」と言われたことがありました。補助金は今すぐにもほしいけれど、新しいことをやるのはちょっと……という感じで。そうした地域特有のメンタリティの難しさに触れながら、1軒1軒、頭を下げて歩いた覚えがあります。

堀：八幡平に行かれる上山さんに同行して取材をさせていただきました。地域の課題がどこにあるのか。その現場では何を求めているのか。どんな規制、あるいは規制緩和が必要か。お金が回る仕組みはどうか。そうしたことの1つひとつに耳を傾けようと、決定権を持つ人から設計図を書く人たちのところまで、上山さんは本当によく足を運んでおられました。

自民党本部にも行かれました。何人ものキーパーソンに面会して、「これやっていただきたいです、やりませんか?」と1人ひとりに丁寧に提案をされている。ある特定のグループのためでなく、自分の会社のためでもない、地域の人たちのために代弁するパートナーに徹しておられる。その姿に私も宮瀬さんも衝撃を受けました。

安部：上山さんはご自身で「僕は民間の政治家だ」とおっしゃっていますよね。まさにそのとおりで、キツい駆け引きをたくさんしておられるんですね。

上山：いや僕も、堀さんの取材映像で自分自身を見て、「このおっさん、何したいねん」って思いました(笑)。あれは事業活動じゃないですね、どう見ても。じゃあ何でしてるのかって。地域の人たちとあれこれ話をしていると、「そうなったらええなとは思うけど、どうせ変わらへん」って、最初からあきらめてはるんです。「だったら、俺ちょっと東京に行って言うてきたるわ」みたいな感じになって。何かそういう「訳のわからん使命感」みたいなやつが自分の中にあるんだろうな、だからやっているんでしょうね。

堀：リュック1つ背負ってね、議員会館や省庁を駆け回る姿が忘れられません。ですから藤沢さん、「誰が言い出すか」の1人は上山さんという個人であると言えそうですね。

藤沢：本当に。そこにどんなピースが欠けているかを見に行くのは上山さんだし、それを埋める何かを取りに行くのも上山さん。逆に、上山さんじゃない人ができるのかっていうことが気になりました。このノウハウ、ナレッジはどうしたら伝承できるのでしょう。

堀：その点も含めて、議論を進めてまいりましょう。

◆ ロビイストであり事業プレイヤーでもある存在

牧：めちゃくちゃ勉強になりました。僕はそもそも業界団体というものにアレルギーがあって、何か新しいことをやるときに反対する人たちだと思い込んでいました。だから、住宅宿泊協会のような「市場創造型の業界団体」がつくれるというのは大きな驚きでした。これはぜひ見習いたいなと思います。

僕の場合、岡山県西粟倉村と北海道厚真町、滋賀県高島市の3つの拠点で、林業や農業、就労支援に介護、宿泊・飲食というように、ちょっとずつ小さな事業をプロデュースして、ひたすら点を打つことを続けてきました。いつかそれらを統合し、地域経済に構造的な変革を起こすような形にしたいと模索している最中なので、今そのお手本を見せていただいた思いです。地域にあるものを活かしながら全体の価値を上げていく。その1つの方法だと感じました。

古田：上山さんはロビイストなんだと思います。普通とは違ってロビイストでありながら、自分自身も事業プレイヤーであるという。しかも自分の事業はさておいて、業界全体を見ながら話をしておられる。おそらく自分がこう動けば、関係する事業周りの人たちもそっちに行かざるを得ないとわかってやっているのだと思うんですが。それにしても、この複雑怪奇な利害対立の世界を、大阪弁でなんとなく押し切ってしまうという。大阪弁って大切なんですね（笑）。

加戸：自分と重なるところがたくさんあって、上山さんのお話を聞きながらちょっとウルっとしました。使命感に突き動かされて走り出すと、「何してるんだろう、自分」って思うぐらいのめり込んでしまうんですよね。

竹本：各業界に1人、上山さんがほしいと思いますね（笑）。こういう建設的で生産的な動き方って、学校では教えてくれないことですよね。取材映像を見て一番刺さった言葉は、「内部から瓦解いただく」。もはや丁寧語なのか何なのかわからない大阪弁を駆使しつつ、攻めの業界団体をつくる一方で既得権益の世界も味方につけてしまう。打つべき手はすべて打っているのが感動的でした。

村上：ある意味で秩序を管理する立場にありながら、その秩序を内部から瓦解させ、再構築することを目論んで奔走する。素晴らしいと思います。

◆「人のネットワーク」が極めて重要

堀：お話を伺った霞が関ＯＢの方も、今は省益で動く時代じゃない、いろいろな方面と連携して動きたいとおっしゃっていました。そうしたロビイング先の方々の変化についてはいかがでしょう。

上山：官僚の人たちって、悪者扱いされたり特権階級のように見られたりすることが多いですけど、まったく違うと思うんですよ。しっかり未来を考えている人が多いし、生活者レベルの感覚も持ち合わせていて、議論もできる。だから、まずは霞が関の方々とお話をして、その案件のポイントを整理することから入るといいような気がします。それを起点にすると議論が進めやすくなるし、きちんと整理をすることで、永田町の先生方にも話を持っていきやすくなる。

加戸：私も行政官の皆さんと話す機会が多いんですが、個別具体の話はできても、最後に包摂的な結論を導き出すのが非常に難しいと感じることがあります。複数の省庁をまたぐ案件では特に、構想はよいとして「じゃあ誰がやるの？」で止まってしまう。

村上：確かに霞が関の行政官は、課題を整理し抽象化し、それを具体化する段取りを考えるのは上手い。でも、自分自身では、現場に踏み込み段取りを動かし始めることは難しい。特に、行政官は、自分の組織の中で処理しきれない課題に対しては、途端に動きが悪くなるものです。自分自身で現場に踏み込み、組織を超えて行動を具体化するには、行政官としても、かなり難易度の高いノウハウの獲得が必要となります。となると、民間の側で、描かれた段取りを実行に移せる人を探せるかどうか、見つけたらすぐさま一緒になって走り出せるかどうかが重要になってきます。何をやるかもさることながら、誰が現場を動かすかが今一番の問題で、官民の別を超えた信頼関係のある人のネットワークが極めて重要。だから、この会議があるわけです。

上山：そのとおりですね。球を投げる人と、球を受けて走る人が大事。だから霞が関は大事だし、自分自身も「これは形にせにゃいかん」って単純にそう思うんですね。で、ルールづくりなんかをするときに、最終的に決めるのはやはり政治家です。なら、その事前の根回しや意見調整は、必ずやっとかないといかんのですよ。

業界団体との付き合いにしても、規制緩和だからといって闘うつもりはまったくありません。ちゃんと仲間になって、重鎮の皆さんとも仲良くさせていただいています。

では、誰がこういうことができるんだと思いますよね？　誰でもできるんです。ただ、どんな会合に行っても絶対にやるべき仕事がひとつあるんです。真っ先にその場に行き、一番前に陣取って、誰からも見える格好でちゃんと話を聞く。そして丁寧に挨拶をして回る。ここが大事です。目的を達したいのであれば、なんでもやらなあきまへん。誰と何を話したか、きちんと記録しておくんです。

こういう地味なことをしっかり続けていると、みんな必ず覚えてくださいます。覚えてもらわないことには、話をする機会もつくれません。そうやって地道に関係をつくっていくと、徐々に公式な集まりで発言の機会を与えてもらえるようになる。その積み重ねです。

◆ 政策立案と実行を連動させる方法

堀：先ほど藤沢さんから「上山さん以外はできないのではないか」と問い掛けがありました。ここまでの討論を聞かれていかがですか。

藤沢：10年ほど前ですが、私自身、政策にかかわらないといろいろな物事は変えられないのだろうなと思うことがあって、有識者の方々に相談に乗ってもらったり自分で動いてみたりしたことがありました。結果的には、ちょっと自分には難しいなって思ったのですが。

1人ひとりと丁寧にコミュニケーションを重ねていかないと、「誰の味方か」というところでバランスを欠いてしまった瞬間に、もうボタンが押せなくなってしまう。一生懸命になりすぎて特定の色がついてしまうと、いろんなものが動かせなくなってしまう。その微妙な空間を見事に渡り歩いているのが上山さん。信念の強さもすごい。尊敬しかありません。

牧：僕もそういうことができるキャラではないんですが、上山さんみたいな方がいてくださることがわかったのはとても心強いです。地方創生にはいろんなプレイヤーがいて、心ある人たちも大勢いるし、それぞれにいろいろな能力を備えている。そこにアクセスできるルートがあるっていうのが、とても大事なことなんじゃないかと思いました。

加戸：まさに「具体と抽象を行き来する」ということだと思います。理想と計画があり、現実と現場がある。それをわかってなおかつ実行できるパワーのある人をどんどん生まないと、地方創生は実現できないんだろうなと思います。

安部：政策立案と実行を機能させるという意味で言うと、僕自身がいろいろな方のお話を聞いたりケーススタディを集めたりした中で整理したところ、だいたい3つの要素があるように感じています。

第一に、理想論者の事務屋を集めること。事務屋というのは往々にして理想論からだんだん離れていって、ただの作業屋になっていくんですけど、理想を忘れず作業屋にもならない事務屋さんを、どれだけ自分の陣営に持てるかが重要だと思っています。

第二に、国や行政がやりたいことを〝すべらせない〟こと。政策をつくる人はすべるのが一番怖いから。そうならないためには、政策の担い手になるプレイヤーに手を挙げさせること。具体的には民間企業ですね。ここをしっかり握らないといけない。

第三に、なんだかんだで最後に話を乱してくる方々、ここに対してときには厳しく、ときにはソフトに、あるいはなだめたりできる一定のパワーを持つこと。

具体的なやり方は人それぞれでしょうけれど、この3つがそろえば、だいたい5割か6割は実現できるんじゃないでしょうか。上山さんの場合、1人で3つ全部持っておられるのがすごいです。

◆自治体を動かすための「正当性と正統性」

堀：自治体首長とのかかわり方についてはいかがですか？

安部：地域にコミットすると、必ずどこかの勢力に属さなくちゃいけなくなる。だから取り組みを続けるには、首長がそれを続けていけるような体制をつくる必要がある。外部からそれとなく援護するパターンもあれば、体制が変わっても続くよう仕組み化するパターンもある。その2つがあるように思います。

竹本：そうですね、大なり小なり、仕組み化は必要だと思います。首長はいつか必ず代わるわけですし。ただ、どうしたら首長の理解を得て、その事業を推進できるのか、少なくとも反対されないようにするためには、必ず首長と向き合わなければなりません。その関係づくりに、ものすごいエネルギーを使うんですよね。

そこで、2つの「セイトウセイ」が大切になると僕は思います。正当性と正統性。自分がどんな立場で人や事業に向き合っているかというレジティマシー（正当性）がまずあって、それを担保したうえで、信頼できる情報だったり新しい政策の流れだったりという正統性を明示して、向き合う人が得心しやすい状況をつくり出す。

古田：僕の場合、先に結果をつくってしまうというアプローチを志向する傾向がある。例えば、働く人のための「丸の内朝大学」を立ち上げたときも、人が集まらないだろうと言われて、説得している時間もないのでまず自分でお金を出して始めてしまい、「何千人来ましたよ」って結果を見せて動かしていく。クラウドファンディングもそうですよね。これだけ集めましたって見える化した途端、みんなの見方が変わってくる。

上山：いろんなやり方がありますよね。僕も、生活者の声というのを定量的なデータとして見せて、「市場がこう言ってるからやったほうがええやん」という話はします。その一方で、地域の皆さんに対しても「もうしょうがないな」って納得してもらうために「国」を使ったりもします。国の政策がこうだからとか、あの省庁ではこうしようと言ってるとか。

いずれにしても、首長さんとは一定の理解を共有しておかないといけません。もちろん、首長を握ったからってすべてがうまくいくほど世の中は甘くない。役所の方も、現場のほうも、反対を唱える人も含めて、いろんな方と話をすることが重要なんです。

◈すべてのプレイヤーに注ぐ愛と、分厚い信念

堀：結局どうやったら万事うまく勝ち抜けるのか。上山さんに聞いてみましょう。

上山：反対勢力と直接バトルしないことだと思います。

安部：普通に議論を戦わせると、ある程度正しいほうが勝ちますよね。となると、常にオープンな場で取り組むのがいい。上山さんは正論を持っているので、いざとなったらオープンにやろうって言えますよね。だから前に進められるんだと思います。つまり、大切なのはオープンディスカッション。メディアにもそういう大切な機能がありますね。

加戸：質の悪い反対勢力は後ろに隠れて出てこないんですよね。こっちが出向いていくと、さらに奥に行ってしまう。

竹本：僕の場合、おそらく上山さんも、そもそも自分が使命感を持って「これはやるべきだ」って確信して動いているので、戦うとか戦わないの話じゃないわけです。錦の御旗を勝手に掲げているので、相対する人たちに対して常に自分の考えを言い切れる感覚はあります。

上山：正しいと思い込んでますからね。

竹本：はい、完全に（笑）。勝ち負けを競うアプローチではないので、そこがブレることはまったくない。

上山：例えば、民泊新法の検討で自民党の部会に通わせてもらっていたときも、いろいろなことをおっしゃってくる方がいましたけど、僕はあえて抗弁はしないんです。でも、同じことを言い続ける。「忖度せーへんな」とか思われながらも平然と。それがよいか悪いかわかりませんが、結果的にはよかったんだと思います。

古田：上山さんの場合、関西弁でわっとまくし立てているように見えて、実はちゃんと言葉を整理されている。上山さんがつくった民泊やアルベルゴ・ディフューゾの資料を見ると、きちんと整理されているから行政官の頭にも残りやすい。そういう周到な準備があるからこその実績なんですね。

竹本：確かに。立て板に水みたいな話し方ではないのも、むしろ信用できていい。すごく不器用っぽくしゃべられていますけど、実はしっかり計算しているに違いない（笑）。

宮瀬：いかにも怪しげな雰囲気で現れて、グイグイと話に引き込んでいきながら、「あ、この人は本気なんだ」って思わせてしまうんですね。

牧：そんな上山さんが行政の人たちとも、地域で頑張っている現場の人たちとも、しっかりと心をつなげて未来へと向かっている。そのことに今、とても感動しています。

藤沢：上山さんって、解決しなくてはいけないあらゆることについて、それぞれの関係者がより仕事をしやすくなるようにと常に考えて動いていらっしゃるんですね。市長に対しても、霞が関の人に対しても、現場の人たちにもそうです。どうサポートすれば、その人たちが話を前に進めやすくなるのかを考えている。大きな全体像を描いてみせる一方で、ものすごくマイクロに1人ひとりを見て、とても繊細に気を配る方なんだと。繊細なセンスと分厚い信念。この2つの素晴らしさを、今日は実感しました。

村上：一方で自分の信念に対して強烈な強さを持ちつつ、もう一方でそれを支えてくれるコミュニティからの評価にも素直に耳を傾ける力がある。その両方を備えている人とも言えますね。

宮瀬：取材の中で印象に残った上山さんの言葉があります。「この地域に対して、僕自身も愛を持って活動している。けれども、僕よりももっと愛を持っている人たちがいるから、その愛を表現できる環境をつくりたい。それが僕の仕事だし、やりがいなんです」と。

上山氏講演資料より

第4回　北海道上士幌町　藤沢久美氏のケース
分配思考から投資思考への転換
―ディスクロージャー、ガバナンス、そしてファイナンス

「地方創生って、投資そのものなんです。なのに、地域には投資の概念が極めて希薄」と指摘するのは、藤沢久美さん（国際社会経済研究所）。投資の世界で活躍してきたファイナンスの専門家から見ると、地方創生に成功している地域は、投資の際に基本となる、①ディスクロージャー（情報公開と発信）、②ガバナンス（事業責任管理）、③ファイナンス（資金調達）の3つの要素に、共通して長じているという。良質な人材や企業を呼び込み、多彩な事業で人口増を実現した北海道上士幌町のケースをもとに議論が展開する。

◆ 誰がどのように誰のお金で事業を起こすのか

堀：本日のテーマは、ディスクロージャー（情報公開と発信）、ガバナンス（事業責任管理）、そしてファイナンス（資金調達）です。投資の世界では常識ともいえるこの3つの要素が、地方創生を支える三本柱でもあるというお話。プレゼンターは藤沢久美さん。日本初の投資信託評価会社を立ち上げた後、ＮＨＫ教育テレビ「21世紀ビジネス塾」のキャスターとして全国各地を取材して歩かれた経験をお持ちです。

藤沢：その取材を通じて、日本の未来は、本気になって地域で活動している人たちが変えていくということを発見することができました。そこで「地域の面白さ」を知り、今も静岡銀行の役員として地域の支援

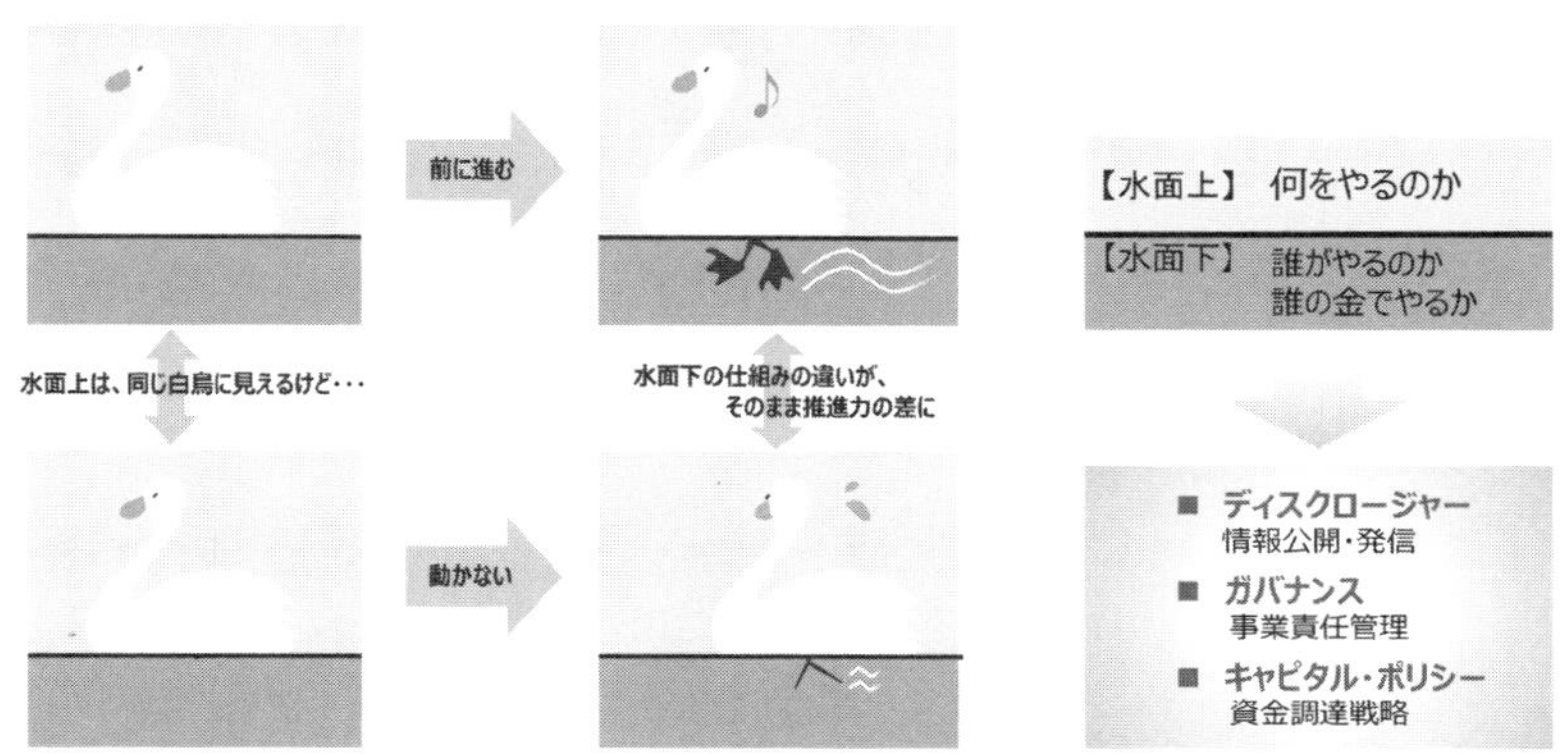

村上氏講演資料より

をさせていただいたり、川崎市の取り組みを書籍化して全国に広める活動にご一緒させてもらったりしています。

今日は、村上さんから「白鳥は水面下で何をしているか」というお題をもらいました（笑）。「白鳥」というのは地方創生プロジェクトを例えた比喩で、その多くが立派な大義名分を持って優雅で美しいのに、実際には、ほとんど前に進まないものが多い。そこで、水の中をのぞいてみると、水面上は立派なのに、水面下には貧弱な水かきしかないことがわかる。稀にぐいぐい前に進む白鳥がいると、やはり、その水面下にはしっかりとした水かきがある。この水面下の水かきの違いはどこから来るのか。ということですよね、村上さん？

村上：はい、まさにその差の正体こそが、ディスクロージャー、ガバナンス、ファイナンスなのではないか、という仮説です。

投資家というのは、事業の中身はもちろんですが、むしろ、「誰がどういう体制で誰のお金を使って動かすのか」を重視して投資の是非を判断するものです。地域の事業の成否を分ける鍵も、実はここにあるのではないか。さらに、情報をしっかりと発信できているかどうかも重要で、どんな事業をするかの検討に没頭するより先に、何をしたいか／しているかを懸命に発信していると、お金も知らずに集まってくるのではないか、ということです。

うまく進んでいかない白鳥をよく見ると、補助金などを元手にプロジェクトはつくれたとしても、その事業を担う人材がうまく集められない。または補助金が切れた後、その成果を引き継いで事業化することができない。では、水かきまで立派な白鳥が水面下で何をしているのか。どう足腰を鍛えているのか。投資のプロである藤沢さんの目で見立てていただこうという回です。

◆ 地域によくある3つの不思議

藤沢：今回ご紹介する事例は北海道上士幌町の取り組みなんですが、その前に、私がこれまでいろいろな案件にかかわる中で感じた、地域によくある「3つの不思議」についてお話しします。

1つ目は、お金に対して無頓着だということです。お金を得るってすごく大変なことですよね。私も起業した経験があるので、自分で会社をつくり、自分でつくったものを買っていただくことがどれほど難しいかを知っています。でも地域に行くと、「お金がない、お金がない」と言うわりには、お金をもらう苦労をわかっていないような気がするのです。お金をもらうありがたさを知らないから、使い方もいい加減。大切に使っているようには見えない。お金を稼ぐ人たちに対しても、尊敬というよりは、羨んだり妬んだりする気持ちが先行している印象を受けました。

2つ目に、お金が働いていないこと。死んでいると言ってもいいかもしれません。まるでスポンジに吸い込まれていくようにお金が消えてなくなります。本来、お金がまたお金を生んでいくような仕組みが理想的です。それには、リスクを想定した計算が必要なはずですが、これがない。どんなリスクがあるかも考えず、ただざっくりと「うちの地域、ヤバいよね」といった漠とした危機感しか持っていない。未来をどうしたいかよりも、「今、大変なんです」という感じです。

3つ目の不思議は、地域の外の人は信じない。にもかかわらず、東京から来た人のことは信じてしまう。それが有名人だったりするとなおさらで、もはや幻想ともいえます。同じように、お金をくれる人はよい人で、お金にシビアな人は悪い人という幻想もある。そのお金の意味をしっかり考えようという気配は感じられません。さらに、ボランティアの人たちは、無料だから使い倒してよいものだと思い込んでいる。ボランティアがなぜここに来て、何を得て帰ればよい人たちなのかを思うことはない。そして最後に、「どうせ話してもわかんないよね」の幻想で終わるんです。

堀：加戸さん、すごくうなずきながら聞いていらっしゃいましたね。

加戸：いや、まったく同感です。もっと付け加えたいぐらい。これらを逆転させれば、地域はよい方向に進むということですよね。そこをどうマネジメントするかです。

◈「何に使うか」を考えてお金を集める

堀：では、上士幌町の紹介です。北海道十勝地方の北部に位置する、人口5000人ほどのコンパクトな町。大雪山国立公園の麓にあって豊かな自然に恵まれ、町の7割以上が森林に覆われているといいます。農業や酪農、林業が盛んで、源泉掛け流しのぬかびら（糠平）温泉郷でも有名ですね。

藤沢：ここのお湯は本当によくて、お肌がつるつるになるんです。星が落ちてくるようなロケーションも素敵ですね。

堀：そうした美しい風景を楽しみながら、とかち帯広空港からほぼ一本道の農道で町の中心部へ。今そこに、国内の公道で初となる自動運転バスを走らせようという実証実験が行われています。

藤沢：最初に訪ねたとき、「空港を出たら、農道を真っすぐ行って、最初の信号を左に曲がると上士幌町です」って言われました。でも実は、その最初の信号というのが、車で50分走ったところにある（笑）。とてものどかな場所なんです。

堀：そんな上士幌町も、長いこと人口減少に悩んできたといいます。転機をもたらしたのは、ふるさと納税でした。納税額を単年度で処理するのでなく、「上士幌町ふるさと納税・子育て少子化対策夢基金」として積み立て、そこから計画的に子どもの教育分野にお金を投入していく取り組みを始めました。こうした基金は日本初だったそうですが、これを機に人口減少に歯止めがかかり、今はむしろ増えているんですね。

藤沢：はい。私がこの町にかかわり始めたのは、ちょうどふるさと納税に取り組んで間もなくの頃。人口がちょっとだけ増えた時期でした。私が素晴らしいなと思ったのは、この町がふるさと納税を始めるより先に、お金が集まったら何に使うかをちゃんと決めていたことなんです。だいたいの場合、集まったお金は既得権益を持つ人々に分配されてしまいやすい。でも、それがわかっていたから、反対されにくい教育という分野で使うことを先に議会で決めておいたのですね。

そのお金で、最初は認定こども園を無料化した。それだけじゃなくて、アートや英語、体育の専門の先生たちを招聘して、レベルの高い教育を始めます。小学校でも同じようにした結果、学力が上昇し、今では北海道平均を上回るようになっているそうです。

認定こども園はその後、国の法改正で全国的に無料になりました。その結果、こども園に回していたお金を今度は別の戦略に振り向けることができたんです。こうして、先の先を見て、お金の使い方を考えている。町長さんを初めとする上士幌町の特筆すべきところだと思います。

◆教育で町を変えたい、大きく成長させたい

堀：町長は竹中貢さん。6期連続で務めておられる。何でも自ら、スピード感をもって新しいことにいろいろと挑戦されていますね。

藤沢：そうなんです。人口が増えた話にしても、ご自分でPowerPointを使って資料をまとめておられました。いつも自分の頭の中を見える化して、周囲に説明しまくります。そうやって、つくったり話したりしながら地域の構想を練っておられるのですね。

私と上士幌町とのご縁が始まったのも、竹中町長との対談のお仕事がきっかけでした。上士幌町が、ふるさと納税をしてくれた人たちを招いたイベントを東京で初めて開催したときにお会いしたんです。そのイベントには家族連れなど大勢の人が来ていて、返礼品でもらえる食べ物や飲み物を無料で楽しんでいました。その中でも「十勝ナイタイ和牛」っていうのが、めちゃくちゃおいしいんです。その美味しいナイタイ和牛は、クーポン制になっていて、みんながクーポインを買うために並んでいる。お礼の会と思いきや、しっかりと課金もしているんですね。

上手だなと思ったのは、帰り道のところに移住相談コーナーがあったこと。上士幌がどんなに素晴らしい町かというのを、会場内でいろいろな映像やプレゼン、品物で見せられたうえでの帰り道。なぜか皆さん、吸い込まれるようにそこでいったん座ってしまう。「お試し移住ができますよ、無料で泊まれる家が

あるんです」と声を掛けられて、「旅行ついでに行ってみようか」みたいな気にさせられているようでした。

堀：竹中町長はもともと教育長をなさっていたんですね。生涯学習を主に担当されていたとお聞きしました。財政でも農政でもなく教育畑出身ということで、町長になりたての頃は周囲から不安の目で見られ、「経済のことがわかるんですか、農業のこと知らないでしょう」と言われることが多かったと。そのたびに、「いやいや、教育によって町を大きく成長させていくんです」と説明されてきたそうです。

藤沢：だから学力もぐんと上がったんですね。ただ、この町には高校がありません。子どもたちがそこで域外に出てしまうので、次はこれを何とかしたいとおっしゃっていました。それに、最初は子どもの教育を中心にお金を使っていたため高齢者からの要望もあったようで、しばらくして「生涯活躍かみしほろ塾」というのを立ち上げました。「高齢の方々もこの町でちゃんと幸せになれるんです」と町長が音頭を取って、いつまでも元気に楽しく過ごせるようにと、学びと活動の機会を提供する場として始めた取り組みです。私も上士幌に行くと、ここで皆さんと交流させていただいています。

町長はいつもこういうふうに、大きな絵を描き、実現までのプロセスも考えて、1つひとつステップを踏みながら結果を出し続けている、本当に希有な方です。

◆若い人材がどんどん集まってくる場所に

堀：そんな竹中町政は何を実現してきたのか、私と宮瀬さんで取材をしてきました。上士幌町は本当にこじんまりとした町なのですが、そこにいろいろなものが集約されていたんです。

まず、2020年6月にオープンしたばかりの「道の駅かみしほろ」。農畜産物の販売所にカフェやレストランが軒を連ねるお洒落な雰囲気が印象的ですが、注目すべきはその運営会社、株式会社karch（カーチ）です。半官半民で50％ずつ出資する観光地域商社なんですよね。

宮瀬：はい、道の駅のほかにもＤＭＯ（観光地域づくり法人）や、バイオガス発電などいろんな事業を展開しています。酪農の町ですから、不要になった堆肥を発電に使うなどしてエネルギーの地産地消にも取り組んでいるんですね。

堀：そんな多角経営が奏功して、開業以来、黒字を維持しているとのこと。道の駅の運営には町から指定管理料が支払われていますが、徐々に減らしていって5年目には自立する計画を立てています。ですから、もっと値段を割り引けという地元の声にも、毅然として応じない。何故なら、経営的に自立することがミッションだからです。地元の方にも堂々とそう説明し、民間事業者として、スピード感のある経営判断をしながら持続可能な経営を目指しているそうです。

宮瀬：それが株主である町民への恩返しになると、観光協会出身の事業部長さんは語っていました。

堀：２０２０年には「かみしほろシェアＯＦＦＩＣＥ」もオープンしています。仕事で町を訪れる人たちのためにつくった、「都会と田舎をシェアする新しい働き方」をテーマにするスペースです。立ち上げと運営を任されたのは、総務省が推奨する「地域おこし協力隊」に応募して全国から集まってきた若者たち。実際にここを訪ねてみると、その若き担い手たちが自信を持ってさまざまな新しい試みを進めていました。

例えば、タブレット端末を活用した高齢者への情報発信や支援サービス。上士幌町では全世帯のお年寄りに無料でタブレット端末を配布し、そこで福祉バスの予約や給食サービス、健康管理といった機能を使えるようにする実証実験を行いました。そのお年寄りでも使いやすいよう、ボタン表示を大型化し、スワイプなしでシンプルにタッチすればよいようにするなど、画面デザインの工夫を積み上げたのが、このオフィスで働く協力隊員です。

宮瀬：実際、協力隊員の方々は起業のサポートや働き場所の相談なども行っていて、ここが「たくさんの人材が集まる場所」になっている、という印象を強く持ちました。

堀：もう1つ注目すべき最近の事例は、ドローンを活用したスマート物流の取り組みでしょう。北海道はとにかく広い。いろいろなものを運んだり共有したりするには陸も空も使ったハイブリッドでやるべきだということで、2021年8月、上士幌町とセイノーホールディングス、電通、エアロネクストの3社が包括連携協定（ドローンを含む次世代高度技術活用による「持続可能な未来のまちづくり」に向けた包括連携協定）を締結。ドローンで食糧や、牛の診断用検体・受精卵などを輸送する実証実験が始まりました。この「空飛ぶ牛の受精卵」というのは世界初の試みなんですね。

宮瀬：これはですね、本来なら受精させる雌牛のいる場所まで牡牛のほうを移動させるところ、それだと移動に時間がかかり、牛にもストレスがかかるため、受精卵のほうを雌牛のもとまでドローンで運んでしまおうという発想なんです。

堀：牛の陸送にかかる環境負荷の軽減も考えながら、ストレスを抑えて出産確率を上げるという狙いがある。こうした試みをどんどん立ち上げ、それを担う若い世代やベンチャー企業、あるいは都会の大企業から来る人々の往来が活発化しています。とても活気に満ちた空気が感じられました。

藤沢：本当にそうですね。竹中町長も「いつ来て、何をやってもいいよ」というスタンスで迎え入れています。

◆なぜ有能な人材が上士幌に集まるのか

藤沢：地域おこし協力隊って、けっこうな数の応募が来るんですよね。その中でも、上士幌ではピカピカの、えりすぐりの人が選ばれている印象を受けました。そんな人材をどうやって見つけているのか、すごく興味があります。

それに、この町では「何でもやっていい」とは言うけれど、同時に「お金は出しませんよ」とも言われるんです。上士幌に来て、自分のお金で何かにチャレンジする。それは魅力的ではありながら、やはりハードルは一段高いわけですね。それだけの気概と余力を持つ人と、どうやってご縁をつなげているのか。これも素朴な疑問です。

堀：まさに、そんな藤沢さんの「問い」への答えを見つけることが、今回の取材の目的でもありました。

宮瀬：竹中町長に加えて、その答えを知るキーパーソンの1人が、上士幌町デジタル推進課の梶達（かじとおる）さんです。町長とは20年来の関係で、右腕としてふるさと納税やICTによる町の振興策に取り組み、この4月にICT推進室室長に抜擢されました。

藤沢：ちゃんと未来を見て、要所を押さえ、自分の言葉で伝えることができる人。お金にもきちんとした理解がある方ですね。

宮瀬：先ほど紹介したシェアOFFICEの管理や、タブレット端末のインターフェイス開発を担当する地域おこし協力隊員も、梶さんがWantedlyという求人サイトのスカウト機能を使って採用した人材です。成功するかどうかわからないスカウト機能に、自治体が予算をつけるのはめずらしい。でも上士幌は、「賭けだと思ってやった」と梶さんにスカウト予算を出したし、それで採用された本人は「めちゃめちゃ熱意のある方で、ぜひ一緒に働きたいと思った」と話しています。

その方はいったん東京に出て、Uターンで地元に戻ってこられたのですが、梶さんと出会ったことで、「ここにいても東京とつながる仕事のあり方があることがわかったのは大きかった」と言います。「何かをゼロから1にする経験ができた」とも。町が責任を持って受け入れる姿勢を示すことで、行動する若者たちを引きつけているのですね。

◆「お金を出さない」という健全性

堀：上士幌町はさまざまな方法で、関係人口を増やすことに力を注いできました。実証実験などを通じた企業誘致にもそれは言えますね。

宮瀬：はい。2022年4月にオープンした公設民営の企業滞在型交流施設「にっぽうの家　上士幌」もその1つ。企業から派遣されて中長期で滞在する人向けの宿泊施設として、東京の広告代理店スパイスボックスと「無印良品の家」が協力してつくりました。プロデュースと運営管理を担当するスパイスボックスの吉田大さんによると、ふるさと納税に関する仕事で梶さんと知り合い、「無印良品の家のブランディングの一環として、サステナビリティに前向きな自治体と一緒に何かしたい」と相談したところ、「ぜひ上士幌に」と誘われたのだそうです。

この会社は町から指定管理者の委託を受けて「にっぽうの家」を運営していますが、町は委託料を支払わず、むしろ逆に家賃を徴収しています。まさに藤沢さんのご指摘どおり、場所は使っていいけど、お金は出さない。なのになぜ、企業は上士幌に進出するのか。吉田さんは極めて明快に、その理由をこう語ってくれました。

「しばらくは指定管理料だけいただいて、利益が見込めるかどうか見極める。リスクを考えれば、それが普通だと思います。ただ、僕らとしては、広告代理店として首都圏だけの活動にとどまっていてよいのかという課題感がありました。全国ターゲットの広告なのに、東京の人だけを見ているみたいな。それを解決するには、自分たちも外の地域に出て行って、現地の目線で働いたり交流したりすることが大切なんじゃないかと。

とはいえ、自治体の協力が得られなければだめだし、自治体から依存されすぎる状態も問題です。企業と自治体が競い合うように、互いに新しいことにどんどん取り組んでいく。そんな関係性が築ける場所として、上士幌町は非常に魅力的な存在でした」

上士幌町に惹かれたもう1つの理由について、吉田さんは「フェアだから」といいます。普通、地域の事業の多くは、関係する事業者との関係など、色々な大人の事情に配慮しながら執行体制を考えることが多い。なのに上士幌では、すでに町と関係が出来ていた吉田さんたちを指名するのではなく、公募で公設民営施設の建設事業者を決めました。

「こうした施設をつくる構想について、あれだけ相談に乗ってもらったり話し合ったりしてきた関係なのに、自分たちがプロポーザルを出しても採択されない可能性があるという。公平性へのこだわりに驚きました。

しかも、そうしたマインドが町の皆さんにも、議員の方々からも感じられる。ですから1年間の準備も本当に大変だったのですが、無事に実現したときには誰もが一緒に喜んでくれて、とても感動的でした。グレーなゾーンが一切ない、それがよかったですね」

その最たる代表が竹中町長だと、吉田さんは言います。毎朝きまって「にっぽうの家」を訪ねてきて、「お客さんの入りはどう?」「何か困ったことはない?」と言葉を掛けてくれるのだそうです。開所した当初だけでなく、今でも毎朝必ず。聞けば、町長は毎朝お散歩がてら町内を一巡し、いろいろな施設やそこで働く人たちの様子を見て回っているとのことでした。

そんな竹中町長がどんな思いで町政に携わってきたか。ご本人の言葉を紹介します。

「地方創生にとって大事なことのひとつは、ＫＰＩの公開です。これまで行政がほとんどしてこなかったことですが、これは必ずやらなくてはいけない。やりたくないのは、結果を恐れるからです。何か問題が起きれば公開することになるのですから、最初からオープンにすればいい。上士幌町では議会でも委員会でも、すべてオープンにしています」

◆お金がお金を生み、人が人を呼ぶ

堀：ある企業の方が話していたんですが、交付金目当てに寄ってきたのがわかるような企業は、町長も梶さんもスパッとはねていくというんですね。この町には本気でプレゼンをする企業だけが残っていく、そんな印象を受けました。「消えないお金」の秘密はこのあたりにもありそうですね。

宮瀬：そうですね。箱物をつくって終わり、というのが竹中町長は本当にお嫌いで、だから「ちゃんと動いてますか？」って毎日声を掛けて回っているんですね。最初は国や町のお金で投資はしても、その後を動かすのはあなたたちですよというスタンス。緊張感を持った関係がうまくつくられている町でした。

藤沢：この町は企業にとって、事業を実証する場になっている。いずれ全国に展開することも視野に入れて取り組んでいる印象です。つまり「本気」の人たち。だから任せてもらえるし、リスクを取るに値する場を与えてもらえるんだと思います。そして、そこに投じられるお金も死んでいないというのがポイントです。

さらに言うと、お金がお金を呼び込むだけでなく、人も呼んでいる。それもぶら下がるために来るんじゃなくて、チャレンジするためにやってくる。お金が生きるとともに、人も生きる場所、ということを感じました。

牧：役場の若い人たちが、すごくいい顔をしておられますよね。地域の取り組みって、なんとなく水面下で動かすことが多い中で、正々堂々ちゃんとしていると思いました。

竹本：町民の方々にどれだけ実態を知ってもらい、理解していただくか。つまり、本質的な意味での情報公開をしていると思いました。前回お話しした海士町の場合は、もっと官と民の境が曖昧で、一緒になってやっている姿勢が見えている。人口が2000人余りと少ないこともあって、誰が何をしているかわかるので悪いこともできない。それぞれ情報公開のやり方は違いますが、通じるところがあるように思います。

上山：人口が少なくてこれからどうしようと思っている自治体は、この方向しかないような気がしますね。箱物をつくったはいいけど赤字続きでうまくいかない、というケースは多いと思いますが、普通にちゃんと経営すれば、たぶんいけるんちゃうかなという気はしますけどね。

古田：同じ意見です。うまくいかない原因の1つは、箱をつくる人と、そこで事業をする人がバラバラにさせられていることではないかと思います。行政は公平性を保つため、1つの事業者に集中しないようにと分けるんでしょうけど、うまく回すなら逆だと思うんですよね。1つのところにちゃんと最初から最後まで通しで責任を持たせ、すべてを任せないかぎり、結果が出ない。責任を取りたがらない。「にっぽうの家」にしても、最終的に自分たちの裁量に任せられたからガシガシやれたんですよね。地域の事業は全権委任というのが重要だと僕は思います。

堀：そこに行くまでの段階の、議会でのやりとりもシビアにされています。「こんな事業を始めたら、運営コストもかかるし収拾がつかなくなるんじゃないですか」などと議員の方に町が責められる場面もありました。すると、役場の担当者は「いや、違うんです。我々は初期投資をするだけで、その先は民間の方が持続可能な経営にしていくんです。だから、お金目当ての人たちとは絶対に付き合ってはいないんです」と。こういう明確なスタンスを取っているのが印象に残りました。

◆誰もが公平に動ける「しがらみ」の真空地帯

安部：地方創生の「王道オブ王道」だと思いました。地方創生の勝ち方って、王道があると思うんです。地域側、すなわち自治体がパートナーを選べる状態をつくること。それも、先行事例に限られる。後発事例でパートナーを選べるパターンは非常に少ないから。先行事例というのは、当然のように前例がないわけだから、めちゃくちゃ考えて、どんな質問や批判にも応えられるように準備をする。それが、藤沢さんのおっしゃる「本気」につながると思うんです。上士幌はこの王道戦略がすごく上手にできている。

ふるさと納税の使い方もうまいですよね。ふるさと納税って、利用者の〝可処分時間〟の配分が非常に小さい。一瞬の時間を使ってもらって、地域にお金が入ります。その接点を捕まえて、次にもう少し関わる可処分時間が長いお礼イベントに来てもらい、そこで可処分時間が更に長い観光へのきっかけをつくり、さらに移住までもっていってしまう。ここがグラデーションを作りながら、一貫してつながる戦略として組み立てられている。地方創生の勝ちパターンです。

ところが、多くの場合、地域側が取り組みに縦割りになっていて一気通貫が利いていない。だから勝てないんだと思います。

年度予算をまたぐことができる基金を活用しているのもすごくいいと思う。人材スカウトもいいですね。お金を使った結果責任が明白ですから、役所では本来やりづらいことだと思うんですが、そこを曖昧にしていない。さらに言うと、事業の進捗確認をトップである町長自らがやっている。「これ今、どうなってる?」と常に進捗を確認しながら進めるのはマネジメントの基本じゃないですか。それに適した人口規模ということもあるかもしれませんが、とにかくやれることはすべてやっているなという印象です。

村上：「フェアだから、この町に来た」という企業の方々の言葉がとても心に残りました。「しがらみ」に対する真空地帯がきれいにつくられている地域なんですね。そこに開放感はあるけど、閉塞感はない。何らかのしがらみによって物事が妨げられることのないよう、しっかりと守る。そのかわり、お金はあげません、でも誰が来ても同じように対応しますよと。そういう健全性を求めて、みんなここに来るんですね。

結局、自治体だけの力で100%するのは無理なんです。パートナーの存在が絶対必要になる。そのパートナーが新たな価値をもたらし、一定のコストも負担している。そうできる状況とフェアな環境を両立させているのが素晴らしいと思いました。

◈ 地方創生とは、投資行為そのものである

藤沢：皆さんのお話に共通するのは「本気」であるかどうか、つまり責任の所在なんだと思いました。上士幌町は責任を取る姿勢が明確になっている。そして、最初にきちんと先を読み、全体をしっかりとデザインしたうえで物事を進めている。だからうまくいっているのだと思います。

私が地域に対して総じて感じるのは、「投資の世界では当たり前のことが、地域にはない」ということなんです。地方創生とは、実は投資行為そのものではないかと思っています。新しい何かを始めるわけですから、そこには必ず、成長やリターンのためにリスクを取って資本を投じる行為が伴うはず、すなわち投資です。これはお金にかぎらず、人やモノを含めてのことです。

投資というのは、消費ではなく、次につながるもの。エシカル消費という言葉がありますが、これも社会を変えるための一種の投資といえるし、生涯教育だって、一生をかけて自分を成長させるための投資です。サーキュラーエコノミーもESGもそう。持続可能な社会には投資思考が不可欠なのです。ところが、ほとんどの地域には投資思考も投資行為も見られません。

投資の世界で当たり前に行われているステップでは、まず投資案件や投資チームの組み立てから入るのですが、これがまさに責任の所在を明確にするプロセスです。その際、どこにどれくらいのリスクがあり、どのように最小化できるかを考えて設計します。そこには当然、責任体制の問題が絡みますし、許容範囲のリスクを取りながらいかにリターンを確保するかも考えなくてはなりません。

次のステップは、どんな人からどうお金を集めるか、つまり投資家の選定です。誰でもよいからお金をください、とはなりません。人によって求めるリターンも、許せるリスクの程度も異なるからです。したがって、リターンとリスクに対して同一の目標を持つ投資家しか選びません。

そして最後に、預かったお金が何に使われ、その結果どうなったかを1円1銭の単位まで疎かにせず報告します。これを定期的に行うことによって、投資家が離脱するのを防ぎ、またより多くの投資を引き出すことにつなげます。投資サイクルはこうして回っていくんですね。

このようなステップを踏むことなく、ただお金が消えてなくなっていく。それが地域の実態ではないでしょうか。ある地域の案件で、苦労してやっと交付金が取れて、それをどう使うか、地元の方に事業戦略をご相談しようと思ったら、「成功するかどうかわからない戦略はどうでもいいから、そのお金を今すぐ、僕たちに配ってください」と。「僕らがちゃんと使ってあげるから」と言われ、びっくりしたことがあります。結局、単純に「配り」はしませんでしたが、このように、補助金の多くは、投資ではなく、消費されてしまうのが現状です。

最初のお題に戻りますが、それはどういうことかというと、新しい事業を始めるためのガバナンスとディスクロージャーがない。ガバナンスとは、責任分担の明確化です。本気の人、すなわち責任を取る人を明確にすることが、ガバナンスにとって最も大事なことなんです。

◈ 投資家がもう一度お金を出したくなる仕組み

一方、ディスクロージャーで大事なことは、説明責任と透明性です。結果報告だけではありません。途中報告も大切ですし、そもそもお金を集める前に、それが何に使われ、どんな成果を出すつもりなのかをまず言わなくてはならない。それは数値で表すわけですが、そこに人の心を動かすストーリーもなくてはいけないと思っています。

誰かのお金を使うのは責任があることなんだと肝に銘じていれば、自然にそうなりますよね。ところが、国や自治体からもらうお金に対してそうしない。これは、投資の論理からするとすごく不思議なことなんです。

堀：上士幌町の場合、その点についてもしっかりされていますね。ふるさと納税でお金を寄せてくれた方々には手紙を出し、Ｗｅｂサイトでの情報発信にも努めています。地域おこし協力隊の採用にしても、とにかく情報発信ができる人材がほしいと、町長から最初に注文があったそうです。

藤沢：そうですね。事前・途中・結果を通じて徹底的にお伝えする。そうしていると、実はもう一回投資したくなるんです。もう一度かかわりたくなる仕組みを発信を通じて作ることによって、持続的にお金が増える、継続的に関係人口が増える。上士幌町はそのツボを押さえているように感じます。なにしろ町長自身が率先してそれをなさっていますよね。ご自分で資料をつくり、常に更新しているので、会うたびにアップデートされている。だから、みんなが将来をイメージすることが出来て、夢を共有できるんだと思います。

安部：いやもう、おっしゃるとおりで、スタートアップの企業が最初にコストをかけるべきところって、広報なんです。まず関係人口を増やし、いろいろなところで認知してもらって、それをテコに事業を立ち上げていく。スタートアップだけでなく、地方創生の取り組みも同じだと思います。

藤沢：投資思考というと難しく聞こえるかもしれませんが、安部さんがおっしゃるように、地方創生であれ起業であれ、事業はなんでも同じだと思うんです。世の中にはお金が欲しい人とお金を運用したい人の2種類がいて、ときおり不思議なお金の出し方、使い方をする行政がいる。ここの三者の関係性を、広報という力も使って上手につくることが大切です。

お金のいただき方は寄付、融資、投資、また投資の中にも色々な種類があり、それぞれ、お金を出した人に対するリターンの返し方もさまざまです。名誉がほしい人もいれば、利息を確実に稼ぎたい人、事業に関わりながら自分も儲けたい人。収益は少なくてもいいから事業に関わりたい人。いただくお金の性格の違いをよく理解したうえで、誰からどんな風にお金をいただくのか、よく戦略を立てなければいけないと思います。まさにファイナンスとは、お金をいただく方との関係性をデザインすることだと思います。

これは静岡銀行が取り組んだ例ですが、最近流行りのポジティブ・インパクト・ファイナンスについてご紹介します。

ある中小企業が、銀行からお金を借りて事業を何とかしたいと思うものの、審査に通るようなストーリーが思いつかずに悩んでいました。ＳＤＧｓの流れに乗って環境負荷の見直しをすべきこともわかるが、

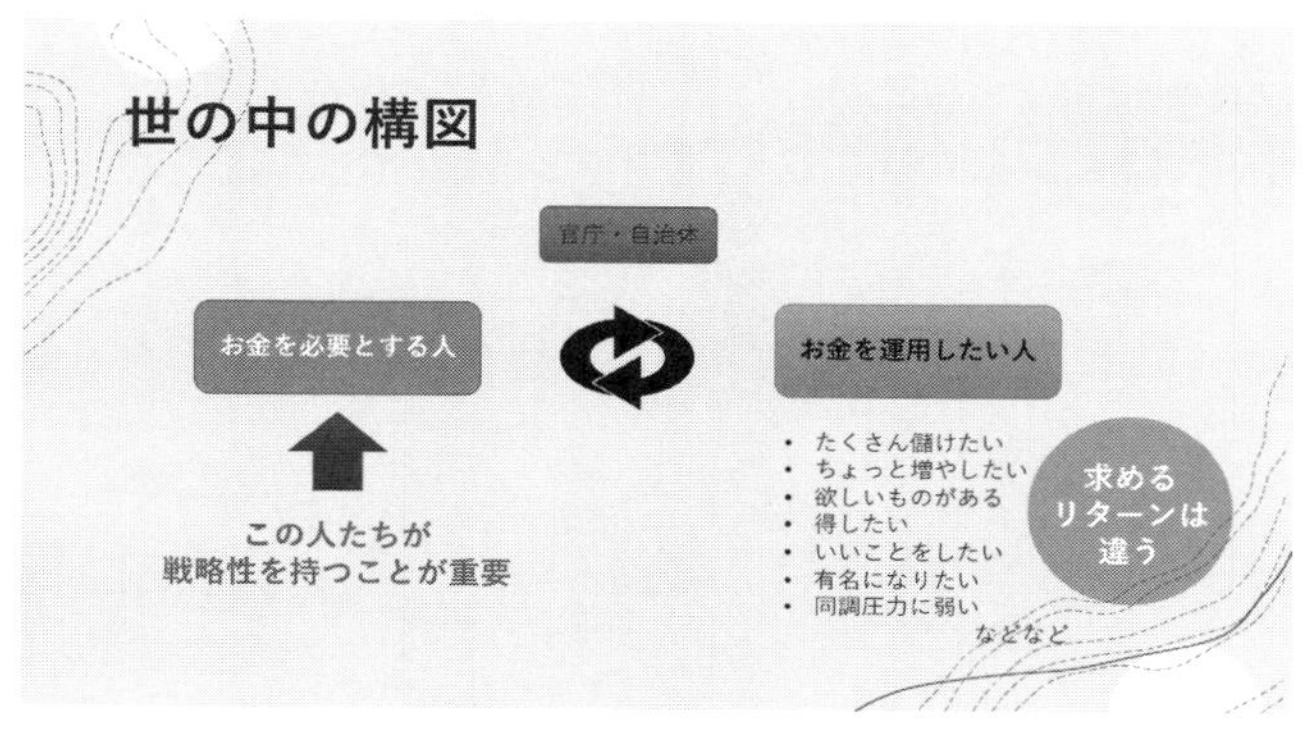

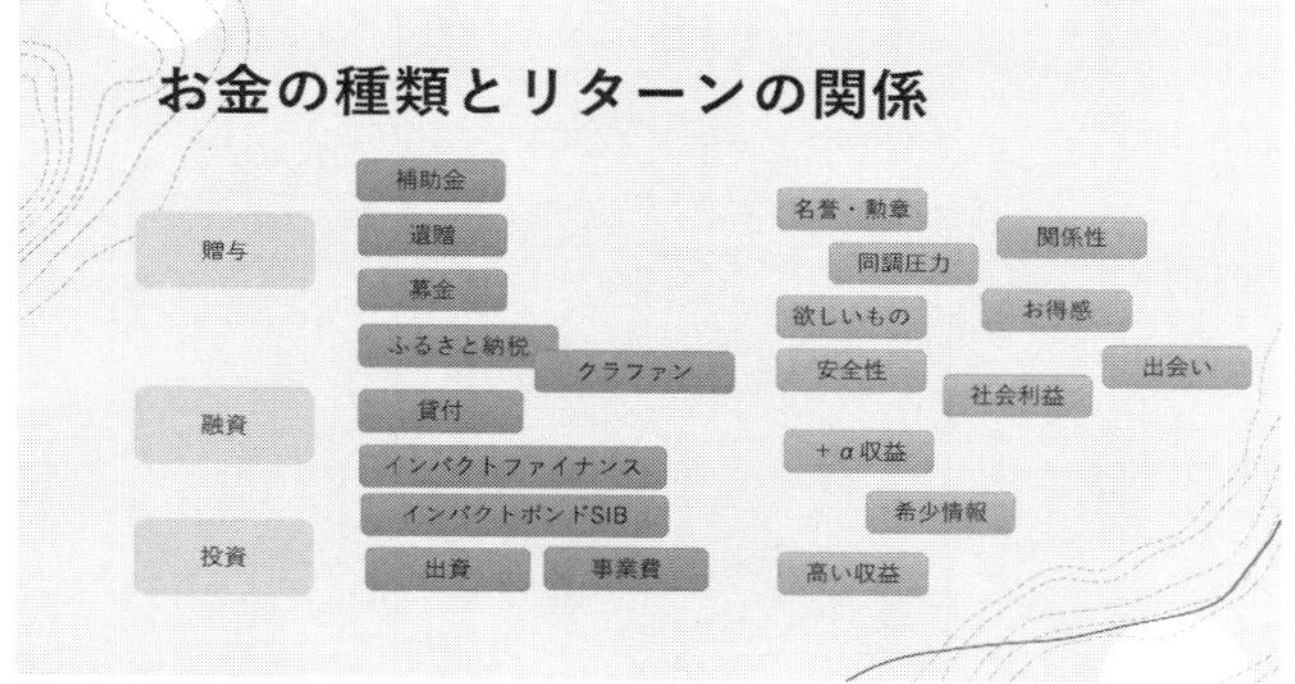

藤沢氏講演資料より

どうしたらよいかよくわからない。そんな状況でした。

それに対して静岡銀行は、それなら社会的インパクトに向けた取り組みを整備しましょうと提案します。職場の外国人技能実習生の人権は守られているか、そのための人事制度、福利厚生、職場環境はどうか。現場からのCO2排出量を最小限に抑える設計をどうするかなどです。

これらの取り組みをKPIで示す際、会社が独自に評価しているだけでは、どこでもやっていると言われて終わりです。そこで、第三者の評価機関などを使い、国際的な基準に合った環境であるといったお墨付きをもらう。その途端、誰から見ても社会に役立つものであることが明白となり、このＫＰＩが価値を持ち始めます。

社会的に価値が認められたＫＰＩを実現するのですから、事業がよくなるだけでなく、社会に与えるインパクトも大きい。となれば、静岡銀行としても融資する正当な理由がつき、安部さんのおっしゃる進捗確認を行うことにもなる。そこでコミュニケーションが生まれ、ディスクロージャーも進んでいく。

ざっとこんな流れですが、これはまさに投資の考え方に則るものです。将来に向けた計画を立て、それが正しい方向性であること、また確かに改善していることを明らかにできる指標をつくったうえで、お金を借り、モニタリングの経過を報告し続ける。このサイクルを回すことによって、本来なら困難かもしれない資金調達ができるようになる。

こういうことを、地域でもデザインしていくことがすごく重要だと思っています。

◆リスクを冒して責任を負う旗振り役「ＧＰ」

古田：地域に投資する方法はいろいろあると思うんですが、箱物であれ関係人口であれ、知見的なものであれ、お金を出した結果が、何らかの資産として地域に残るようなかかわり方を生み出していくことが重要だと思います。それができれば、企業からの投資によって、地域でもっと経済が回っていくんじゃないかな。

その点、ふるさと納税というのは、とてもよいと思うのですが、お金を出した人がその地域の取り組みにメインで参画できない点が残念ですよね。企業版ふるさと納税も同じ。せっかく投資をしたのに、自分たちが関与できないことに消費されてしまう。もっと企業と地域のかかわり方をうまくつくれれば、上士幌のように地域と向き合う企業はもっと増やせると思います。

責任の所在に関する話だと、村上さんがよく言うＧＰ（General Partner）の存在も重要ですよね。最後にすべての責任を負う人。これが明確でないと、お金はそもそもいただけません。だれかが事業毎にＧＰ役を買って出て、旗振りをして、出資者からお金を集めなければなりません。ただし、最後の責任の持たせ方には工夫が必要です。ＧＰは、自分で最後に残った責任を負わなきゃいけない。だから、典型的には受けた融資に個人保証を付けたりするわけですが、優秀なＧＰでも、複数の事業に同時に個人保証をつけられるわけもなく、結果的に１つの事業しか回せなくなります。これからの地域では、１つの事業がうまく行ったら複数の事業を横につないで成功の連鎖を作っていく必要があります。ＧＰ役の人に何もかも責任を押しつけてしまっては、１人で同時にいくつもの事業を盛り上げていくのは無理ですよね。

そういうことを考えると、ＳＰＣ（特別目的会社）やソーシャルベンチャーのような、賛同してくれる地域の事業者に少しずつリスクをシェアしてもらい、地域全体で信用を与えてくれるような保証の仕組みがあればいいなと思います。先ほどのポジティブインパクトファイナンスのお話に近いかもしれません。

安部：ファンドの場合、一般的にＧＰというのは、運用しているお金の約２％強を管理費用としてもらえるんですね。さらにその上に、成功報酬として投資利益の約20％程度の上乗せがあるのが基本です。それに対して地域における事業の場合、明らかに上乗せは期待できないし、リスクも明確にならないまま、ＧＰの機能だけを都合よく使われてしまうことになりやすい。このギャップをどうするかが問題の本質だと僕は思います。

要は、リスクを正しく計算しましょう、それに対するリターンを設計しましょうということなんですが、「リスクは無限に取ってほしい、でも公的な資金が入るからリターンは制限されますよ」と、ＧＰになるべき人が言われているのが地域の現実なんです。これでは誰も投資する気になれませんよね。

村上：大事な点なので整理してみますね。GPは責任範囲に上限がなく、事業が倒れたら最後に残った責任を取る人。一方、自分が出した金額までしか責任を取らない人をLP（Limited Partner）といいます。事業は両者が力を合わせて作っていくものです。

2つポイントがあります。ソーシャルベンチャーの場合、マネーリターンはそれほど期待できませんから、ソーシャルインパクトがリターンになる。企業にとっては、そのインパクト、すなわち社会的課題への貢献を行ったことで結果として自社の商品が売れるとか、自社の株価が上がるとかのメリットが得られるようになると、LPとしては、更に積極的に動いてくれるようになります。その構図をどう創っていくかが第一のポイントです。もう1つポイントがあります。マネーリターンは分配することが出来ますが、ソーシャルインパクトは分配できません。なので、LPとしての企業もGPも、もらえるモノは同じになります。そうすると、リスクをとる分だけGPが引き受け損になる。今のままでは、「無償の愛を地域に捧げるGPになってください」とお願いすることになりやすい。企業のメリットの明確化、GPの引き受け損の構図の解消、この2つをどう解消していくかが、今後の大きな課題です。

◆エリアと事業の切っても切れない関係

安部：エリアをどう切るかの問題もありますね。エリアというのは多層的ですから、どこまでを地域とするかは、内部の人たちがどこまで主体性を持てるかにかかっている。その多層的なエリアのどの地域に対してオーナーシップを発揮していくのかを客観的に決めるのは難しい。しかし、ここで悩ましいのが行政です。行政は、多層的ではダメで、対象を明確に決めないと機能しない。

村上：一気に難しい話になりましたね。古田さんが紹介した三豊市を例に取ると、市町村が合併する前のエリアで考えなくちゃいけない場合もあるし、父母ヶ浜の海岸付近といった狭いエリアで考える場合もある。他方、経済や政治の観点でいえば、三豊市としての括りになるでしょうし、さらに経済圏で捉えれば、観音寺市、更には県境を越えて東予地方との連携となるかもしれない。

こうしたエリアフォーカスの違いを、どこかで区切る必要がある。どこか1つのエリア範囲に絞って整理しておかないと、エリアと事業を有機的に関連づけて応援してもらいたくても、投資する人が区別がつかなくなってしまう。実際、どのエリアと結びついているのか、どの発信を見ればよいのかがクリアになっていないと、盛り上げようもありません。

僕は、江戸時代の「藩」が1つのヒントになると考えています。藩というのは、人口規模的にも地政学的にも、経済的に合理的なサービスが成立する1つの判断基準になると思っています。100年以上にもわたって独立した藩として生き残ってきた歴史は重い。

実際には、もっと小さなエリアから始めて徐々に広げていく事業もあれば、最初から大きなエリアで始める事業者もあるでしょう。後者の場合、たとえ飛び地になろうと、いいなと思った自治体が一緒にサービスをつくっていけばよいと思うのです。

いずれにしても、多層的なエリアの構造からどのエリアを抽出するかは、公共的なサービスの自立可能性も含めて合理的に選び出すことでもあり、いろいろな側面から考えなくてはいけない問題だと思っています。

竹本：エリアとソーシャルインパクトは完全に対になる話ですよね。どのエリアの、誰に対してのソーシャルインパクトなのかが問題ですから。自助における競争領域の話であれば、ある意味でどんなエリアでも構わないでしょう。でも、社会へのインパクトである以上、公助と共助のラインをどういうエリアで設定するかが、すごく重要になってきます。これからどんどん人口が減り、マーケットが縮んでいく中で、競争領域だけを続けて共創領域をつくろうとしなければ、地域に残る人たちが消えていき、やがてすべてがなくなってしまうのです。

藤沢：今、新しい国土形成計画に向けて人口10万人ほどの小さな「地域生活圏」をつくる話も出てきていますが、本当に相応しいエリアの大きさって何なんだろうと、これまでのお話を聞いていて思いました。

私は最近、政府の「ムーンショット目標」というのにかかわっていて、誰もがアバターを遠隔操作することで社会活動に参加できる共通基盤について検討しています。そこで一種の共助による共通基盤の必要性を改めて感じているところなのですが、そうしたものも、例えば上士幌町のような先進的な地域がまず何かを生み出して、それを他の地域にも広げていくような発展の仕方があるのかなと、そんなふうに感じています。

あと、GPというのは呼んでくるものではないんですよね。GPに手を挙げる人が自ら地域に来たくなるような、そんな仕組みが必要だと思います。

宮瀬：今日のテーマ、ディスクロージャー、ガバナンス、そしてファイナンスですが、実は上士幌の皆さんに伺うと、町長も含めて誰もが無意識にやっていたとおっしゃいます。もしかしたら上士幌の他にも、すでに無意識のうちに仕組みづくりを始めている自治体があるかもしれませんね。

藤沢氏講演資料より

第5回　愛媛県松山市　加戸慎太郎氏のケース

世代を超えて地域をまとめるための知恵
―データによる説得が広げた、「まちペイ」という成功の輪

家業を継ぐため、東京の勤務先を辞めて故郷に戻り、地元商店街を拠点に地域循環型経済の実現に奔走してきた加戸慎太郎さん（まちづくり松山）。14年におよぶその活動の裏側には、まちの伝統的な考え方との軋轢や葛藤と闘いながら、少しずつ関係者と取り組みの間口を広げ、核となる事業を育てていくドラマがあった。加戸さんが語る「データマーケティング」「逆浸透膜」などのキーワードをもとに、地方創生を目指した新しいチャレンジに地元の方をどう巻き込んでいくのか、そのダイナミズムを追いかける。

◆地方創生のためのスタートアップエコシステムを

村上：前回の会議では、地方創生のプロジェクトにおいて最後まで責任を負うＧＰ（General Partner）がいかに大切か。また、そのＧＰとそれを支える人たちの関係性を育てながら、ミルフィーユの層を重ねていくように、いかに複数の取り組みを重ねていくか。さらにそうした取り組みの中で、分配志向の強い地域に投資思考を根づかせ、地域づくりのあるべきビジネススタイルへといかに変えていくか。課題を整理してきました。

今回は、そんな成長過程をいろいろな場所で再現するために、人工的に地方創生を成功させるための方程式づくりに進んでいきたいと思います。いわば、地方創生のためのスタートアップエコシステムの創出

です。

核となる取り組みがまずはひとつ成功すれば、それを膨らませていくことでエコシステムが作れるのではないか。その自走状態へと移行するための閾値がどこにあり、どう超えるのか。また、超えた後はどのようにしてそれをモデル化し、域外へと横展開していくのか。今回は加戸さんが松山市で取り組んできたケースをもとに、そんな視点から議論を進められればと思います。

◆ 商店街を起点とする「GPとエリア」の成功例

堀：加戸さんは松山市のご出身で、東京で大学を出てから外資系金融機関のゴールドマン・サックスに就職。その後、お父様が体調を崩されたのを機に松山に戻り、家業の洋服店を継ぎました。そこで飲食業や宅配水事業などの地域密着型ビジネスを手掛け、帰郷から5年目の２０１４年に地元商店街の理事長に就任。さらに、株式会社まちづくり松山の社長も兼任されているんですね。

加戸：はい、創業75年「とかげや」の3代目です。まちづくり松山は私が帰る前からあった会社なんですが、10年前に私が社長となったのを契機に「民主導の自立したまちづくり」を目的とし、地域都市開発や商業振興、環境産業などに取り組んでいます。当初は3人だけだった社員が今は9人、関連会社なども含めると従業員は50人ぐらいになるでしょうか。松山市、松山商工会議所、伊予鉄道、地元金融機関、それに商店街が出資しています。

堀：松山中央商店街ですね。我々も取材に行ってきましたが、ここは大街道や銀天街など5つのエリアからなる、全長約1キロにおよぶアーケード街。古くから地域の人々に愛され、重要な公共空間として利用されてきた集いの場です。加戸さんがここに帰ってきてから13年、商店街はデジタル化によって大きく変

加戸氏講演資料より

わったと聞きました。

加戸：「まちペイ」という、キャッシュレスの地域決済サービスをつくりました。松山市内で使える電子マネーや共通ポイント、商品券などを取りまとめて、スマホアプリやカードで決済できるようにしたんです。買い物でポイントを貯めたり使ったり、クーポンがもらえたりするので、地元の方にはそれがインセンティブになって使ってもらえます。同時にその購買データや、街頭に設置した来街者捕捉カメラの映像や観光アプリなどから得られたデータで、人の流れとお金の流れ、商品の流れを可視化します。それを価値として商店街にお返しして、さらなる活性化に活かしてもらう。そういう地元運営のインフラとデータマーケティングの仕組みが評価されまして、２０２１年に「地域産業支援プログラム表彰事業（イノベーションネットアワード）」の経済産業大臣賞をいただくことができました。

堀：そうすると、まちづくり松山という会社が、ある意味で商店街という特定エリアにおけるＧＰの役割を持ち、そこを起点にお金と人を集めながら地域を発展させる活動へとつなげていった、ということになるでしょうか。

加戸：そうですね、こうしたまちづくり会社は、拠点集約型・連携型の都市構造をつくるのに寄与できると思っています。エリアの話で言うと、松山の場合、その対象は中心市街地活性化基本計画に則った、松山城を中心とする都心地区と、松山駅周辺地区、それに道後温泉の周辺地区を合わせた範囲ということになります。

◆ データマーケティングで利害の壁を乗り越えて

堀：加戸さんたちが開発した「まちペイ」は地域振興策の目玉となりました。それまでは、例えば商品券にしても商店街ごとに発行も販促活動もバラバラだったといいます。それが、まちペイの導入後は約2００軒の商店が加盟し、７万人の会員数を得て効率的な運用が実現したのだそうです。

加戸：こうした取り組みが動き出す取っ掛かりとしては、地域内に染み入る投資をするという考え方が重要だと思っています。ものすごく少ないパイを奪い合っているのが地域の実情です。そのパイを増やしながらガバナンスを維持するには、たとえ対立するような相手とでもパイを分け合わなければなりません。そして最後は、コミュニケーションによるつながりでストレスのない社会をつくるのが理想です。

とはいえ、ここに至るまでの過程はしんどい思いの連続でした。城下町として栄えてきた歴史ある土地柄ですから、地元の人々の思惑もさまざまで、取り組みを前に進めるにはいろいろな人の間で利害調整をしなければなりません。金融業界にいた私としては、利害調整の部分にデータを使い、根拠に基づくコンセンサスづくりをしたい。実際にそれをして成功した事例の１つが、「お城下スプリングフェスタ」です。

スプリングフェスタ・歩行者天国の実現（2013年3月）

地方にありがちな「カネへのゆるさ」を
変えたきっかけ

⇩

- ・人材の呼び起こし
- ・財源の確保、使い方
- ・資金調達手法の多様性
- ・まちの在り方、ブランディング
- ・根拠に基づく手法（データマーケティング）で持続的にレピュテーションを獲得

スプリングフェスタ・歩行者天国の実現

事業実施の経緯

（2）市内中心部の現状分析

・L字街区中央部（①、②）における通行量の減少率が高く、通行量が少ない。この地点の回遊性が向上し、通行量が上昇すれば中心部全体の活性化につながる。
・現状A＞B、②＜①であり、大街道と銀天街の商圏としての連動性、また両空間の接続性に乏しいことが読み取れる。

現状

目標

スプリングフェスタ2017　お城下ホコ天パーク調査

小学生以下の来街者数の変化

通行量調査地点　大街道・銀天街　歩行者天国実施区間

小学生以下の来街者数の変化
※数値は12時～16時の4時間計測
2,637 人/4h ▶ 8,181 人/4h
イベント前 3/12（日）イベント中 3/19（日）
約 3.1 倍

大街道北口の来街者数
751 人 ▶ 1,620 人
約 2.2 倍

千舟町東口の来街者数
65 人 ▶ 1,860 人
約 29 倍

まつちかタウンの来街者数
616 人 ▶ 1,045 人
約 1.7 倍

銀天街北口の来街者数
500 人 ▶ 1,525 人
約 3.1 倍

銀天街西口の来街者数
705 人 ▶ 2,131 人
約 3 倍

加戸氏講演資料より

いわゆる歩行者天国で、大街道と銀天街の2つに分かれた商店街の間にある道路を歩行者天国にして、家族連れが安心して楽しめるようにしたイベントです。これによって2つの街区の狭間で減少傾向にあった地点の通行量を取り戻し、大街道と銀天街の接続性・連動性を高めることが目的でした。そうすれば、商店街全体、ひいては中心地区（お城下エリア）の活性化につながるだろうということで、2013年3月に実現し、コロナ禍で中断するまで毎年開催していました。

と言うとスムーズに聞こえますが、話は一足飛びには進みません。最初に話し合いを始めたのは2011年でした。「最近、商店街に子どもいないよね」って話になって。団塊ジュニアの世代が中心だったと思うんですが、家族みんなでボックスカーかなんかに乗ってショッピングセンターに行ってしまう。商店街にはベビーカーも子どもの姿もほとんど見かけない状態です。「これはまずいよね」ということで、いくつかの商店街、事業経営者、行政、商工会議所から30～40人の若手が集まって、まちのブランディングを考えることになりました。共通言語化したコンセプトが、「市民が集うおしゃれで楽しい街を目指して」。平凡なコピーですけど、誰にも否定できない言葉を掲げて、みんなで一緒にやろうという意思を固めたんです。

ところが、いざ取り組みを始めようとあちこちに話を持っていくと、主にシニアの人たちから「どこからそんな金が出てくるんだ」とか「そんなに金を使って本当に効果はあるのか」とか、「わしの目の黒いうちはやらせん」とまで言われる始末で埒があかない。「ほんならやったるわ」って、持ち出したのが通行量のデータです。

「とにかく聞いてください。この2つの商店街の端と端、AとBの地点の人通りは結構あるんです。けど、真ん中の①②は全然少ない。ここを盛り上げることで全体に人が流れます。ですからそのために、ファミリー層を増やして、子どもたちの思い出づくりをすることにお金をかけさせてください」と、懸命に説明して回りました。

データを持って企業にも行きました。家業を継いだばかりの青二才の経営者。どこに行っても一番年下の28歳、金も力もありません。役所や警察にもダメだと言われました。4車線の大通りで歩行者天国ですから。それで最後の最後、あと1週間という段になって諦めかけたところでようやく「やったらええやん」となったんです。

根拠に基づくデータマーケティングという手法、これを使って持続的にレピュテーション（評価）を獲得することで、お金に緩い、投資思考のない地域を変えていけるかもしれない。そんな手応えが感じられた取り組みです。

◆「誰がつくったかわからない磁石」がつくる磁場

堀：地元に帰ってきたばかりの青年が、年功序列の世界でいきなり前例のない大きなイベントを形にする。非常に大変なことだったと思います。

加戸：前例踏襲というのが根づいていますからね。当時はスマホの普及もまだこれからの状況でしたし、「デジタル社会になる」といくら口で説いたところで誰の心も動かせません。具体的なデータを見せて初めて理解してもらうことができました。

例えば、スプリングフェスタの期間中、商店街に来る小学生以下の子どもたちの数がどれだけ変化したか。普通の週末と比べて約3倍。問題となっていた通行量の少ない地点で見ると、30倍近い増え方なんです。こういうデータをきちんと取り続けて、「これだったらいいでしょう?」と問いかける活動を繰り返すことで、初めは様子見だった人たちも少しずつ引きつけられていき、この輪に加わることになったんです。

どうして引き寄せられたのかというと、私が三種の神器と呼んでいる「省エネ都市構造」「地域内資源循環促進」「外貨の獲得」の要素があったこと、それに加えて「コミュニケーション」「コーディネート」「コンセンサス」の効果かなと思っています。みんなが参加できるようきっかけづくりをしたうえで、全員に円卓に着いてもらい、世代を超えたコミュニケーションを続けていくということです。

堀：円卓を囲むというのは、具体的にどういうことでしょう?

加戸：文字どおり円卓会議の意味もあるんですが、本当に言いたいのは、誰が主催者かわからないように自分を消す、自分の存在が目立たないようにしながら徐々にプロデュースしていくようなイメージです。極端な話、「あいつがいるなら行かない」「なんでお前がやってんの?」みたいなことってあるじゃないですか。そうならないよう慎重にするし、役回りや権限のようなものを渡していったりもします。
　そうして出来上がったのが、「誰がつくったかわからない磁石」。どういうわけか見事に引き寄せられてきて、いつの間にか「いいね」「やるわ」「やらせて」って言ってくださるようになりました。

宮瀬：その磁石は「加戸さんがつくった」ではいけないのですか？

加戸：特定の人物がリーダーをやったり演出をしたりすると、みんな誰かに踊らされるのが嫌だからついてこない。「まちペイ」もそうですが、みんなに参加してもらいたいからこそ、「私がつくった」とは言いたくないんです。
　引きつける秘訣としては、みんなが自分事化できるような「訓練膜」で覆われた場所をまずつくること。古田さんの言葉を借りると「出番と居場所」を用意してあげる。それがきっかけで自分事になれば、あとはもう放っておいても参加してくれる、どんどん円卓に座ってくれるんだというのを実感しました。

堀：「自分事化するための訓練膜」とおっしゃると？

加戸：例えば、「お城下クリーンアップ活動」というのがあります。私が理事長をしている一般社団法人お城下松山の取り組みですが、偶数月の第1土曜日に100人ぐらいが集まってゴミ拾いをする。落書きも消します。すると、参加する自分たちの気持ちも清らかになる。それまで無頓着にタバコの吸い殻を投げ捨てていた人が、ふと足下を見て思いとどまるようになる。ゴミ拾いを通じて、その道路が自分の道路になったんですね。それがある意味で、活動に参加するための訓練にもなる。わかりやすく言えば、そういうことです。

◆地域循環型経済は「逆浸透膜」で守られる

堀：私たちがこれまでに訪ねた地方創生の現場では、担い手の方々が地域の外からやってきて、内側の人たちと協力して何かを起こしていくケースが多かったように思います。一方、加戸さんの現場を見て感じたのは、地場に根ざした方々の参加を促し、地元の人を育てながら新しい分野に投入していくような、内製化とも言える取り組みのカタチでした。人材の多様性についても、やはり内側で検討されたのでしょうか。

加戸：外から来られた方はあまりいません。活動の輪を少しずつ広げる中で、多様性も段々と膨らんでいったという印象です。まちづくり会社があり、商店街組合があり、一般社団法人があって、エリアがあるというように、いろいろなレイヤーを組み替えながら進めてきましたので、その場その場で少しずつ異なるメンバーがいて、人材の層が積み重なっていったんだと思います。

最初、松山が「世界の松山」になるにはどうすればよいかと考えたんです。どこよりもこの町を豊かにするにはどうするか。東京や大阪などの大都市から、必要なものを必要な分だけこっそり入れたらどうだろう。いわば「逆浸透膜」を張るように。そんなふうに考えました。

都市部と地域の間に膜があるとすれば、普通、それは地域から都市部へと、お金や人を吸い上げていく浸透膜の働きをします。もちろん、都市部から地域へ豊かな資金が流れ込んだりもするわけですが、それをもとにせっかく地域でよいことをしても、染み出るように外へ持っていかれてしまう。そうではなく、逆に都会のよいものだけを地域に取り入れて外に出さない仕組みをつくりたいと思ったわけです。

要するに、資金や人材といった資源を外から吸引しつつ、地域の中でそれを循環させ、できるだけ外に出さないようにする仕組み。それが先ほど紹介した「まちペイ」であり、これから進めようとしている「コミート（comext）」というサービスです。これは生活に必要なあらゆるサービスをまとめて動かす、いわばまちのオペレーティングシステム（OS）で、地域の事業者や個人や行政がこの上に乗って自由に連携できる共助型のオープンプラットフォームを目指しています。

宮瀬：確かに、PayPayのような大手キャッシュレスサービスと、まちペイを比べてみるとわかりやすいですね。せっかく松山で使ってもらったお金も、PayPayで支払われることでデータと一緒に大手に持っていかれてしまう。一方、まちペイならば、データもお金もポイントも、自分たちのエリア内で回していくことが可能です。まさに、松山藩の通貨、藩札の発想ですね。

◆浸透膜と逆浸透膜のバランス問題

藤沢：浸透膜と逆浸透膜のバランスって、ものすごく妄想が広がるキーワードですね。ヒト、モノ、カネ、データ、その全部が染み出ていくというのは、日本全体で起きている現象かもしれません。この議論をしっかりやったらものすごく応用が利くんだろうなって、ワクワクするくらいです。

安部：面白いですね。浸透膜、逆浸透膜の話、大好きです。いわゆる散逸構造。自分の研究分野なんです。あるシステムをつくるとき、その領域だけに完全に閉じられたものにすると、システムというのは腐ってしまう。少しだけ開けておかなくちゃいけない。でも、開けすぎると崩壊しちゃう。その絶妙なバランスを調整するのが、浸透膜であり逆浸透膜なんですね。それも1つではなく、人流や金流、商流、情報の流れもあり、地域の中のいろいろなレイヤーに対してどう膜を張るのかが問題になる。

レイヤー同士は連動しているので、情報が集まるところには人も集まり、金もつく。情報の流れというマーケットと、人の流れというマーケットがどこかでつながるポイントがある。その結節点をどうつくるかという話にもなりますよね。

松山といえば、サイズ的にも絶妙です。人口約50万人、数千万でもなく数万でもない規模感で、お城のような文化財があり歴史もある。そういう場所でちょうどよい人の流れをどうつくるのか。すごく興味深いです。

牧：PayPayとまちペイの比較が、すごく腑に落ちました。例えば、ふるさと納税の取りまとめ業務のような事業にしても、納税事務に強い事業者さんのところに情報が集約されて、地元にはほとんど情報が入ってこない。その強大なプラットフォームからどうすれば自立できるのか。私が関わっている地域でも、情報とお金を自分たちで回し、蓄積していく仕組みをいろいろと模索しているところです。

古田：北海道のサツドラ（サッポロドラッグストアー）も、ＥＺＯＣＡ（エゾカ）っていう地域限定のポイントカードをやってますよね。もともとは大手企業から自分たちのサービスに加わらないかと声を掛けられて、確かに魅力的だった。でもだったら、それを自分たちでつくっちゃえって。今、会員が２００万人だそうです。

この手の仕組みは、いろいろな場所で一気に使い始めることが重要です。そして、北海道に全部還元するっていうのがいい。地元を盛り上げることにこだわったから、うまくいったんだと思います。

◆ 次の世代を守り育てるための「防護膜」

堀：先ほど人材の話が出ましたが、現地ではどのようにして人を育てているのでしょう。加戸さんが社長を務めるまちづくり松山の取材に伺ったとき、加戸さんはこうおっしゃっていました。

「まちのみんなに喜んでもらえると思ってこの会社に入ってきた社員たちが、逆にまちの人に怒られることがある。そんな人材を守り育てるには『防護膜』が必要だと思っています」

市内にもいろいろなエリアがあり、それぞれに商店街があって、お客さんの引き合いをするような厳しい現実があるといいます。加えて、まちづくりは誰かがやってくれるものという他人事意識がどこかにあり、それをする人や事業者よりも商店街のほうが立場が上と見る空気もあるようです。そうした中で、矢面に立つ若い人を守ってあげなければならないと思ったのですね。

加戸：はい、数年前、「社長、これ以上まだやるんですか。周りの人、幸せになるどころか、しんどくなってるじゃないですか」と社員から言われたことがあって。それで、私が信頼するこの会社の創設者に『防護膜』になってくださいとお願いしたんです。

堀：日野二郎さんですね。大街道商店街の理事長を20年も務めた経歴を持つ、加戸さんと二人三脚で改革を進めてこられた強い味方。若い頃から全国を回ってまちづくりに関わり、青森県八戸青年会議所が1975年に始めた「ラブはちのへ」運動にも参加されたと聞いています。「まちはそこに住む人の意識以上にはよくならない」という考え方を説かれた方ですね。

加戸：愛情がすごいんです。「知ることは即ち愛することである」ともおっしゃっています。そんな日野さんに「何のためのまちづくりか」とたずねたら、ひと言だけ「自分のためだ」と。一瞬、え？って。まちづくりを自分のためにやると公言できる人、滅多にいませんから。でも、それでストンと腹落ちしました。要するに「自分事」なんです。みんなが自分事化して、誰かがやるではなく全員がやる。だから円卓になるし、そこから磁石が生まれるということです。

堀：その自分事にするまでの間に、防護膜となって守ってくれる存在や、先ほどの訓練膜のような仕掛けが必要になるわけですね。では、加戸さん自身を何が守っているのか。社員の方に伺うと、「この土地の歴史や文化、人の思いとか、地域に蓄積されてきたものを大事にする考え方」と答えてくれました。加戸さんのお父様に聞くと、「商店街にはショッピングセンターには絶対にない『郷愁』と『盛り場』の匂いがある。そのことを息子は理解していると思う」と話しておられました。

◆ミルフィーユのように折り重なる取り組みへ

竹本：北海道のニセコエリア。立派なホテルが建って、世界中から観光客が集まってきます。でも、賑わっているのは実はニセコ町ではなく、お隣の倶知安町なんです。その隣には蘭越町があるんですが、こちらは世界どころか、日本からも人が来ない。この3つが並ぶことで、見事に課題が可視化されています。ニセコ町はその狭間にあって、自分たちはどうするのか、すごく葛藤しているんです。ニセコらしさを残すために頑張りたい。でも、単純に定量的な面から見れば、倶知安的なるものを求めればいいじゃないかとなる。数値化をするならきちんと話を詰めないといけないと思うんですが、その点、加戸さんは内部の数字的な部分をうまく表現されているなと思いました。

それと、規模感の話ですが、50万人の経済圏というと都市っぽく聞こえるのに、松山の場合はどちらかというと街っぽい。都市には匿名性の構図があるけれど、街では人や地名や組織といった固有の名が立っていて、だからこそ、そこに郷愁や盛り場の感覚が生まれるんだろうなと。街であるがゆえの悲哀や辛さも、都市化すればなくなるんでしょう。でもそれをあえて街であろうとして格闘する、すごく大きなエネルギーを費やしながら。そのことにとても感動しました。

上山：僕が生まれ育った家のすぐそばにもアーケード街があって、大阪の梅田の近くの十三という下町風情たっぷりの場所なんですが、そういう中で過ごしてきたので商店街の関係性というのはものすごく実感できる。加戸さんはよう頑張ったなと思いました。

加戸さんがやってこられた作業というのは、観光業界でいえばＤＭＯ（観光地域づくり法人）がすべきことなんですよ。その地域での暮らしぶりや、訪れる人たちの動きをきちんと数値化してマーケティングするという。それを50万都市の規模でやられていること自体がすごいです。

ところで、加戸さんに1つ聞きたいんですが、まちペイのポイントは他の大手のポイントとかマイレージ、電子マネーと等価交換もできるんですか？

加戸：実はそれをやろうと思っていろいろと話をしに回ったんですが、なんとなくブロックされてしまって。地方でそんなことするのはおかしいって言われました。

上山：そこをやりきったら、だいぶ違ってきますよ。大手というのは最終的に自分のところに利益が落ちるエコシステムをつくっているので、そんな連携はしたくない。だけど、これは松山だけに閉じる話じゃなくて、他の地域にも同じような仕組みを展開していくんだと、松山はその起点にすぎないという話をしたらどうですか。大手にとっても社会貢献になるよねっていう大義をつくって、しかるべきところと話をつければいけるんちゃうかな。

宮瀬：まさに逆浸透膜ですね。村上さんはどう思われますか。

村上：まちペイという1つのデータ連携基盤が松山にできたことは大きいですよね。このような、地域におけるオープンなデジタル基盤づくりに、他の地域でも少しずつ取り組んでいけたらと思っています。

そのためのキーワードの1つが、冒頭でも触れた言葉ですが、安部さんがおっしゃるところの「ミルフィーユ」です。あるエリアにおける取り組みをミルフィーユのように積み重ねていく。エリアの中には周りを動かす尖っている人と、環境をならす調整役の人がいて、その人たちが重層的に絡み合いながら活動を積み上げ、ある一定の広がりが見られたところで、いったん動きをロックする。そして、その作業を繰り返しながらミルフィーユの状態に近づけていく。そんなイメージです。

加戸さんの場合、その「尖っている人」の役回りを1人で引き受けすぎたんだと思います。普通はもうちょっと地域の外から仲間を呼んできて集団戦を行うから、奮闘するほうも抵抗するほうも勢力が拮抗する。加戸さんはそれを1人で背負ってきたので、ものすごく苦労をされたわけですね。ただ、そのことで構図としては非常にわかりやすくなった。GPとエリアの関係は加戸さんと商店街の組み合わせに置き換わり、そこに存在する「膜」の意味合いも浮き彫りになりました。こういうところから、他の地域にも使える方程式が見えてくるのではないかと思います。

安部：それぞれの地域が適切な経済圏を持つために何が必要かを考えるとき、松山の事例は非常に示唆に富んでいると思います。浸透膜でいえば、松山自体が四国の周辺地域から何かを吸い上げる側でもあり得るし、お城を真ん中にして囲むように広がるエリアは全体の核をつくりやすく、また膜の線引きができそうなエリアも複数ある。だから、1つの街の中に複層的なミルフィーユ構造をつくりやすい。

ただ、まちペイが松山藩における藩札のような役割だとしても、エリア規模的にそれが妥当なのかどうかはちょっとわかりません。加戸さんや上山さんのお話を聞いて思ったのですが、何の仕掛けもなく域外の経済圏と地域を接続したときに、強いのはやはり経済力が大きいほうなんですよね。だとすると、仮に僕がPayPayユーザーとして松山に行ったとき、貯め込んだPayPayポイントをわざわざ松山でしか使えないまちペイポイントに交換して、松山経済にコミットする理由がどこにあるのか。そう考えると、まちペイのプレミアムをどう設定し、いかに地域全体で合意形成をして乗せていくかが肝になるように思います。

そこに公的資金を活用できる可能性もあるかもしれない。それをどれだけの正当性を持って、調整弁のような役割として使えるか。飛騨エリア限定の電子通貨として行政サービスともつながる「さるぼぼコイン」というのも、そういう意味で僕は非常に興味深く見ています。

◆サイレントマジョリティは見える化できるのか

牧：属人化するわけではありませんが、加戸さんという人間そのものが面白いですね。ゴールドマン・サックス出身のエリートでありながら商店街のお兄ちゃんであり、ロジックの人でありながら感情の人でもある。そういう不思議なバランスがあるから、地域の人たちから愛されるんだろうと思います。そして、誰よりも強く松山という土地の後継者であろうとするからこそ、変革者になり得ている。どんな姿勢で地域と向き合うかという視点で見たとき、そこに一般化できる可能性があるかもしれません。

堀：そこは重要なポイントかなと僕も思います。代々続く洋服屋さんの跡取り息子として帰ってきたという物語を背景に、ヒューマニズムの裏側で最新の金融知識をも持ち合わせている人物。そんな加戸さんのような人材こそが逆浸透膜であって、地域の外側からも何かを吸い寄せる装置であるように感じました。それが再生産できるものなのかどうかに、非常に興味があります。

古田：ずっと地元にいる人間だったら、逆にやれないかもしれないですね。僕も出身の六本木の商店街だったら、活性化なんてできないと思います。なのに、いったん外に出たにせよ、戻って家業をベースにこの立ち位置にいるというのは率直にすごいことだと思う。そういう加戸さんを見て、ある時点から古い世代の人たちが受け入れてくれるようになるんですよね。その変わりはじめは何だったんですか？

加戸：みんなが褒めだしたのは、やはりスプリングフェスタが成功してからですね。「お前は有言実行だ、みんなのためにやっている」って。それに、政府の地方創生プロジェクトの関係で石破茂大臣（内閣府特命担当大臣）の前でプレゼンをさせていただく機会があって、それが地元で認めてもらえる大きなきっかけになりました。

ただ、まちづくり会社の報酬はいまでも、ずっとゼロなんです。それが理由で、陰でなんか悪いことしてるんじゃないかと言われたこともありますが、そういうことを淡々と乗り越えてきたというのはあります。

古田：地域のために働いているんだから、フィーはちゃんと取るべきだと僕は思いますけどね。

加戸：まちづくり会社は商店街のものだから、無償で働くのも仕方がないという感覚。自治体の職員から「仕事をお願いします。地元の方だからただで働いてください」って言われたこともあります。外部の専門家には有償で頼むのに、おかしくないですか？　地元で人を育てるという発想自体が希薄なんだと思います。

古田：地元にいったん全部委ねちゃう。そうすれば、「やっぱり加戸さんがいないとできないね」ってことに気づくのでは。そういうカードを切るという意味で。

藤沢：だんだん胸が苦しくなる思いで聞いていました。でも、加戸さんはきっと、サイレントマジョリティをすごく上手につくってこられたんだな、というのを強く感じました。算数で人流を解き明かすだけでなく、サイレントマジョリティの見える化、数字化ってできないものでしょうか。声の大きい人って、だいたい少数派なんですよね。黙っている大多数の人たちが、「こういうことをしたい」という声を上げられる仕組みはないのかな。

スペインで開発された参加型民主主義プラットフォームで「Decidem」というツールがあるのをご存知

ですか。加古川市や横浜市も使っているんですが、地域の人たちが課題を直接出し合って、解決したい人が自分だったらこうしますと提案を上げる。そういう仕組みもヒントになりそうな気がします。

加戸：ブロックチェーンの管理・運営で注目されている「ＤＡＯ（分散型自律組織）」の仕組みなんかもそうですよね。まちペイの効果には、地元もびっくりしてるんです。次に展開する「コミート」でもっと人を集められたなら、そういう見える化にも使えるかもしれません。

◆「成功する地方創生」のモデルを創造する

堀：ではここで、いったん村上さんに論点を整理していただきましょう。

村上：内閣府が行っていた、自治体が抱える課題に対して、解決策を提案できる企業をマッチングさせる取り組みの一環として、ワークショップを開催し意見を集めたところ、地域が解決すべき典型的な課題が見えてきました。ここでの議論と重複しますが、今一度挙げておきます。

第一は、「ＧＰ不在」問題。有限責任で出資する事業者（ＬＰ）はいるのに、ＧＰ役がいないがためにガバナンスがしっかりつくれず、集められるはずのお金が拾いきれていない可能性が高い。

第二に、事業とエリアを同時に盛り上げること。まちペイもそうですが、同業他社を含む複数の事業者の利害を超えて、さまざまなサービスに活用してもらえる１つのデータ連携基盤を整え、共助のビジネスモデルとしなくてはなりません。規模はどうあれ、エリアと個別事業をつなぎ、投資家と市民と事業者をワンチームで括るスタートアップエコシステムが必要です。

第三の課題は、エリア論。１つの地域の中で行われている同じ取り組みが、その地域を構成する個別のエリアごとにバラバラに発信されていたら、発信力が減殺されてしまいます。例えば、新潟県の越後妻有地域で続く「大地の芸術祭」があります。そのシンボルともいえる草間彌生さんのオブジェが松代駅にありますが、これは松代のものであると同時に十日町市のものでもあり、魚沼地域や雪国観光圏の象徴といってもよい。それぞれがこれを勝手に宣伝したら、せっかくの観光資源パワーが分散してしまうのです。よって、エリアをどこに設定するかが重要です。

このようなGPと事業とエリアの関係を、どこにどう根づかせるのか。そこが「型」として見えてこないと、せっかくよい資源があっても躓いてしまう。逆に言えば、GPの発掘とエリアの設定をうまく押さえ、資金に対する緊張感のある投資思考を備えた事業が回りはじめれば、「成功する地方創生」のモデルを人工的に再生産できるのではないか、そう考えています。

実際、三豊市や海士町、上士幌町、西粟倉村、会津若松市、前橋市といったさまざまな地方創生の成功事例を見てみると、最初に事業とエリアの紐づけに取り組んだ地域もあれば、後から取り組んだケースもあります。その順序はどうあれ、3つの課題を克服すれば、事業者の密度を上げながら関係者を巻き込むモデルはつくれると思います。

◈スタートアップエコシステム実現への道筋

以上を踏まえたうえで、先ほどのプラットフォーム事業を拡大し、地方創生のスタートアップエコシステムを形成するためのプロセスについて考えてみました。

まず、自治体と事業者のマッチング段階で、地域の中と外の人たちで何か新しい事業を始めようとする動きをたくさんつくる。この段階ではまだお金に緩いかもしれませんが、将来、立派なニワトリに成長しそうな「ひよこ」を数多く生み出すのがねらいです。

次に必要となるのが、こうしたプロジェクトを「本物の事業」に育てていくステージです。新規事業を量産するといっても、その地域の暮らしにとって本当に必要なものでなければ意味がありません。地元の旅館が何に困っているかを知らないまま、エリアの観光戦略を立てても意味がないのと同じように。地域の暮らしをよくするものが既存のサービス事業の立て直しや充実にあるとすれば、それを担う中小企業のための政策と地方創生を一本化する方法もあり得ると思います。

いずれにしても、事業とエリアを結びつけながら、資金と人材の無駄遣いをしないシビアなプロジェクトに育てていくことが大切です。

地方創生のゴールは、ただ単に地域が全国で有名になることではありません。その土地に暮らす人々の生産性と給与が上がらなければ意味がないのです。それはとりもなおさず、日本経済を再生する道にほかなりません。なぜなら、今の日本経済に起きているのは末端の毛細血管に例えられる地域事業の根詰まり状態であり、ここの血脈を通さない限り、このまま東京という心臓だけでいくら頑張っても、不健康な状態を抜け出せないからです。

では、具体的にどうするのか。まず、さまざまな取り組みから鍵となるプロジェクトを選定し、その事業とエリア戦略を紐づけながら、事業化支援リソースを集中的に投入する。投資家仲介、法律支援、事業インフラの提供など、テックベンチャーの世界でいうアクセラレーターがやるような機能を専門家集団によって提供します。

鍵となる事業の見通しが立ったら、決済認証などのデジタル基盤を活用してその事業の横展開を図る。と同時に、個々の事業に取り組む人たちにまちづくりを自分事化してもらうため、また地元の方々を巻き込んでいくためにも、一貫したメッセージの発信と議論に努めます。

そして仕上げに、鍵となる事業を核に取り組みの幅を広げ、お金は未来に向けて投資するものだという感覚を浸透させる。さらに、デジタル基盤の実装を進め、他の地域にない強みを明確にしつつ、新たな鍵となる事業を育てていく。

この一連のストーリーを地方創生の初期段階として、少しずつでもすべての要素を整えていけたらいいと思っています。ただ、それには外部の支援も必要になるでしょう。例えば、最初の鍵となるプロジェクトの選定や、キーパーソンとなる人物の発掘とネットワーク化、ある程度の事業規模に育ってからの次なる拡大ステージへのファイナンスなど。これらをハンドリングしつつ、さまざまな専門家による支援を取りまとめる「エリアオーガナイザー」の存在が不可欠になると思っています。

◈ 市民が外から問われ、応答する仕組み

安部：村上さんがおっしゃった十日町市、僕らはここで取り組みを続けてきて、これから規模拡大を図ろうという手前の段階まで来ています。「大地の芸術祭」を20年ぐらい前に始めた北川フラムさんという偉人の取り組みを受け継いで、どうやってスケーラブルなものにしていくか。コストもめちゃくちゃかかるし、厳しいところに立っているという実感です。

堀：市民の皆さんへの広がり方は、どういうものだったのですか?

安部：北川フラムさんが始めたことを後に続けていかなくちゃ、という思いでみんなで徐々に広げてきた。そのとき、市民が取材される側にいるということが大事な要素だったと思います。外から来た人が「教えてください」って地元の人にたずねるような。

取材されたりたずねられたりすれば、何かを語らなくちゃいけないじゃないですか。語るという作業を

通じて、「大地の芸術祭」を自分自身の芸術祭に変えていってもらうプロセスが必要なんです。もともとは地方の謎めいたイベントだったものが、外国からもアーティストが訪れて、あれこれ問われ続けた結果、世界的に知られるアートイベントのポジションを取るに至ったわけです。市民性の強さが、その肝になった。

外から問われて、市民は初めて考え始める。それを何年、何十年と積み重ねていく中で、「この地域を残したい」という気持ちに転換していく。その意味で言うと、市民とは最初から存在するものではなく、外との関わりを通じて次第に市民性を獲得し、担い手へと変化していくものなのかもしれません。

そのためには、外から来る人の流れをつくること、そして聞き手になってもらうことが必要です。その設計をどうするかがポイントですね。

竹本：確かにそうですね。以前にも触れましたが、そこにいる人の主体性、自発性もさることながら、「応答する」という動作が大事なんですね。その中で市民性が発露してくる。応答の仕方や程度は人によって異なるでしょうから、市民性の強さにもグラデーションがあるほうが健全といえます。

◆「キープロジェクト」を探すという第一歩

藤沢：「鍵となるプロジェクト」をどうやって抽出するかも気になりますね。合議制で決めたら、たぶんうまくいかない。例えば、ベンチャーキャピタルが案件を見つけるときは、ほぼ1人が選定し、周囲のチェックを受けながら説得していくスタイルです。そして、実際に投資をした後は、いろいろなリソースを投じてアクセラレートする。先ほどのエリアオーガナイザーとなる人が、そういった役回りを担うのでしょうか。

村上：そこは企業の場合も地域の場合も、基本的には同じ進め方がよいのではないかと思います。企業にとっても、例えば創業時のキープロジェクトをどうするかは重要ですし。例えば、この先駆者会議のメンバーのような目利きが見れば、どの「ひよこ」を選ぶかは自ずから見えてくるような気もします。むしろ、GPとしてそのプロジェクトをしっかり担ってくれる人を見つけるほうが難しいとも言えます。

そして、アクセラレーターが存在する構図をつくることも、おっしゃるように重要です。ただ、日本にはまだアクセラレーターという職種の人がほとんどいませんし、地域ごとに個別にアサインするのも現実的ではない。そこで、専門家集団によるアクセラレーションチームのような組織が必要になるのではないかと思っています。

堀：キープロジェクトは地域が抱えている課題やニーズが起点になる場合もあれば、地元ではその課題やニーズを認識していないから、外側から気づきを促すケースもある。いろいろなアプローチがありそうですね。

藤沢：「Antler Cohort Program」という最近日本にも上陸した起業支援プログラムがあるんです。やる気のあるアクセラレーターを世界中から集めてきて、いろいろなビジネスプランを提示して手を挙げてもらい、実際に起業支援をするというプロジェクト。要はこういったイメージで、鍵となるプロジェクトもGPもそこで選べるような組織なり集まりなりが必要なのかもしれません。

◈ ただでは転ばない訓練と、ワンチームの力

上山：先ほど「ひよこ」をたくさんつくる話がありましたね。初期段階ではまずプロジェクトをどんどん立ち上げると。その場合、実は「たたみ方」も大事だと思うんです。新規事業というのは基本的に8割方

は途中でつぶれるものです。そのときに痛手を最小限にとどめるためのたたみ方。柔道で言ったら受け身です。柔道の初心者は投げ技より先に受け身の練習から始める。投げられても頭打ったりせんように。あれと同じです。

事業を始めてみて、うまくいかなかった場合、ここまで来たらやめましょう、たたみましょうというリスクの基準ラインを示しておく。あらかじめそういう仕組みがあれば、安心して進められる。「ここまでは大丈夫だから、がんがん攻めようぜ」ってしておくことが大事じゃないかなと思います。そうすれば、ひよこも増える。

ある意味で、お金の教育。こういう部分こそ、地域の金融機関がすべきことかもしれませんが。

安部：今のお話、すごく大事なことだと思います。教育に関して言うと、メディアの役割も大きいです。例えば、うちの会社（Ridilover）が「社会問題スタディツアー」というのを戦略的にやっているのもそのためで、地域が抱える課題を人から聞いて知るのと、実際に現場に立って見るのとでは大違い、という考えから始めたことです。

ただ、うちのツアーでいうと年間1万人くらいが参加しますが、その人たちが現場に行って、事業をつくるための「受け身」の練習をしているかというと、そうではない。プロジェクトを動かす人数といえば、多くてせいぜい数十人でしょうから、この規模に落とした場合の訓練場が必要なんじゃないかという気がします。

僕は、ある程度のところは公教育でやるべきだと思っています。日本全体がよくなるためには、多くの人に早い段階で、地域課題に関する知見をインプットしたほうがいい。

村上：訓練といえば語弊があるかもしれませんが、公的補助金をうまく使ってほしいという思いはあります。例えば、地域で頑張って新事業を立ち上げたいという意欲ある人でも、ファミリービジネスの経験しかないから、家業も一緒に倒れるのが怖くてなかなか手が出せない。そういうケースは多いと思います。だったら、補助金を使うなり出資を募るなりして、最初から別会社をつくって始めればいい。そういう発想を持って、いろいろな試みにチャレンジしていただけたらいいと思うのです。

ただ、その段階においても、そのエリアにおけるまちづくりのキーパーソンが、おぼろげながらも見えているのが望ましい。その人がずっと先まで、やや執念を燃やして旗を振り続けてくれると、いろいろな取り組みが続いていきやすくなる。

そういう人物が、GPなのか、アクセラレーターなのか、エリアコーディネーターなのか、それはいろんなパターンがあるでしょう。でも、最終的には全員でワンチームを形成し、チームで地方創生に取り組むことが大事なんだろうと思っています。

加戸氏講演資料より

第6回　新潟県越後妻有　安部敏樹氏のケース
地域に創る人材と事業の「藻場」
―芸術祭が生んだ地方創生のエコシステム

今回の現場は、新潟県南部の十日町市と津南町にまたがる越後妻有（えちごつまり）。広大な自然を舞台に20年前から続けられる「大地の芸術祭」の里として、世界中から多くの観光客を集めている。これまでの先駆者会議で積み重ねてきた議論の要素の多くが集約されるこの場所で、「鍵となる事業」を核にミルフィーユのように積み重ねていく取り組みはどう育まれてきたのか。また、その横展開は可能なのか。安部敏樹さん（株式会社リディラバ）が語る。

◆「社会の無関心」を打破する会社

安部：ではまず、Ridilover（リディラバ）という会社で僕らが何をしているのかをお話しします。リディラバは「社会の無関心の打破」を掲げて14年前に立ち上げたボランティア団体が始まりで、今は「社会課題を、みんなのものに」を合言葉に活動している組織です。社会課題というのは多くの場合、当事者では解決ができない。だから、社会の問題になるわけですが、かといって他人はあまり興味が持てない。これでは解決しないよね、この矛盾を何とかしなければ、というのが活動を始めた動機でした。

どうやって無関心を打破するか。僕らが「熱狂マップ」と呼んでいる図を見てください（図参照）。1人の人が社会問題に触れ、理解し、解決の担い手となるまでの変容を表したものですが、この円の中心に

事業目標（ビジョン）

ひとりの人が、社会問題に触れ、理解し、解決の担い手となるまでの変容を、
「熱狂マップ」に表しています。
この円の中心に向けて社会全体を巻き込んでいくこと。
社会課題を、みんなのものに。
これが、私たちリディラバの事業目標です。

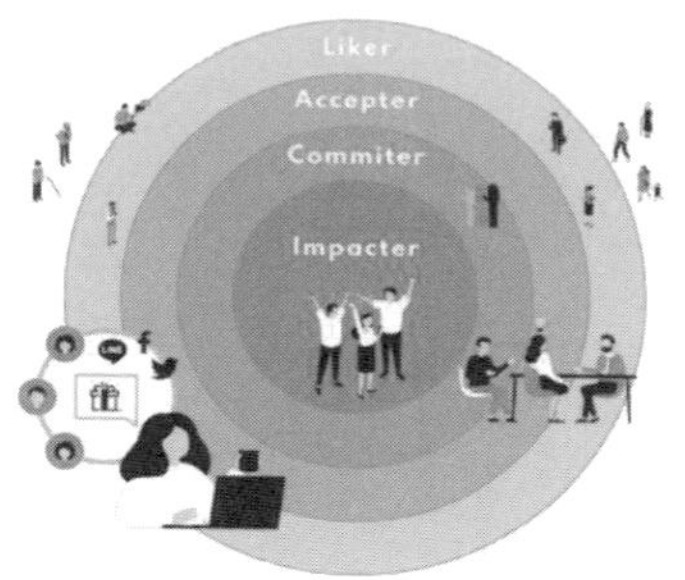

Liker（ライカー）
人ベース
社会課題に関わっている人と出会い、関わっている状態

Accepter（アクセプター）
イシューベース
特定の問題に対しての知識があり、背景が説明できる状態

Committer（コミッター）
アクションベース
実際に自分の時間を使って、課題解決に取り組んでいる状態

Impactor（インパクター）
成果ベース
課題解決を実際に推進できている状態

安部氏講演資料より

向けて社会全体を巻き込みながら、真ん中にいる「Impacter（インパクター）」と書かれた人を増やしていく。それがリディラバの仕事です。円の外側から言うと、「Liker（ライカー）」がいます。ある社会課題について自分自身は詳しく知らなくても、その課題に関わっている人と出会えば、そこから関心を持つことはできますよね。このように、まず人ベースで知ってもらう。これが第一段階です。

第二段階では、その課題についてライカーの人に、より詳しい知識をつけていただく。イシューベースで、問題構造の理解に時間投資をする状態「Accepter（アクセプター）」です。

第三段階は「Committer（コミッター）」。実際にアクションを起こし、自分の時間やお金を使って取り組む人たちになってもらう。ここには寄付行為も含まれます。

そして、最後の段階がインパクターです。自分だけでなく、他人も巻き込みながら問題解決

を推進できている人を増やしたい。例えば、課題解決に取り組むＮＰＯを立ち上げれば、そこに雇用が生まれて新たなコミッターの出現に結びつきますよね。

そうやって外側にいる人たちをどんどん引きつけていくインパクターを増やしつつ、この円の全体を大きくしていくことが、僕らのミッションです。したがって、リディラバにとって優先度の高いＫＰＩは、金銭もさることながら、何人のどれだけの時間を社会課題の現場に持ち込めたか、という指標になります。

◆社会課題解決のエコシステムをつくりたい

今は社会の問題がどんどん複雑化していて、解決に非常に長い時間がかかったり、解決できないまま泣き寝入りする人たちも増えています。だから、可能な限り早く解決したい。そのために、リディラバは３つのステップで事業をしています。

第一に、誰かの困りごとから「問題の発見」をする事業。第二に、その見つけた問題を多くの人に知ってもらい、関わってもらうための作業。これを「社会化」と呼んでいます。第三は「資源を投入」する事業。「皆さん知っていますよね、この問題、解決しましょう」ということで、社会化を通して巻き込んだ人々が持つ知恵やお金などのアセットを提供してもらいます。

実際にやっている事業は、例えば「問題の発見」であれば、『リディラバジャーナル』というメディアを使った調査報道があります。そこをきっかけにして、次の「社会化」では、中高生向けのスタディツアーや企業研修を行っています。社会問題の現場に行って学んでもらうわけですね。スタディツアーだと参加者は現在だと年間１万人くらい。ホームレスのおっちゃんの現場に行ったり、フードロスの現場に行ったり。修学旅行の中に組み込んでもらうケースも多いです。

さらに、「資源の投入」のところでは政策立案をして提案をしたり、実証事業につなげたり、企業の新規事業開発に伴走したり。最近の例で言うと、100億円のインパクトファンドを運営し、社会問題に対する上場企業の取り組み具合を計測しながら投資をするという事業もしています。

要するに、課題を見つけ、社会に知ってもらい、みんなで解決に動けるよう道筋をつけるというのが、僕らの仕事です。別の言葉で言うと、社会課題解決のエコシステムをつくりたい。関心をつくって、人をつくって、プロジェクトをつくって、仕組みをつくる。大事なのは、仕組みをつくった後、さらに新しい関心をつくる作業に戻ること。そうしないと、エコシステムは回らない。だから、学生にも、市民にも、企業にも、行政にも、ジャンルを問わず全方位で人を巻き込むことを続けています。

◈社会課題がどんどん顕在化していく場所

都市部と地方の社会課題で何が違うのか、マトリックスで4つに分けて考えてみます。X軸が課題に関わる当事者のボリューム、Y軸が課題解決に当たるプレイヤーの流動性とします。

まず右上、課題の当事者と解決のプレイヤーがどちらもたくさんいる場合。こういうものは、いわゆるスタートアップの世界で解決していくのが適しています。例えば、都市部におけるデジタルトランスフォーメーション（DX）ですが、飲食店のデリバリサービスとかタクシーの配車アプリに見られるように、SaaS（Software as a Service）のスタートアップが普通にビジネスとして解決すればよい話が多い。

一方で、エネルギー問題のように当事者のボリュームは大きいけれど、解決するプレイヤーの流動性が低い場合。これはインフラ事業になっていくので、大企業的なアプローチが適しています。逆に、解決者の流動性はある程度ありながら、当事者のボリュームが限られるものは、ソーシャルビジネスのようなア

地方と都市部の社会課題の違い

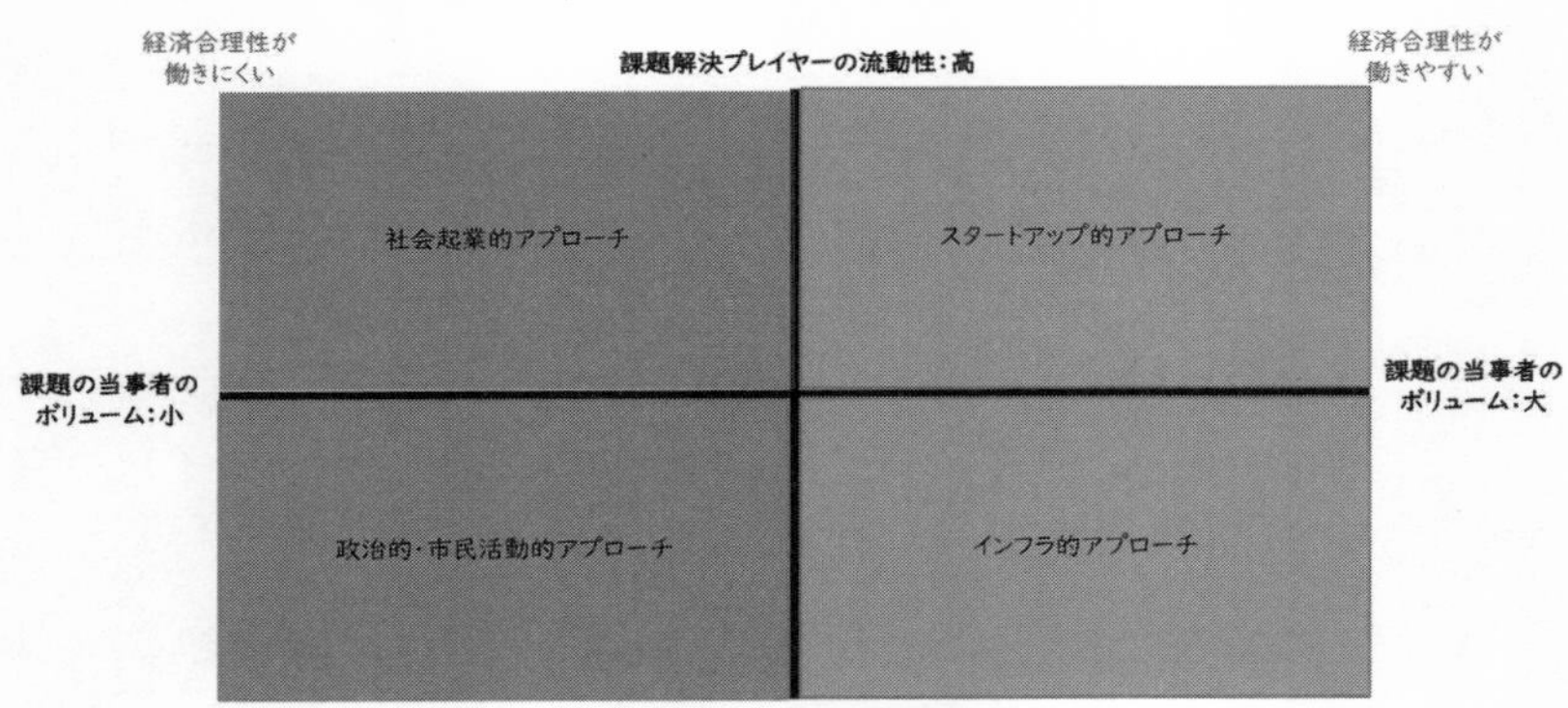

安部氏講演資料より

プローチがよいでしょう。

最後に左下、当事者のボリュームが小さく、なおかつ解決のプレイヤーもいないとなると、これはもう政治的、行政的、市民活動的なアプローチでやるしかありません。

この4つ目のところが、社会課題が顕在化しやすい領域といえます。都市部であれば、子どもの貧困やLGBTQ、ひきこもり、ホームレスなどが挙げられます。地方の場合、都会ではビジネス的なアプローチを取るべきテーマですらも、社会課題化する可能性があります。例えば、先ほどのDX。それなりの予算をつけて取り組む地方の中小企業は少ないでしょうし、解決してくれる専門家も少ない。もはや社会課題に片足を取られている状況かもしれません。となると、解決の担い手は行政となる。こうして地方における最大の課題解決プレイヤーとして、行政の力が強大化していく構図です。

このように、地方ではさまざまなことがビジネス領域から社会課題化してきているというのが、僕らが問題発見に際してまず認識している状況です。

◆「大地の芸術祭」を軸に回る関係人口づくりの循環

では、本題です。僕らが関わる新潟県・越後妻有エリアでの取り組みについてお話しします。越後妻有は十日町市と津南町を合わせた山間部にあり、高齢化が進んで限界集落もたくさんある地域。日本有数の豪雪地帯で、冬には家屋の1階が完全に雪に埋もれてしまうほど。なので雪かきが大変で、転落死などが社会問題化しています。僕らと越後妻有との出合いは実は芸術祭とは異なるところでして、10年以上前になりますが、雪かきツアーに行ったのが始まりでした。

この場所で「大地の芸術祭」が始まったのが2000年。それから20年以上、現代アートの祭典として続き、今では世界最大級の国際芸術祭となりました。広々とした里山を舞台に田んぼの中にアートを置くなどして、トリエンナーレ（3年に一度の国際芸術祭）のほか、1年を通じて200点くらいの作品を展示しています。

とはいえ最初、田んぼにアートを入れることへの地元の抵抗感はめちゃくちゃ強く、関係者はまず農業を始めることから地元との関係づくりをします。コシヒカリのお米づくりが盛んな土地ですが、地元ではケアできない棚田や耕作放棄地が増えていました。そこで越後妻有里山協働機構というＮＰＯ法人をつくり、そうした農地での作業を引き受けることで徐々に信頼感を高めていき、作品を置かせてもらえるようになったという経緯です。

この場所で芸術祭をやりたいと最初に提案したのは、北川フラムさんという地元出身のアートディレクターです。アート作品は「動産」だから、都市部に置くと金融資産として取り引きされやすい。それは本来のアートではなく、投機である、と。そうではなく、売買できない〝不〟動産にするために地方の集落に置きたかった。それが大地の芸術祭の始まりです。

今、トリエンナーレを開催する時期になると、人口6万人余りのエリアに50万人を超える観客が訪れます。50億円といわれる経済効果は、東京都の人口になぞらえると6000億円ほどの規模感でしょうか。そのインパクトはものすごく大きい。それゆえの複雑な関係性や、やりにくさも当然あります。

リディラバは最初からこの芸術祭に関わっていたわけではありません。ここ6、7年のことです。オイシックス社長の高島宏平さんが、「オフィシャルサポーター」という芸術祭の諮問機関のような組織を立ち上げることになり、その高島さんがジャーナリストの津田大介さんにツアーを作れる人がいないかと聞いたところ「安部という奴がいるよ」と言われて参加することになったのが経緯です。

越後妻有里山協働機構は、大地の芸術祭のいわば実行部隊です。地元出身者や県内外からの移住スタッフが働き、作品や施設の管理、企画展やワークショップの開催、広報、誘客などの業務を行っています。この実行部隊をどう動かすかが重要です。フラムさんが理事長、高島さんが副理事長となって運営していますが、舞台裏にはいろいろな企業がオフィシャルサポーターとして関わっています。リディラバは特にコミットの度合いが大きく、また、自治体と別の事業でもコミュニケーションすることでＮＰＯとの橋渡し役的な動きをすることもあります。

僕らの企業研修事業の舞台として越後妻有を使う機会も増え、その他の事業も含めるとかなりの労力をこのエリアでの活動に投入しています。これまでいろいろな地域と関わってきましたが、分散的にやるだけでは突破できないものがあることがわかり、自分らのリソースをどこかに集中させるとまた違ったものが見えるかもしれないと考えてのことです。

活動を進めるうえでは、地域への関わりを滑らかに、かつ連続的に増やしていけるプログラムをどうつくるかが、大事なポイントだと思っています。いかに入口を大きくして露出を増やし、多くの人に見てもらうか。その次には、実際に現地に来てもらい、関わってもらえるか。そのためのプログラムを用意し、とりあえず1回、それから定期的に参加していただく。そうこうしているうちに、徐々に自分自身がプロジェクトをつくる側に回っていく。そのプロジェクトが成果を上げると、今度はその人が他の人を巻き込み始める。そういう循環づくりを、意図的にやっています。

◆システムとしてのGP機能を事業化する

今日の議論のテーマとしては、プロジェクトを回すGP（無限責任の出資者）がどこから来るのかが1点め。2つめが、大地の芸術祭を中心に続く一連のプログラムを持続可能なシステムにしていくにはどうするか、ということになると思います。

まずGP論ですが、GPというのは詰まるところ、地域に対する投資のアセットマネージャーではないかと思っています。人からお金を引き出し、原資を集め、投資先のプロジェクトを見つけるのが仕事。原資にはお金だけでなく、人的資源や人の関心も含めてよいと思います。

ところが、プロジェクトを見つけて解決するといっても、地方には投資すべきプロジェクトはほぼありません。なので、プロジェクトもGPが自分でつくるしかないわけですが、つくったところでリターンは期待できない。特に人口減少が進む地域では経済的インパクトが生まれないので、リスクに対してリターンが少なすぎる。となると、そもそも原資を集めるところから難しくなる。

こういう悪循環が、地方において新しいGPが生まれにくい、地方創生が進まないことの構造的な理由だと思っています。

堀：そういったGPの役割というのは、上山さんがやっておられる農泊や城泊、アルベルゴ・ディフーゾの取り組みと重なる部分がありそうですね。

上山：僕は僕でまた違うやり方ですけど、地域に何らかの需要創造を起こしていくという意味では共鳴するところがあるなと思います。安部さんはツーリズムやイベントのところを業として回しながら、社会課題解決という新しいニーズを生み出している。新手の意識高い系旅行会社とでもいうような。

安部：そうですね、今までの旅行業って、何か珍しいものを見せてあげるよというところで稼いできたんですが、それはもう普通に個人旅行で行けるようになっている。だから、現地に行って新しい需要をつくることからやらなければならない。上山さんもそこをやってこられた。僕らはそのネタが社会課題解決だったわけです。

GPに関して言うと、ある1人のスーパーマンが事業を立ち上げていくというよりも、その役割を機能として担保する仕組みをつくることが大事だと思っています。1人でチャレンジして失敗すると後がない。そうならないよう、リスクを分散し、リターンを可視化し、インパクトを測定する。そういうシステムとしてのGP機能を持つことが、地方創生におけるリディラバの役割かなと思っています。

古田：重要なポイントですね。現実には、誰かチャレンジングな人間が1人で入っていくのが通例だから。GPの機能としては、事業を立ち上げるだけでなく、地域事業者のみんなが参画できるプラットフォームをつくることも挙げておきたいですね。ただ単にお店を出したりするのはGPじゃない。プラットフォームをつくり、みんなをそこに乗せて、それに対する責任も取る。本来だったら、システムとして機能するモデルがつくれるはずなんですが、なかなかそうならないのは残念です。

安部：ポイントは、このGP機能を事業としてやっていけるかどうか。KPIを明確にし、機能を強化すればするほどKPIも伸びて利益が出るようにすれば、機能は勝手に維持されていく。

◆ GPを生み、関係者を育む「藻場」

GPが生まれやすい環境、「藻場」のような場所をどうつくるか。GPを魚に例えるとして、あるいはGPが連れてくる起業家や、地域をよくする人たちだとして、魚だけそこに集めても意味がない。それらが次々に再生されるようにするには、ある種の藻場のような仕組みが必要ではないか。そんな話が以前にもこの場でありました。

その藻場ってどんな場所なのか、僕なりにかみくだいてみると、「挑戦に対する安心感とインセンティブが共存している空間」と言えるんじゃないかなと。海中に魚の卵だけ置いても、いきなり育つはずがない。そこに藻があり、酸素があり、プランクトンがあって、初めて安心して魚が生まれるエコシステムができる。大事なのは、魚もさることながら、実はこの藻場なのだろうと。そういう環境があることで、稚魚たちに挑戦の機会を提供しながら煽っていく媒介者、すなわちGPの存在が生きてくる。

もう1つは、挑戦に対するインセンティブ。これにはある種の「観客」のような存在が必要だというのが僕らの考えです。GPが1人ぽつんといるだけは、再生産はできないし、頑張りも続かない。GPが奮闘するのを見て、「いいね」とか「スゴいじゃん」とか言って褒めてくれる観客が周りにいるからこそ、GPが継続して活躍することができる。観客というのはつまり、社会の関心と言ってもよいですね。

藤沢：この藻場全体が、リディラバなんだなと感じますね。でも、こうして聞いていると、起業家をつくるときのインキュベーション（孵化）の仕組みと同じようにも思えます。どうして孵化器ではなく、藻場なのかなというのがちょっと気になりました。

安部：インキュベーションって、たぶんトップティアをつくるための仕掛けなんです。有望な人を見つけてきて、しのぎを削らせるなかからスター級の人材を生み出すのがインキュベーション。それに対して、トップティアだけじゃ機能しないのが地域の話。あまりに切れ味の鋭い異才が入ると、潰されないとも限らない。誰かの助けがなくちゃできないくらいの人のほうが、むしろ向いてるかもしれない。

藤沢：そうすると、藻場には他にも要素が必要な気がする。今まさに安部さんがおっしゃったような、しのぎを削らなくても静かに育っていけるような何か。

安部：なるほど。それは「関心づくり」のところかもしれません。いかに観客をつくっていくか、フォロワーシップをどう増やしていくか。これが1つ大きなポイントになるような気がします。

牧：藻場という言葉の印象からすると、優しい場所なんだろうなと思います。外の大きな魚に打ち負かされることもなく、藻に隠れながらじわじわと育つことができる、そんな居心地のよい場所なんでしょうね。

堀：加戸さんが前回おっしゃっていた「防護膜」にも通じる部分がありそうです。

加戸：大事なことはたぶん一緒なんだと思います。酸素やプランクトンが十分にあるのに加え、他から隠れて見えない、知られないことも大事ではないでしょうか。

安部：確かに隠れられるというのは、ミルフィーユのような多層構造にもつながるところがありますね。隠れる場所も居場所もあって、フォロワーシップがあり、厳しいことだけじゃない多層性のあるコミュニティなんだと思います。

◆「内と外」の相互作用で多層化が進む

多層性の話を、大地の芸術祭の場合に置き換えてみます。北川フラムさんが最初にここで芸術祭をやるんだと旗を揚げられたとき、フラムさんの役回りは完全にGPであり、またエリアオーガナイザーでもありました。このとき原蜜さんというフラムさんの甥に当たる方も東京から参加されて、一緒に開催準備やら地元への説明やらの活動が始まります。フラムさんが中心となって地元の方々とのコミュニケーションを重ねながら、それに伴走する原さんがだんだんと、都会の人間から越後妻有の人間へと変わっていくということが起こります。

それと同時に、必ずしも賛成ではなかった人たちの立ち位置も次第にニュートラルなものへと変わっていき、さらにはボランティアスタッフや、主催者側の人間として働く人たちも増え始めます。この変化は地域の人々だけで起こしたものではなく、外から来た人間が加わることで動きが促されるという、相互作用の中で生まれてきたものでした。

20年が経った今、こうした関係性が非常に重要なものになっています。フラムさんは今もGPとして世界中からアーティストを連れてきたり、外部資金を集めたりといった役割を担う一方、地域の取りまとめをするエリアオーガナイザーの役目は原さんの手に移っています。また、他にもエリアオーガナイザー的な動きをされる方が地元の中から現れ始め、どんどん多層化しているのが今の状況です。

では、僕らはどう関与しているかというと、フラムさんや原さんだけでは賄えない部分、特に外部の資源を持ち込んでくることに関して、オフィシャルサポーター同士が連携して活動を進めています。リディラバの場合、観光客を連れていくのではなくて、そこに行って地域の課題を学んだり、事業を起こしたり、移住したりといった、何らかの具体的な行動を起こす人たちを連れていく。そして現場に関与するなかで、だんだんと越後妻有に巻き込まれていく状況をつくる。それが僕らの独特なところです。

実際、スタディツアーや企業研修に参加したのが縁でうちに転職してきた人もいるし、移住して越後妻有里山協働機構のスタッフになった人もいます。

こうした形で、外側に近い内側の人たちと、内側に近い外側の人たちの層を厚くしていくことが、地域の活性化において非常に重要だと思っています。それが、僕らの考える藻場の役割なんですね。

上山：なるほど、そういうふうに進めているから、大地の芸術祭がちゃんと続いているわけですか。ただ、今これに関わっている人たちはやがて抜けていきますよね。その後をどんな仕組みで継続させていくかは、やはり非常に気になりますね。

◆ＧＰとサポーターの地域愛

堀：私と宮瀬さんも今回、「大地の芸術祭」真っ只中の越後妻有を訪ねることができました。そこで出会ったのが、安部さんがおっしゃるエリアオーガナイザーの原蜜さん。越後妻有里山協働機構の事務局長を務めておられます。立ち上げからの20年、地域の理解を得るのはそう簡単なことではなかったようで、原さんは当時を振り返って、こう語っています。

「本当に何もない、誰にも理解してもらえない中で軌道に乗せるまでが大変でした。みんな総スカンです。美術界も地元も、何もかも。東京23区くらいの広さの土地に、２００や３００もの作品をばらばらに置くわけですから。それでも、空き家とか廃校とか、田んぼとかの地元に放置されたままのいろいろな課題を見て、じゃあ自分たちがやりますよと、ノウハウも全然ないのに引き受けているうちにだんだんと変わってきて。失敗ばかりですけど、そういうのがひたすら続いてきた感じです」

原さんたちは当初、都市部から参加してくれた大学生たちと地元の民家を一軒一軒すべて回り、芸術祭の趣旨を説明して歩いたんですね。税金を使って運営する公共事業でもありますから、議会からの反発もあったといいます。

そうしたなか、原蜜さんたちの姿勢に共感し、地域の側で調整役を担ってくれる人も現れます。その1人、芸術祭の作品の1つ「うぶすなの家」を中心に地域づくりに取り組み、今は市議会議員を務める水落静子さんはこう言います。

「住民はNPOのこと信じてはいるんだけど、まだよそ者って感覚があるんでね。芸術祭に来る人ばっかり楽しむんじゃなくて、いかに普段の人たちとつながるかということに、原さんたちが一生懸命にやってるのが目に見えてわかるから。じゃあ、おらたちは何しればやんだって、だから私はつなぎ役やってるんです」

こうした地元の方々との信頼関係が、芸術祭の運営を支えてきたわけですね。では、これから求める変化とは何か。原さんは「もっといろいろな人たち、特に企業が公益的な目線を持って関わってくれたら、この場所に限らず、いろいろなところでやれることが増えてくる気がする」と話していました。

宮瀬：原さんの言葉で印象的だったのは、この地域で一番つらい雪かきの時期、これを一緒に乗り越えて、大変だったよねと地元の人たちと腹の底から語り合える関係がつくれてこそ、この20年の取り組みが定着していくんだと。まずその部分がないと、こうした取り組みを他に展開する再現性といっても、なかなか難しいのかなと感じました。

堀：原さんは東京にご家族がいるので拠点は東京なんですが、ルーツは新潟なんですよね。幼い頃に訪ねたおばあちゃんの家の記憶もあって、何かしらこの地域に関わりたいと。そこも再現性に関わってくるポイントかなと思います。

宮瀬：そうですね。感情的なところでその地域と何らかのつながりがあれば、長く続けることができるのかもしれません。とはいえ、そういう原さんのような方が何もかも背負うことはできません。では、その土地に縁がある人が中心となって地域に深くコミットするとして、それをサポートする補完機能をどうするかが気になりますね。

藤沢：私はオフィシャルサポーターの高島宏平さんがキーマンだと思いました。原蜜さんとは高校の同級生なんですよね。人とお金を集めてこられる高島さんの役割って、結構大きい。原さんの経営的なサポートとか、心のマネジメントも含めて。

宮瀬：高島さんのお声掛けでサポーター企業が参加することで、いろいろな新陳代謝も起こっているようです。原さんのおっしゃる公益性を持った視点にもつながることだと思いますが、経済的な利点だけでなく、地域の幸福度を高めるための大きな視点から投資を考える企業が増えると、新しい取り組みも広がるように思います。

◆地方創生を人工的に再生産するシステム

安部：確かにエモーショナルな部分もあると思いますが、実は越後妻有の舞台裏では意識的にミルフィーユをつくることもしているんです。例えば、なぜオフィシャルサポーターの仕組みをつくったか。フラムさんって業界ではすごい人だから、原さんも含めてスタッフが自分の意見を通しにくい部分もある。そうすると、議論が進まない。それなら議論がしやすい場を諮問機関的につくる必要があるのでは、ということで高島さんに協力を仰いだわけです。その流れで僕らも含めていろいろな人が加わることになった。

経営の話し合いも、フラムさんや原さんを交えて2カ月に一度は東京で集まってやっています。例えば、収益の見込めるツアーをどう増やしていくかとか。そういった経営判断ができるようになったことが、高島さんの参加による大きな変化だと思います。

最近、リディラバの立ち上げで「子どもの体験格差解消プロジェクト」というのを始めました。厳しい家庭環境にある子を大地の芸術祭のエリアに連れて行き、いろいろな体験をしてもらいながら教育効果を得る。年間で何千万かの予算をつける事業ですが、これが越後妻有に人が往来するための取り組みを、別の形でファンディングする格好になっている。こういうことも一緒に進めています。

僕としては、こうした動きを継続的に起こしつつ、大地の芸術祭に関わる間接的な財源を、個人の寄付で賄えるような仕組みをつくりたい。実は今、NPOの世界でも、寄付のマーケティングというのがかなり進んできているんです。そういう仕組みも使って、作品保全にかかる費用や人件費をサポートする、というのをぜひやりたいと思っているところです。

牧：原さんはきっと、すごく大変な思いをしてきたんだと思います。でも、原さんみたいな人、やっぱり現場に必要なんですよね。そういう人が潰れないようにする仕組みを、安部さんはつくってきたんだなと思いました。周りから応援する仕組み。藻場っていうのは結局、内側からの攻撃をよけつつ、外側から応援してもらうための場所なのかなと感じます。

古田さんからさっき出たプラットフォームの話にも重なるんですが、オープンな参加を促しリスクを分散する仕組みをつくることで、外側からの応援が集められるし、精神的にも支えられる。その一方、地域の中には利害調整や利益分配の仕組みも現としてあるから、その古い構造と新しい構造が常にせめぎ合いながら共存していかなくてはならない。だからこそ、外からの応援に触発されて内からの応援が力を得ることもある。そういうことかなと思いました。

安部：めちゃくちゃそのとおりです。原蜜さんが多くの人にとって魅力的に映るのは、「効率の悪いことでもやりきるぜ」って言える強さに秘密があるんだと思います。実は効率の悪いことをやったほうが、社会的関心が高まるし、いろいろな資源を集めやすくなる面がある。原さんはきっと、それを戦略的に理解しているんですね。

どういうことかというと、例えば、冬場になると「雪花火」という雪原でやる花火ショーがあるんですが、地元のおじいちゃんやおばあちゃんにも準備に協力してもらって3万個のLEDを雪に埋めていくんですね、ボランティアで。これは収益性でいうとかなり難易度の高いイベントなんですが、何年かやってきてようやく黒字になった。そしたら、じゃあ次はもっと花火を増やそうと地元の人は言う。「えっ、やっと黒字になったのに？」と誰もが一瞬思うわけですが、それを採算度外視であえてやってしまえる人たちだからこそ、端から見てて応援したくなるということもある。なんか金儲けのことばかり考えてる地域なんて嫌ですよね。そういうことを、原さんはちょっとメタな視点から理解して動いている節がある。

僕らはそんな原さんの高度な戦略性に相乗りしつつ、思いっきり非効率にやってくださいなどと煽ったりしているわけです。そのほうが外からの関わりを増やせるし、外からの関心がまた内側での態度の変容につながるから。そんなことができるのも原さんのメタな視点がスゴいという側面はあるのですが、一方でその視点を持つことで他の地域でもできることじゃないかなとも思っています。

越後妻有での取り組みがミルフィーユであることの証左って、僕らが自分事として大地の芸術祭を語っていることだと思うんですね。別に僕が始めたわけではないし、まったく関係のなかった方々がやってこられたことだけど、いつしか関わりが生まれ、収益が出る仕組みもでき、いろんな事業が派生し重なって

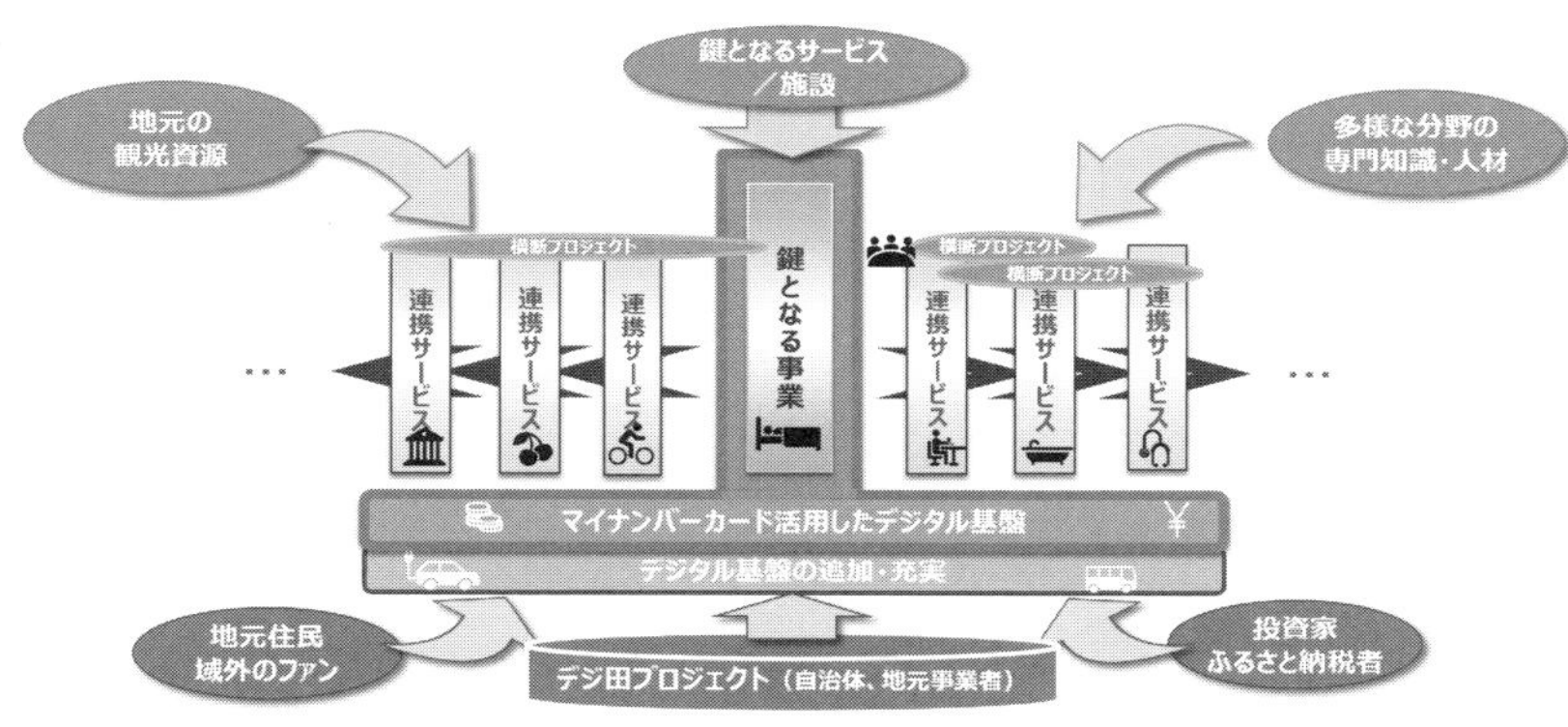

村上氏講演資料より

いった。

僕らが大事に思っているのは結局、地方創生を人工的に再生産することなんです。それはつまり、個々のプロジェクトが立ち上がった後、それが次の関心を生んでいくサイクルをどうつくるかに掛かっている。まずプロジェクトをつくる。そのプロジェクトが次の観客をつくる。その観客がいるからこそ、次のスターが現れる、そこからまた次のプロジェクトが生まれる。こういう循環を他の地域でも人工的に組み立てられたらいいなと思います。

◆「逆T字モデル」で考える地方創生の型

村上：ここでいったん、地方創生のエコシステムづくりに必要な取り組みについて整理しておきたいと思います。山頂にたどり着く方法はたくさんあるはずですが、話をわかりやすくするため、ここではあえてシンプルな仮説「逆T字モデル」で説明します。

まず「逆T字」の縦線の部分、これは前回も議論した「鍵となる事業」です。鍵となる事業は、他への波及効果を得やすいものを選び、ガバナンスとディスクロージャーとファイナンスをしっかりと組み込むことがポイントです。そのうえで、マイナンバーカードなどを活用したデジタル基盤をつくる。これが鍵となる事業を下で支える横線の部分に当たります。だから「逆T字」です。

三重県多気町の例を見てみましょう。ここには「VISON（ヴィソン）」という日本最大級の商業リゾートがあり、1日平均1万人を超える人が来ているのに、併設された宿泊施設には数百人しか泊まれない。ならば、周辺の宿泊施設にVISONブランドを使って送客すればいい。そこで宿泊連携事業を「鍵となる事業」と定めたうえで、マイナンバーカードを活用した決済・認証システムをつくり、キャッシュレス決済による割引・ポイント付与を行うなどして、宿泊事業者間の連携を強化します。

これで逆T字の形ができますね。この仕組みがうまく回り始めたら、今度は地元の特産品やレストランを巻き込んだり、人気のSUP（スタンドアップパドル）体験ツアーを組み込んだりして、手ぶらでお得に楽しめる周遊観光プランに仕立て上げる。というようなストーリー展開が考えられるでしょう。

大事なことは、鍵となる事業は地元の「分配圧力」に負けないよう、きっちりした事業の形をつくり、デジタル基盤の持つ相乗効果を生かしながら、周辺の事業者を「投資文化」の側に徐々に引き入れていくことです。そして少しずつ事業の柱を増やしつつ、域外から専門家や資金などの多様な要素を取り入れてミルフィーユの層を重ねていく。

◆地方創生エコシステムが出来上がるまで

では、どんな手順で進めるのか。これまでの議論をもとに全体を振り返ります。

まず、地元の危機感を煽る。データも活用して現実の姿を突きつけます。そのうえで、新しいことを始めたい事業家の卵をたくさん集めます。「藻場」の議論にもあったように適度な逃げ場も用意しつつ、いつでもスタートアップで勝負できるような環境を整える。ここまでが準備段階です。

次に、鍵となる事業に取り組みます。うまく回すためのキーワードは3つです。

1つめに「自治体との距離感」。あまり近づき過ぎると分配文化に屈する恐れがある一方、自治体に認知されない事業はうまく回りません。首長さんとも上手に連携しながら、自治体や議会との適切な距離感を保つことが肝心です。

2つめに「ソーシャルインパクト」。鍵となる事業にわかりやすい大義名分を持たせること。これを明確に打ち出せると、次に続く事業や関心を持ってくれる人の輪を広げやすくなります。

3つめに「ファイナンス」。お金を出してもよいと考える人との適切な関係づくり。寄付金、融資、投資などさまざまな方法において関係づくりを進める。裏を返せば、ガバナンスをしっかり整えるということです。

こういうことをGPが1人でやろうとしても無理があります。そこで、GPに伴走するアクセラレーターが必要になります。とはいえ、地域ごとにつくるのは難しいので、エリアを超えるオールジャパンのアクセラレーターチームを組織することも、検討課題として挙げられます。

同時に、地元の市民や事業者を巻き込んだ事業体制をつくる。ただし、ミルフィーユの層を重ねるように、少しずつ取り組みを広げていくことが大切。新しいことに挑戦する人と、その人が巻き起こす紛争の調停に当たる人、そのワンセットで一層ずつ重ねていくのが理想です。

このような動きを進めながら、分配文化に染まっている内側の人々を投資文化の側に誘い込みます。他方、外側から投資文化を持って地域に入り込む人々には、従来の公平とは別の意味で「フェアな環境」を用意します。補助金の受け手を分散させる意味での公平ではなく、一定のルールに基づく自由な競争を約束するフェアネスです。

こうしてミルフィーユが多層化していく先にあるのが、エリア論。すなわち、自治体の領域にとらわれないエリアへのサービス展開です。自治体が主導する民間事業は、どうしても行政区域にサービスエリアが限定される。これをどう打破するか。それは単にどこに領域を設定するかの話ではなく、分配文化のための領域から、投資文化のための市場へと、エリアが持つ意味を変えていく試みにほかなりません。

そして最後の仕上げが、オープンデータとデジタル基盤の活用です。前回の加戸さんのお話にもあったように、「べき論」ではなく具体的なデータを持って当たらなければ分配文化の牙城は崩せません。また、デジタル基盤の出来のよさとコストの安さが、鍵となる事業を起点に取り組みの輪を広げていくうえでの重要な促進剤になるはずです。

◆アクセラレーターは本当に現れるのか

堀：アクセラレーターが必要というお話ですが、越後妻有のようにリディラバがいて、オイシックスもいるし、津田大介さんのような人もいる、そんな状況を生み出すにはどうしたらよいのでしょう。

古田：いろいろな人が地域に入ることはできると思う。アイデアを出す人、資本を持ってくる人、行政と企業をつなげられる人、いろんな得意技を持つ人がいます。それを1人でこなすのは無理だから、チームを組んでわーっとやらないといけないんだけど、それを果たして成功報酬モデルでできるかどうか。お金が最初に用意されていないと誰も動けないのが普通ですから。

企業にもよい人材はたくさんいますから、総務省の「地域活性化起業人（地域おこし企業人）」のような取り組みもあるし、うまくモデルがつくれると面白いんですが。例えば、ＳＩＢ（ソーシャルインパクトボンド）で成果に見合うリターンを得られるような。

安部：そうですね。関係人口が増えることで、地域の外からお金が入ってくる。そのインパクトを自治体側が評価してくれるといい。

村上：その部分にソーシャルインパクトファイナンスがコミットできるといいんでしょうね。「企業版ふるさと納税」は動き始めましたが、もっと海外並みにソーシャルインパクトマネーを引っ張ってこられるようにする必要があると思います。

古田：最初は無償で頑張る人はけっこういますよ。でも、本当はその人たちがフィーをもらって結果を出し、正当に評価されるから次に続く人が現れる、そういう循環にならないといけない。リスクアクションを起こして突っ込んでいく人の循環。リターンはお金じゃなくてもいいんです。突っ込んでいく人はそもそもお金で動いていない。だけど、ゼロから火を起こした人がちゃんと評価される、「地域のアメリカンドリーム」みたいなものがすごく重要になると思います。

◆「観客」という関係人口予備軍を呼び込む

竹本：アクセラレーターになる人が地域側に受け入れてもらえない可能性もありますよね。どんなに有能で、専門知識があってネットワークも幅広い人だったとしても。その点で言うと、さっきの「観客」をたくさん連れてこられる人こそが、地域に受け入れられやすいアクセラレーターなんだと思います。「観光客」ではなくて「観客」というのがまだすごくいいですね。

安部：地域にただ普通に人を連れてくるだけだと、観光客とあまり変わらない。お金が落ちる先も、普通に宿泊施設とかになる。僕らの場合、修学旅行では旅行を学びに変え、企業研修では事業開発を人材育成に変えるというように、地域への関与をお金を払う側のロジックに置き換えているんです。本来はもっと純粋に、この地域を知りたい応援したいという目的のほうが裾野は広がるはずだと思います。でも、その部分はまだうまくマネタイズできない。だから、あえて間口を狭めて、子どもの教育とか、事業開発における専門性の向上といった文脈に置き換えて課金しているわけです。

竹本：なるほど、観客をマネタイズできるよう論理を変換しているから、安部さんたちはアクセラレーターとして事業がペイできていると。ただ、それを地域側が自分でやるとしたら、かなり大変じゃないですか。

古田：確かに外側にいないと難しいかもしれませんね。三豊市の例で言うと、僕が一番外側にいて、UDON HOUSEをやってる原田さんが地域に近いところでエリアオーガナイザー的にコミットして、その内側で動いているのが「宗一郎珈琲」の今川さん。そのミルフィーユ構造ができているから、さまざまな活動が域内外で一気通貫にできるんだと思う。僕が外側にいるからこそ、誰かを連れてきやすいということはある。

竹本：大地の芸術祭も、途中からフラムさんが後ろに、ある意味で外側にポジションをずらしていますよね。

古田：ところで、観客は「歓客」のほうがよくないですか。地域に関与して歓ぶ人たち、あるいは地域に歓んでもらえる人たちという意味で。

竹本：ここで言いたいのは、ただ観に来るだけの観客でまずはいい、その中の一部が歓ぶ人になってくれればさらにいい、という感じなんだと思います。

安部：観客にもいろいろあって、ただ観に来る人もいるし、自分も舞台に上がりたいと思う人もいる。例えば、劇場に１００人の観客がいたとして、俳優の演技を見て自分もあそこに立ちたいと思う人が10人いましたと。でも、残りの90人はそこまでは思わず、お金を払って観る側で居続ける。それでも十分に意味があるんだと思います。ただ、観る側と観られる側がときどき入れ替わるように設計しておくことが大事だと思います。

◆「利益を生み出す構図」とデジタル基盤

村上：大事なことは、エリアに取り組みが広がった後、利益が上がる構図ができているかどうかです。その構図が見えれば、お金は必ず集まってくる。地域のサービス業に変革を起こすというのは結局、地元の中だけでお金を分け合っている状況から、新たな需要を掘り起こし、外からお金が引き込める状況に変えることになるんです。

利益を出すために考えられるパターンは2つあります。

1つは、異なる価値同士の交換を利益の源泉とする貿易の論理。同じ価値観の人同士が等価交換をしている限りは、どうしたって利益は出ない。米ばかり作る国と麦ばかり食べる国が交易して、初めて米と麦の値段が上がりだすという構図を、どうやって地域経済に持ち込むかです。

それはとりもなおさず、その地域の価値を知らない観客を外から連れてくる構図にも一致する。地方創生の人工的再生産というゴールから逆算して、そうした構図づくりにアクセラレートを効かせるのも1つの方法だと思います。

もう1つは、サービス業の究極的な集約であるベーシックインフラ。少なくとも提供するサービスの集約化を進めていくことで、それぞれのサービスのコストを抑え、もっと効率的に提供することが可能になり、利益を出す構図へと変えることができる。

そういうことをしっかり計算し、どのパターンで利益を出すかの想定から翻って鍵になる事業を決め、人材を投入し、人工的再生産の形をつくる。こういうことを、外から参入するアクセラレーターと、内側で取り組むGPが手を組んでモデル化すればよいのではないかと思います。

藤沢：今日のお話を聞いていて、私としてはやはり事業を選定するところが一番の山場だなと思いました。そのとき、リディラバ的な役割もできて、高島さん的な動きもできて、事業として成立し、かつ未来まで語れる人が必要だとすると、それってサッカーとかバスケとかのスポーツクラブじゃないかなという気がします。特に、サッカーは地域を元気にするために全都道府県にクラブをつくろうとして、「Jリーグ百年構想」まで打ち立てています。選手がアウェーの地域に行けば、たくさんのファンがついていく。それはある意味で越後妻有における「観客」ではないかと。

ですから、もし鍵となる事業が選べない地域があれば、こういうスポーツクラブを1つの事例として検討するのもよいのではないかと思います。

安部：利益率を高くするか、人の流れを大きくするか、どっちかですよね。越後妻有の場合、清津峡というインスタ映えする観光スポットがバズったことで、観光客がたくさん来るようになったので、入場料を少し上げて、その分の収入をNPOに回せるようになりました。人の流れが大きくなって、利益を出す仕組みができた。例えば、こういうことにもデジタル基盤を活用すれば、もう少し滑らかに仕組みがつくれるのかもしれませんね。

安部氏講演資料より

第7回　岡山県西粟倉村　牧大介氏のケース

「人口増」から「所得増」への次なるステージに向けて
――合併しないという選択。「百年の森林」構想が生み出したもの

西粟倉村は人口わずか1400人ほどの小さな村。20年前、あえて「合併しない選択」をしたこの村が生き残りを賭けて挑んだ策が、土地の9割を占める森林を産業として再生させる「百年の森林構想」だった。移住者を引き寄せ、50社以上のベンチャー企業を生んでさまざまな事業の立ち上げに成功した西粟倉村は今、雇用と所得を拡大させる次の段階への道を模索している。その方法とは。牧大介さん（株式会社エーゼログループ）と先駆者たちが話し合う。

◆ローカルベンチャーを森のように育てるビジネス

牧：私たちの会社、エーゼログループでは本日取り上げる岡山県西粟倉村をはじめ、滋賀県高島市、北海道厚真町、鹿児島県錦江町で事業を行い、近いうちに8拠点まで広げていく計画を立てています。「〝未来の里山〟の実現に資する事業を自然資本領域、社会資本領域、経済資本領域において行う」というのがミッションで、木材加工流通事業やローカルベンチャー育成事業、ふるさと納税関連事業などを進めています。

「エーゼロ（Ａ０）」というのは、森の土壌の表面にある、腐葉土などの堆積有機物層のことです。このＡ０層があるから、その下にあるA層と呼ばれる豊かな土壌が守られ、育まれていく。僕らもこれにあやかり、その土地に受け継がれてきた自然や文化を大事にしながら、その上で地域の経済を再構築し循環さ

せることを目指したいと思って、こういう社名にしました。

僕らがやってるビジネスは、地域でいろいろなローカルベンチャーの芽を育てながら、投資をしたり、地方創生推進交付金や地域おこし協力隊などの制度を活用したりして、だんだんと木になり森になるような流れをつくること。そこから新しい商品やサービスが生み出されていくのを支援しています。魅力的なローカルベンチャーが増えると、ふるさと納税による寄付が増え、返礼品のラインナップも充実していきます。エーゼログループはふるさと納税の事務局業務や地域商社的な事業もしているので、納税や商品が増えれば僕らの収益も上がります。

厚真町では、ある養鶏場の卵がうまくファンづくりに成功して、その1軒だけで年間1億円ぐらいの寄付が集まるようになりました。そういう起業家をたくさん育てることで、Ａ０層たる地域の厚みが増していき、さらにまたファンが増えるという循環です。

体験価値の提供にも努めています。いろいろな企業が増えるというのは、コンテンツが地域に溜まることでもあります。それらを再編集し、ある種のコンテンツとして体験できるサービスへと落とし込む。例えば、企業研修です。森林体験を通じて生物多様性への理解を深め、それを企業経営にどう活かすかを考える研修プログラムを提供したりしています。

◆ 合併しない道を選んだ村が掲げる「百年の計」

堀：牧さんたちが西粟倉村で取り組んできた事業とはどのようなものか。私たちが今回も取材してきましたので、発端の部分だけ簡単にご紹介します。

西粟倉村は岡山県の北東部、兵庫県と鳥取県に接した源流部にある、人口１４００人ほどの小さな村です。2004年、この村が「平成の大合併」と呼ばれた行財政強化を目的とする自治体広域化の流れに逆らい、「合併はしない」選択をしたことから動きが始まります。

存続を賭けた生き残り策は、村の面積の95％を占める森林を産業として再生させることでした。50年ほど前、子孫のためにと木々を植えた村人たちの想いを大切にして、あと50年、村ぐるみの挑戦を続けて立派な森林に育てようという決意。これを理念に掲げて2008年に立ち上がったのが、「百年の森林（もり）構想」です。

この事業は「川上」と「川下」に分かれています。川上では、合計3000ヘクタールに及ぶ個人所有の森を森林組合が共同管理して、間伐や道路整備などを計画的に行い、山を再生させながら伐採した原木を村に供給します。

それを受けて川下では、その原木を生かした商品開発や新規事業の育成に注力。切り出された木材を3つのランクに分け、A・B材は住宅用建材として加工し、商品として全国に流通。C材は村内の施設の電熱供給用に活用します。

このようにして森の資源を村内に循環させることで、そこからさまざまなビジネスが生まれてきました。構想立ち上げから約10年。これまでに個人事業を含めて50社以上のベンチャー事業者が誕生し、合計売上高は約20億円の規模に至っているそうです。

牧：西粟倉村が近隣の市町村と合併しなかったのは住民投票による村民の意思ですが、決断したのは当時の道上正寿村長です。道上さんは地域の「分配文化」に否定的な方で、合併に伴うお金を国からもらって分け合うことへの嫌悪感があり、投資志向が強かった。今の青木秀樹村長も同じ路線を引き継いでいます。

そうした背景で百年の森林構想が動き始めたとき、僕はまだ竹本さんの会社（株式会社トビムシ）の役員で、社員たちと一緒に現地に入っていろいろな調整や関係づくりをやりました。といっても、すごく地道な活動で、3000ヘクタールの林地には1300人もの地権者がいて、その一軒一軒との交渉です。それぞれの所有地を役場がいったん預かる形で地域の資源として生かせるよう、総当たり戦で合意を取りつけていきました。

川下部分の木材加工流通事業は、エーゼロの前身である「西粟倉・森の学校」という会社をトビムシと役場の共同出資でつくり、当時はまだめずらしかった投資型クラウドファンディングなどで外部資金も集めて立ち上げました。それが2009年です。

◆全人口が減る反面、数を伸ばす子どもと働き手

森の学校は大きな赤字に苦しむ時期もありました。でも、そこから何とか黒字転換を果たしたことで、林業という斜陽産業であっても業績が回復できるなら、他にももっといろいろな可能性があるんじゃないか。そんな空気が生まれてきたので、起業支援の「西粟倉ローカルベンチャースクール」を始めることにしたわけです。これはいわば、スイミー作戦。小さな会社をとにかくいっぱいつくろう、やりたいことを何でもやってみようと。村上さんのおっしゃる「暖気ステージ」ですね。

一方、役場では「生きるを楽しむ」というキャッチコピーと、杉林の中をたくさんのヒメボタルが飛び交う写真にメッセージを託して発信します。あたかもホタルのように、1人ひとりが自分の人生を輝かせることの集合体が村おこしなんだと。

今、1400人の村民のうち220人ほどを移住者が占めるようになりました。子どもの数も増加傾向にあります。幼稚園・小学校・中学校の12学年分で見ると、2011年までは人数が減り続けていました

が、2008年に百年の森林構想が動き出すと、しばらくして上昇に転じます。

全村民の人口を国勢調査の数値で見ると、現在は2005年と比べて約17%減っています。ですが、15歳未満に限ればそうでもない。2005年時点の予測で100人を切るとされていた人数は今、80人分の上振れを示しています。つまり、全体の人口は減少傾向にあるものの、その内訳は改善してきていると言っていい。

近隣の自治体ではどうかというと、今は合併して美作市となっている地域では、予測値よりさらに下振れしているところもある。子どもの人数が減り、廃校となった学校もあります。

経済面でもだいぶよい数字が出るようになりました。可処分所得、納税者数、課税所得の平均値は全体的に好転しています。全人口は減っても労働人口が増えているからだと思います。竹本さんの海士町でも、似たような傾向が現れていましたね。

◆「次のステージ」に求められる本格的な事業

堀：そうしたお話を伺うと、2004年の「合併をしない選択」がやはり大きかったんだなと思います。

取材で出会った林業事業者の青木昭浩さんが、今の村長からかつてこんなふうに言われたことがあると話していました。「何かやってそれでも駄目だったら合併してもええけど、何もやらん、頑張ってもないのに、合併って選択肢はなかろう」と。その言葉が今でも支えになっているそうです。

青木さんは代々この村で生きてきた方ですが、東京から5年前に移住してきた田畑直さんも、「豊かになろうと思ったら、いろいろ考えていかなきゃいけない」と言って、森の管理事業を村から引き継いで「百森」という新しい会社を立ち上げました。川上の事業にも人材が集まってきているということです。

一方、川下の事業を担う牧さんの会社も訪ねると、木材加工だけではなくて、ウナギの養殖や鹿肉の加工も手掛けていて驚きました。「森のうなぎ」をビジネスにしようと思った牧さんは、自分の社員を千葉県の専門学校に派遣、半年余りをかけて養殖から蒲焼きまで1人でこなせる人材に育てたそうです。今では村の産業統計資料に、以前はなかった「水産業」の項目が加わわるまでになっているんですね。

牧：そうですね。実は鹿肉を加工しているその女性社員は、うちでやってる介護事務所でも働いています。地域全体で「人の配置の最適化」を考えなくてはいけないって思いまして。いろんな会社があって、いろんな仕事がある。選択肢を増やして、1人ひとりの可能性を広げていくということです。

堀：限られた労働人口を最大限に活用する。それは森の学校の木材加工場にも生かされていて、通常なら効率を重視して作業ラインは1本にまとめるところ、ここでは作業員1人ひとりが自分の作業台に分かれて働いていました。それぞれのペースで自由に作業してよいということですね？

牧：子育て中の女性とか、9時5時で働けない人にも最適化できるようなラインにしてあります。だから若い女性がいっぱい働けるし、欠勤が出てもラインは止まりません。

堀：西粟倉村ではそうやって牧さんたちが工夫を重ねながら、産業の基盤づくりを進めてきたわけですが、一方ではジレンマも出始めているようです。村役場地方創生特任参事の上山隆浩さんはこう言います。

「今まではローカルベンチャーがたくさんできて、若い人たちも地域に来てくれた。その起業するビジネスの『量』が1つのKPIになっていたように思います。ただ、地元村民の雇用が増えるところまではなかなかつながらない。次のステップに行くには、数だけでなく、資本力があり、事業規模としても大きく育っていけるようなビジネスモデルが求められるのだと思います」

そこで、西粟倉村がこれからの産業の柱として進めようとしているのが、観光です。かつては赤字が続いた旧国民宿舎の跡地の再開発や、大手資本と提携した新たな観光資源開発を進める計画だといいます。また、それをするためのデジタル基盤の整備にも目が向けられます。それは川上の事業にも起きていることで、先ほどの田畑さんの会社では、森の通信環境を整備したり、森林環境に関するデータを公開してビジネスにつなげたりする試みを進めようとしています。

牧：今は暖気フェーズが終わり、小規模企業が林立して、だいぶ盛り上がってきたねっていうところ。次は誰かがちゃんと事業をデザインして、プロデュースしなくてはいけない段階。誰がそのリスクを負って挑戦するＧＰになるのか、模索している段階です。

◆地域にオーナーシップを残すという防護策

堀：取材をしてみて、すごく丁寧にコミュニケーションを重ねながら、個別最適化がなされるように全体設計をされている印象でした。特にあの木材加工のラインは目からうろこの取り組みで、こういうふうに収入の機会を取りこぼさない工夫がされているなら、移住しても心強いかなと。

宮瀬：Ｉターンの人たちが、本当に根を張って生きていける場所。そして、Ｕターンや地元の若い人たちにも、これから雇用のチャンスが生まれていくのでしょう。

藤沢：いや、感動しました。うなぎ職人も鹿の解体までできるようになった若い方、胸が熱くなりますね。林業の方もそうですが、地域に対するプライドが半端ない印象を受けました。10年間でこういうふうに村の人たちが変わっていったんですね。

堀：その林業の青木さんはこうおっしゃっていました。「新しいことを取り入れていかなければという意識は前より断然高まった。この村を守るために、その歩みをとめてはいけない。人よりも頭１つ、２つ抜けていないと西粟倉じゃない」と。

竹本：立ち上げの頃、実は僕も西粟倉のことは牧さんと一緒にお手伝いをさせていただいていて、当時もいろんな人に会いましたが、そのとき小学生だった子が今は森の学校で働いていたりする。もう泣けてきます。

ローカルベンチャーの中で人材を分かち合えているのもいいですね。僕らの海士町でも「複業協働組合」という仕組みで移住者が複数の職場を回れるようにしていますが、それとはまた別の形で、もっと柔軟に民間レベルでやられているのがスゴいと思います。

古田：牧さんがおっしゃる「次のステージ」をどうつくるかという話。実は我々の三豊市でも似たような状況になっていて、小さな宿がたくさんできたのはいいけれど、それでは受けとめきれないほどの大人数が訪れるようになっています。かといって、外の大資本で大きなホテルを建てればそれでよいのか。自分たちでどこまでできるのか。

今まではみんなで一丸となってやってきた。これからはもっと事業規模を大きくするフェーズに入る。その過渡期に重要なキーワードの1つは、オーナーシップが地元にあるかどうかだと思うんです。資本は外でもいい。ただ、資本と同時にオーナーシップも外に持っていかれるのはよくない。地元の企業に雇用が回らなくなっちゃう。

パリのシャンゼリゼ大通りにある建物って、ドバイとかドーハとかの大金持ちの所有になっているものが多いらしい。ところが、建物の形を勝手に変えるのは駄目なんです。そういうことはフランス側のルールに従う必要がある。つまり、オーナーシップはそのまま地元にあるわけですね。買うほうもそれを承知で、フランス文化をリスペクトしたうえで、そのメンバーになることを望んでいる。いわば、議決権のな

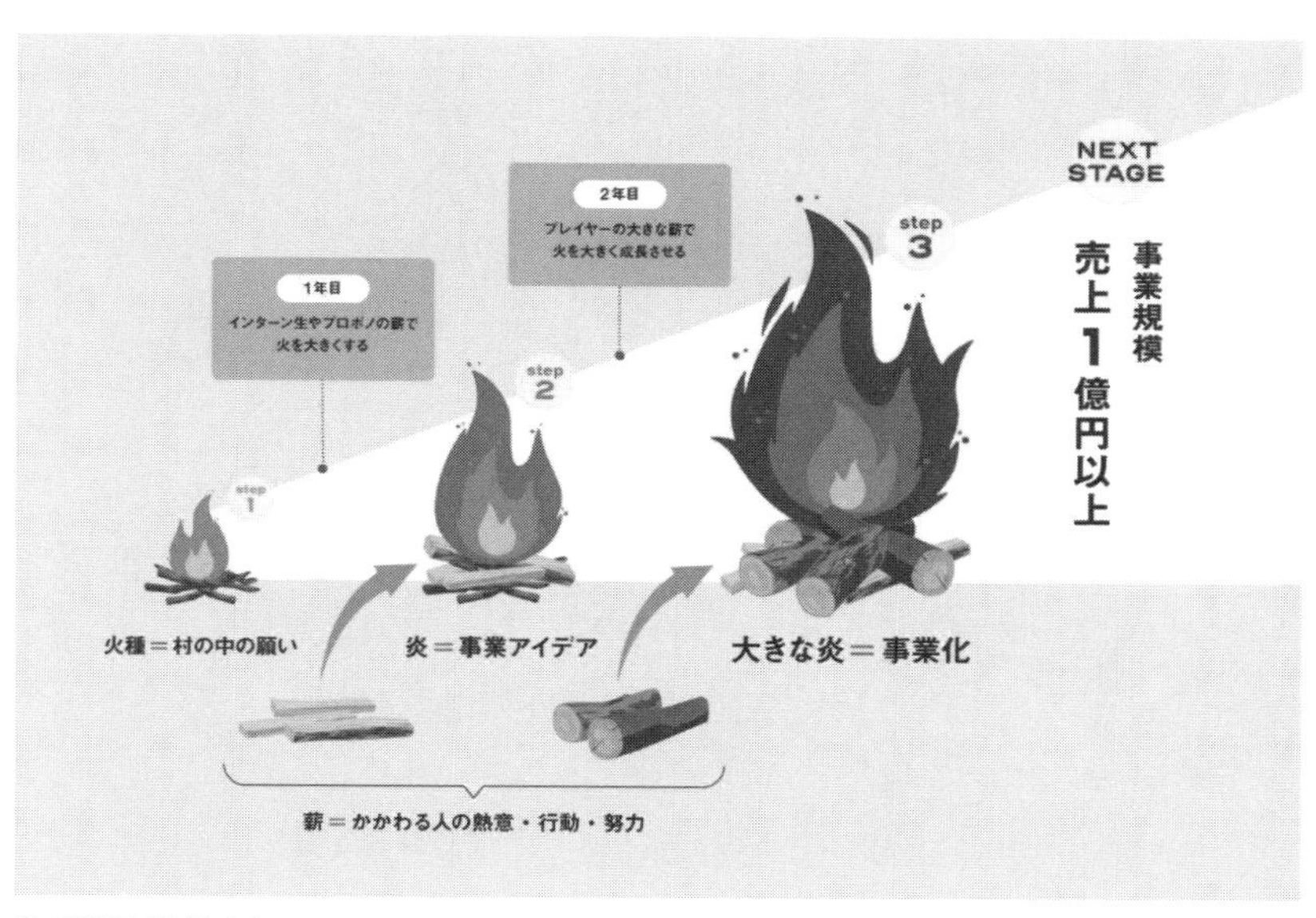

牧氏講演資料より

い優先株みたいな。そういった地域との特別な関わり方の仕組みがつくれないかと、考えているところです。

牧：そうですね、大事なことは、ここからどうするか。今はもう同じような取り組みをしている地域も増えていますし、レッドオーシャン化している面もある。そこそこ資本力があり、なおかつ地域のことを本当に一緒に考えてくれるような外部の企業を巻き込む時期に来ているように感じます。

◆ 外部資金を呼び込むための仕掛けづくり

古田：先ほど、ローカルベンチャーが増えても雇用が増えるには至っていないという話がありましたが、そもそもベンチャー企業に雇用まで担わせるのはどうなんでしょう。

牧：そこは地元でも、雇用は生まなくても元気にやってくれるだけでいいという認識がベースにあります。ただ、本音の願いとしては、やはりUターンで帰ってきてほしい、学校を出て普通に就職できる会社が地域にほしいという気持ちは強いですよね。

そういうこともあって、僕らは2021年の春から「TAKIBI（たきび）プログラム」というのを始めました。これはローカルベンチャースクールの後継事業で、外部から資本力のある会社を引っ張ってくるための仕掛けを兼ねた新事業創出プログラムです。

今までは外部からビジネスアイデアを持ち込んでもらって村で起業家を育てることをしてきましたが、今度は村のほうでテーマを用意し、そこを起点にいろいろな人たちを巻き込もうという企画です。事業テーマは村民の願いと結びつくものに限り、例えば「観光」などを設定して、何ができるか、どんなことがしたいかを2泊3日の合宿で話し合います。初期段階では地元の人を中心に回しつつ、関心のある人、一緒に取り組んでくれそうな外部の人の参加も徐々に増やしていく。そうやってたき火のように少しずつ、人の輪と事業のアイデアを大きくして、Uターンの受け入れ先にもなるような事業に育てていこうという取り組みです。

堀：例えば、観光事業を広げようというとき、地元発ではない企業が乗り込んできた場合に関係性が分断されるようなことはないでしょうか。

牧：その分野に通じた外部のベンチャーとも連携しないと、なかなか価値が生めないと思うんですよ。ただ、彼らが勝ち目があると思って西粟倉に進出するとすれば、それはここに森林を起点とする製造業の基盤があるからだと思います。

実際、村のGDPの推移を見ると、製造業の貢献がどんどん上がってきているのがわかります。百年の森林構想がベースにあり、木材加工や内装材などの素材生産と販売など、森からつながるモノづくりの流れができています。ただし、モノづくりだけで終わってしまうと、そこから先、付加価値が上がってきません。もう一段上に乗る事業をどうするか。たぶん製造業からサービス業への展開という流れで、地域の自然資源とも結びつく形でのサービス開発にステップアップできるんじゃないかと考えています。

そこに、森林ＧＩＳ（地理情報システム）をはじめとするデジタル基盤の生かし方も関係してくるでしょう。堀さんがさっき紹介してくれたように、森林ＧＩＳを使った実践的な仕組みづくりも西粟倉ではすでに進んでいます。

大切なことは、1次産業から3次産業への取り組みをちゃんと積み上げてきているというところかと思っています。何もないところに観光だけぽんと持ってこようという話ではなく、地域が積み上げてきた土台に新しい事業を上乗せしようとしている。その意味では、ある程度は地域側が強い立場にあるし、地域の主体性も保持できるのではないかと思っています。こういうレイヤーを時間をかけてつくらないまま、一気にサービス化するのは難しいんじゃないかと思います。

古田：すごく賛成です。地域側に事業のベースがあって、それに乗っかる部分を外から呼んでくる。このパターンであれば、地域のオーナーシップも保てそうですね。観光でよくあるケースが、土地だけ売ってしまってホテルが建って、その中だけで全部のサービスが完結しているので、地元はいっさい手が出せませんっていう。それとは全然違う。

牧：まさにそのために周到に準備してきた仕掛けが、ＴＡＫＩＢＩプログラムだと思っています。あの場をくぐって西粟倉に入る以上、そこでの議論をないがしろにすることはできません。役場も相応の補助金は出すけれど、外から来るベンチャーにもそれなりの自己負担を覚悟していただく。両者が資金を出し合うなかで、どれだけシナジーを生み出せるかが課題です。

◆挑戦するGP予備軍をつなぎとめる場所

堀：今回は牧さんから事前に、皆さんへの宿題というか相談が出されていました。1つは、生態系をコンテンツ化する方法。集客拠点を地域につくるにはどうしたらよいか。あるいは、ローカルベンチャーの面白い仕組みづくり。そして大企業との資本提携のあり方について。どんな道筋があるのか。古田さん、いかがでしょう？

古田：三豊の場合、「GATE」という寮のような宿泊施設をつくったんですが、地域にチャレンジする人たちを現地に留めておける場所を設けることが非常に重要でした。地域の内と外のメンバーをつなぐ場になるし、移住のきっかけにもなりやすい。三豊への移住者は去年1年間で300人ぐらいになっているんです。

ですから、いきなり宿泊事業を始めるんじゃなくて、寮みたいなところ。観光客向けの集客拠点というよりは、観光と地元をつなぐ役目を担う人たちのための集合拠点。これをつくっておくことが重要だと思います。

堀：前提条件として、地方創生の本格ステージに向けてGPと資金を引き寄せ、村民の所得向上につなげたいという狙いがあります。

古田：そのときにネックになるのは、圧倒的に人が足りないということですよね。僕らもそれで悩むことがたくさんあります。ですから余計に、ローカルベンチャーが集まる「スイミー」なり、地域に関わりたい人たちがやがて働き手へと育つ「いけす」なりといった場所、そういういろんな人々が集まる場をつくっておくことが重要だなと。それ自体がコンテンツにもなると、僕は思っています。

牧：そういうところに投資ができるだけの余力が持てるといいんですが。役場も動きにくいというか、よくわからないものが大事だけど、わからなさ過ぎるものには投資しにくいのが現実です。

古田：ローカルベンチャーがすでに50社あるんでしたら、1社50万円ずつでも出し合うというのはいかがですか。民家のリノベーションとかで、ちょっとした寮はできると思いますよ。慣れてきたら別に移ってもらうとして、最初のお試し的な居場所があるのはすごく重要だと思います。実は僕もGATEをつくる前は半信半疑だったんですが、蓋を開けたら入る人が結構いて、こういうクッション的な仕掛けが必要なんだなって後からわかりました。

◈ソーシャルインパクトで投資を引き出す

宮瀬：では藤沢さん、大きな投資を呼び込むために大企業と提携する、そんな可能性についてはどう思われますか。

藤沢：数年前まではなかったかもしれませんが、今なら可能性はあると私は思います。なぜかというと、1つはインパクト投資が世界的に動き始めているから。エーゼログループの事業がもたらすソーシャルインパクトをしっかりと指標化して、当社に投資することはそのインパクトに加わることですと明確に説明する。出資するのはお金だけでなく、人でもいいし、技術の供与でもよい。それらをエーゼログループが使うことで社会へのインパクトになることが説明できれば、出資者が自社のバランスシートに入れ込みやすくなるし、株価にもプラスに働く可能性が出て、1つの魅力になるんじゃないかと思うんです。

もう1つは、西粟倉の強みは森林だということ。エーゼログループが稼げるカーボンクレジットを明確に示すことによって、投資した企業がそのクレジットを得ることができる。それも大企業にとってうれしい話になるはずで、連携の糸口になると思います。

今までの投資のリターンとはまったく違うパターンですが、こういうことを丁寧に設計していくと、特にグローバル企業やファミリー系企業は乗ってきやすくなる。ファミリー系企業は50年先を考えたりしながら経営していますし、創業地への愛情が深いので自分たちもその地域に何か貢献したいと思ったりしている。エーゼログループへの投資を通じて、創業の地を創成するための何らかのナレッジを得られるとすれば、それも投資へのインセンティブになるのではないかと思います。

あと、議決権のない株を発行するとか、志株のようなまったく新しい株券をつくってみるとか。そんな方法もあるかもしれませんね。

竹本：確かにおっしゃるように、我々のところにも森林に絡む文脈で企業からの投資の話や、議決権なしの株券の話も結構くるようになりました。それに加えて、企業からの大型出資で基金をつくり、海外で運用した利回りを使って投資するみたいな話も聞かれるようになりました。

牧さんはこれまで10年以上も変わらずに、近代資本主義に代わる新しい流儀へのシフトというものをどうすれば実現できるのか、ずっと模索を続けてきましたよね。それをこのエーゼログループで体現するということを、僕はかなり可能性が上がってきているのではないかと思って見ています。

◆「森林」という強大な資産を生かす方法

堀：上山さんはいかがでしょう。例えば、西粟倉で「アルベルゴ・ディフーゾ」はできますか？

上山：できますね。ただ、アルベルゴ・ディフーゾというよりはオスピタリタ・ディフーザのほう。もうちょっと広域に展開するパターンの地域まるごとホテル化事業。

西粟倉の資産は森林ですよね。今のところ木材として利活用する以外のことはしていない。であれば、森全体をひっくるめてオスピタリタ・ディフーザの対象エリアと考えて、ツリーハウスのような宿泊施設をつくって広げていくのはどうですか。最初は何軒かでよいと思うんです。牧さんのところでもよいし、誰でもよいのですがオーナーを決める。それでオーナーシップを取った人に利回りが出るのが見えてきたところで、いくつかのエリアで分譲するとかして広げていけばよい。森だけでなく、村の古民家とかを含めてもよいですね。文字どおりの地域まるごとです。

要するに、森なり山なりに滞在して、その期間だけ「森の民」になるような。そんなコンセプトでやるって方法もあるんじゃないかと思います。なんやったら、僕が絡ましてもらって、ファンドつくるところから一緒にやりましょか?

牧：なんか、やれる気がしてきました（笑）。

堀：安部さんと一緒にスタディツアーをやる手もありそうです。

安部：可能性、大いにありますね。ただ、その手前の部分になりますけど、今日のお話を聞いていて思ったのは、地域の中で非常に限られたプレイヤーの奪い合いのような現象も起きているんじゃないかなと。その競争の激しいレッドオーシャンの中で、創業者マインドを持ってコミットしてくれる人をどれだけ確保できるかが課題ですよね。年間数億円規模の売上をたてたりして関与してくれるようなスペシャルなプレイヤー。

実は僕らの場合も、地域のオーナーシップを確保するとともに、スペシャルなプレイヤーを見つけてスペシャルに対応すべきだというのを、越後妻有での1つの方針にしてきた部分があります。そのために、ちゃんと目利きをしてプレイヤーを選ぶ。西粟倉にも何かそうした戦略性が必要ではないかなと思いました。

牧：皆さん、こんなに具体的に考えていただいて、本当にありがとうございます。インパクト投資やカーボンクレジットの話は確かにそのとおりで、役割分担としては、森林の管理を束ねている百森さんという会社のほうで走らせることになると思います。うちのほうは生物多様性。これをどう指標化して、ソーシャルインパクトにつないでいけるかが課題だと思いました。

藤沢：それはもう、牧さんが一番活躍できるところですよ、絶対に。

◆「藻場」に引き寄せ、事業に人材を補給する仕掛け

村上：地方創生を成功させる「型」のようなものをつくるとすれば、そこに至るまでのステップは3つに分けられるように思います。「暖気ステージ」「本格ステージ」「拡大ステージ」。今日はその本格段階から拡大期への過渡期においてどうするかのお話をたくさん伺うことができました。

それを踏まえて考えると、やはり本格ステージに入る手前ぐらいの段階で、その地域に構造的に人材を補給する仕組みをつくっておく必要があると思いました。そうでないと、アイデアと補助金と資金はあるのに、後に続く事業を担う人物が足りないという現象があちこちで発生してしまう。

古田：まさにそのとおりで、三豊の場合はたまたま地元の経営者によいメンバーがいたから補えたけど、その人たちがいなかったら人材不足がネックで投資ステージに進めなかったかもしれない。牧さんのケースでいうと、ローカルベンチャースクールを通じて「暖気ステージ」に入ってくる人たちはいる。だけど、課題はその次ですよね。

堀：そういう人材はもともと地域にいるものなんでしょうか。いない地域にはいないようにも思えますが。

古田：それぞれの地域に必ずいるはずだと僕は思うけど、その人たちが出てきやすい環境をつくれるかど

うかですよね。

安部：同感です。ややもすると、個々の事業の中心人物がそういう機会を削ってしまう場合もある。まだ「観客」でしかない人たちが集まる段階には事業性がないから。そこを削らせないようにしないと、その先に進めなくなってしまう。

加戸：人はいるんですよね、最初の段階に。その様子見をしている人たちをどうやって「磁石」で引き寄せるか。その要素を最初に仕込んでおかないと、後からやってもなかなか来てくれない。

古田：いきなり一緒に事業をやろうとしても、そこはなかなか難しい。だから僕らの場合は、ポーランドに視察に行ったりというところから始めています。

安部：「憧れ」みたいなもので引きつけられるといいですよね、最初は。そこから実務者に転換してもらうところは、また別の刺激を用意する。

古田：例えば、企業研修にしても研修だけで終わるんじゃなくて、その後も残ってもらえるような仕掛け。僕らも今、週に2、3件の視察ツアーを受け入れているんですが、「また来たいです」とか言われて、「じゃあ、1週間泊まってみたら？」ってGATEに案内して本当に滞在しに来るような人が、だいたい1ツアーに1人くらいはいるんです。「良質な観客」の創出というか、「藻場」に引き寄せるような方法はいろいろとあるように思いますね。

◈「地域の物語」を意識的に発信する

村上：そこでじわじわと効いてくるのが、やはり「発信」ではないかと思います。これをかなりの初期段階から戦略的に仕掛けておく。いざ人が欲しくなってからでは遅いので、そのタイムラグを半歩早めて縮めておくことが大事ですね。

宮瀬：実は牧さんは、その発信をエーゼロのオウンドメディアを使って続けていますよね。『Through Me』というメディアで、地域の人や出来事を丁寧に発信されています。

牧：PVとかは全然気にしてないんですけど、記事を見て連絡してくれる方は結構いますね。よい記事は時間が経ってもフックになるので、ちゃんとアーカイブしておくことが大切です。今でも「山田さんの羊」という人気コンテンツがあって、ロングテールでずっと読まれているんです。

暖気ステージではいろんなチャレンジを経験してきたんですが、偶然に行き当たりで起きたような出来事でも、それがどんなふうに未来につながるのかの意味づけをしておくために、このメディアを通じて丁寧に記録していく。誰かのチャレンジの物語があれば、その都度インタビューをして発信する。そういうことを意識的にやってきました。そうすると、僕たちのやっていることと、地域の人たちの目指すビジョンがつながりやすくなる。「行き当たり、ばったり」が、「行き当たり、ばっちり」になるという。

宮瀬：西粟倉の場合は、例えば「合併しなかった村」というキーワードで話題性もあって有名になりましたけど、そうではない地域が情報発信をして、見てもらうためにはどうしたらよいと思いますか。

安部：地域の側に、シンボリックな物語が必要です。外からそれを持ってくるのはまず不可能。例えば、僕らが関わる大地の芸術祭だと、イリヤ&エミリア・カバコフという旧ソ連出身のアーティストがつくった《カバコフの夢》という一連の作品群が、最初の入口だったんだと思います。豪雪地帯の厳しい農家の姿を描いた作品に、あの地域の物語が込められていたんです。

インスタ映えスポットのようなわかりやすいシンボルも大事なんだけど、オーナーシップを持てる物語が先に来ないと、地域の話になりづらい。ただ、大きなメディアで報道される必要は別になくて、そこを訪れた人に地域の人が語るのを起点に広がるような流れでよいと思う。それをある種の媒介者、インフルエンサーが広げられるような設計にしておくんです。

◆生産性を上げ、所得を高めるためのステップ

村上：そうやって人の流れが出来上がっていく中で、鍵となる事業を進めつつ、次の事業を担うリーダーと調整役の組み合わせをミルフィーユのように重ねていく。これが本格ステージです。では、最後の拡大ステージではどうなるか。鍵となる事業というのは結局、分配文化から投資文化へと変えるための手段であって、それだけでは地域経済は変わらない。最終的な目標はやはり、地域の人々の所得を上げる、そのために生産性の高いサービス業をきっちりつくるということです。

だとすれば、一体どうやって生産性の高い事業をつくるのか。今日の議論も踏まえて3つほどポイントを挙げてみたいと思います。

第一に、鍵となる事業を組み立てると同時に、デジタル基盤をつくるための投資を進めておく。例えば、前回の会議でお話ししたマイナンバーカードと観光集客のような形が考えられます。そうすると、鍵となる事業に周囲を巻き込んでいくプロセスがおそらく早く進み、追加的な投資も少なくて済む。デジタル基盤を使って生産性を上げるというのは、サービス業のコスト効率を上げて供給量を増やしていくことだと思うんです。そういうやり方も、パターンの1つとして考えられる。

そうした取り組みの波及効果で周囲のサービス業が次々と立ち上がる流れが見えてくれば、給料を引き上げたり雇用を増やしたりする構図もつくりやすくなる。牧さんが先ほど言われた、製造業の積み上げで土台をつくり、そこにサービス業を乗せていくというお話がまさにそれですね。

第二に、地域の強みであるアセットを上手に生かして資本を引き入れる。西粟倉では森の恵みがそのアセットです。カーボンクレジットで資本を呼び込もうとするなら、ここでもやはりデジタル基盤が効いてきます。例えば森林GISもその1つ。なぜなら、測れないものはクレジットにはならないから。

このようにして、ある段階で一挙に資本規模を広げていく。すると規模のメリットが生まれるので、結果として地域住民1人ひとりの生産性や所得も上がっていくという流れです。

第三に、前回もお話ししたように、貿易の論理を取り入れる。異なる価値同士の交換によって利益を生むという、経済の基本です。そうしないと生産性は上がらない。

その意味では、インバウンドを含めて観光業の強化に回帰しようという西粟倉の戦略は正しい判断のように思えます。少子化が進むと、東京圏まで含めて国内の消費市場は絶対に縮小していきます。国内でのモノ売りだけで儲けようという発想はなかなか通用しなくなるんです。

そうなると、高付加価値型のサービスに高い料金を払ってもらうか、あるいは海外に売ったり外国人に来てもらったりするか。その構図を、鍵となる事業とデジタル基盤からなる環境においてどう組み立てるのか。そうした経済戦略が問われることになるんだと思います。

◆ 地域経営における官民の立ち位置と役割

古田：行政のポジショニングも気になりますね。事業を広げて面で取り組む、デジタル基盤をつくるとなったとき、行政とは無縁に民間だけで取り組むのは難しい。ですが、行政の認識と民間のそれはスピード感も含めてなかなか合わないのではないか。そんな課題もあると思います。

村上：これはリディフェスで安部さんと対談させていただいた際に、安部さんがおっしゃっていたことなんですが、政治は限られたパイを配るのが得意であり、経済は伸びるパイを配るのが得意であると。高度経済成長期を中心に、これまでは市場というパイ全体が伸びてきたので、政治も経済もコンフリクトなくやってこられた。それが今、いよいよ国内市場が縮み始めている状況の中で、政治が何を解決し、経済が何を解決するのか、官民連携の形はどうなるのかが、改めて問われているというお話です。

安部：マーケットの課題をつくることが、次の行政の役割ではないでしょうか。これまでのマーケットの課題は、いかにして物質的な豊かさをつくるかであって、その豊かさが最終的な再配分につながるという話だったと思います。ところが、今は地域の中に課題がありすぎて、行政が税金だけでやろうにも賄いきれなくなってきた。となると、全体の課題を相対的に評価して、それぞれの重み付けと優先順位を決めるしかない。もしもマーケットがこれらの課題を解決してくれたら、これだけのコストが抑えられ、こういうメリットが得られると、行政と政治の側で評価をする。

その相対評価は、いわゆる陳情によって成立するものであってはならず、地域の中での合意形成を踏まえたものでなければならない。そのようにして正しく重み付けをされた課題が、マーケットの評価と連動する。つまり民間は、優先順位の高い、重みのある課題に対して解決に関わることで、より多くのインセンティブを得ることができる。行政の役割は、そうした民間企業からの貢献を引き出しやすくするような仕組みづくりや、課題のプライオリティ付けをやりきれるかどうか。僕はそう考えています。

古田：僕らが今、三豊でやろうとしているのはデータの連携です。例えば、コミュニティバスの運行ですが、必要な予算に対して運賃から得られる歳入は極端に少ない。超赤字だけど、予算を減らすわけにもいかない。一方で、介護医療にはその100倍もお金がかかる。高齢者は活動量が減れば減るほど要介護の認定率が上がり、1日平均1500歩多く歩けば1人当たりで年間3万5000円の医療費が削減できると言われています。こういったデータをつないで全体を見れば、コミュニティバスにはむしろ投資して運行数を増やし、高齢者の外出を促すほうが割に合うかもしれない。

デジタル基盤を整えることで、こういう因果関係がいろいろと見えてくる。それによってソーシャルインパクトを測り、どこに投資すべきかを行政が示せるなら、民間も入りやすくなります。そういう仕組みをつくる必要があると感じているところです。

村上：そうですね。暖気ステージから本格ステージまでは民間だけの力で進められるかもしれないけれど、そこから拡大ステージへ登るには民間と行政が連携し、同じ方向性を目指さないことには無理が出てくる。客観的な指標となるデータも両方で支える場所が必要で、それがあるからこそ投資の呼び込みも可能になる。

ただそのときに、データを分析できる人、ローカル版データサイエンティストのような人材が必要になるのでしょうね。

古田：経営的な目線を持って、ＫＰＩをモニタリングしたり優先順位を組み替えたりできる人材。これは行政の苦手とするところだと思うので、民間企業が入ってマネジメントスタイルを変革するっていうケースが、今後は増えていくんじゃないかと見ています。「地域を経営する」という感覚で。

◆ 生産力に満ちた地域社会を創るために

加戸：データもそうですけど、みんなが仲良くできる構図をどう示すかも大事です。気がついたらいつの間にかまとまっていた、そういう状態がいいですね。

上山：それには首長の役割も大きいんですよ。地方創生で実際に誰が動くかといえば、それはやはり市町村です。だから、市町村の首長が具体的にどうするかを示さないと、絶対に変わらない。外から入って地域で何かするときも、そこの首長がどんな考えで、どこまでエネルギーを注げるかを見るのは非常に重要だと思います。

それと、外から来た移民組が、地域社会を変えるために動いて人が増えていくのは望ましいことである反面、いきなり力技で押しても無用なコンフリクトを増やすだけで終わりかねない。地元の方々が受けとめられるような、納得感のある球を投げてあげないと話はまとまらない。それは議会も同じで、首長が変革に前向きな場合でも、反対勢力の人も一定の納得感が得られるようにしないといけないんです。

堀：西粟倉で出会った方々を見て思ったのは、何らかのプロフェッショナルというのは外から引っ張ってくるものだと思いがちですが、実はその地域の中にもいるんだということです。うなぎ職人も鹿肉のプロも地元の方でした。私たちが暮らす市民社会の1人ひとりが、必ず何らかのプロである。そこを丁寧に掘り起こしている地域というのは、やはり強い。この先駆者会議で訪れた地方創生の現場のすべてがそうでした。

藤沢：生産性という言葉から浮かぶ一般的なイメージは、投入する量は変えずにいかにしてアウトプットを大きくするか、ですよね。でも、堀さんが今おっしゃったお話から考えると、実はまだ投入されていない量が地域にある、それを活かすことによる生産性の向上もあり得るんじゃないかと。それを突き詰める必要があるし、それによってデジタル基盤の使い方も変わってくるのかなと思いました。

村上：最後に少しだけ付け加えておきますね。市町村が頑張る、民間が動く、では国は何をするのかと。1つはアクセラレーターの組織化ができないかと思っています。地域の内側にGPとエリアオーガナイザーがいて、外側にはアクセラレーターがいる。その連続性でチームを組むためにも、全国ベースで広域に活動できるアクセラレーター予備軍のような組織体が必要になるのではないかと考えています。

２つ目に、デジタル基盤をつくるときに活用できるオープンソース。これは国が廉価に提供すべきものだと思いますが、まずはマイナンバーカードを使ったソリューションをどこまでうまくつくれるか、これが１つの試金石になると思っています。

最後に、地方創生に取り組む地域が横でつながる機会をつくりたい。この会議で出たお話からわかるように、皆さん同じような悩みを抱えているんだと思います。せっかくの取り組みがエリアで分断されて孤立しないよう、何らかの場をつくることも国の役割だと思うのです。

牧氏講演資料より

第2章 地方創生先駆者モデル

「いま生まれつつある成功事例を『素晴らしいね、よかったね』で終わらせてはいけない。成功事例から、どの地域でも活用できるエッセンスを抽出して、成功の『型』のようなものを作っていきたい。自らが成功体験を持ち、他地域の事例を分析できる人たちと議論を重ねたら、成功の型が見えてくるのではと考えました。」こうして始まった先駆者会議。ここまで重ねてきた議論をもとに、以下の3つのステージで、「型」をまとめてみました。

①　**準備を整える（暖気ステージ）**

地方創生を始めるには、まず、地域における多様性を向上させることが重要です。慌てて移住を訴える必要はありません。さまざまな距離感で、なだらかに、色々な方の地域への関わりを増やしていくことが大切です。次の本格化ステージから始めることも可能ですが、その際にも、この暖気ステージの取り組みの要素をいかに組み込んでいくかが重要になります。

②　**最初に鍵となる事業を絞り込む（本格化ステージ）**

本格的に始めるステージでは、色々なアクセルの踏み方があるとは思いますが、鍵となる事業を絞り込むこと。それを支えるデジタル基盤を導入することをお勧めしています。この段階では、デジタル田園都市国家構想推進交付金（デジタル実装タイプ）のTYPE2/3を活用することもお勧めです。鍵は、絞り込んだテーマでしっかりとした事業を立ち上げ、そこにどれだけ地元の事業者や市民を巻き込めるかです。くれぐれも、一過性の技術実証に終わらないよう、地元を巻き込んだ事業として継続していく取り組みにしなければなりません。

③ 拡大期に重要なことを考える（拡大ステージ）

鍵となる事業の立ち上げに目処が立ったら、間髪おかずに、デジタル基盤を共用しながら、関連する事業の立ち上げを行っていきます。色々なパターンが考えられると思いますが、最終的には、エリア外にいるさまざまな専門家を巻き込み、地元の方が担うものも含め、さまざまな新規事業が次から次へと立ち上がっていく、スタートアップエコシステム作りを目指していくこととなります。そこと、ファイナンスの市場を結びつけるのが、取り組みのゴールです。

さて、こうした取り組みを始めていくにあたっては、まずは目的意識をしっかり持つことが大切です。本章では、まず、その話をさせていただいた上で、順に、3ステージの取り組みのポイントを見ていきたいと思います。

1．目的意識をしっかり持つ

(1) さまざまな事業者や市民の考えを横断して、共通の目標を持つこと

「地域の活性化」とよく言います。しかし、具体的に何を活性化するのが地域活性化なのか。落ち着いて考えてみると、よくわかりません。そうやって振り返ってみると、確かにあいまいな言葉です。では何故、曖昧な言葉でよかったのか。それはおそらく、色々な分野、色々な立場の方が、補助金事業を立ち上げる大義名分とするのは、曖昧なままの方が使いやすかったからでしょう。

図表2・1　地方創生先駆者モデル

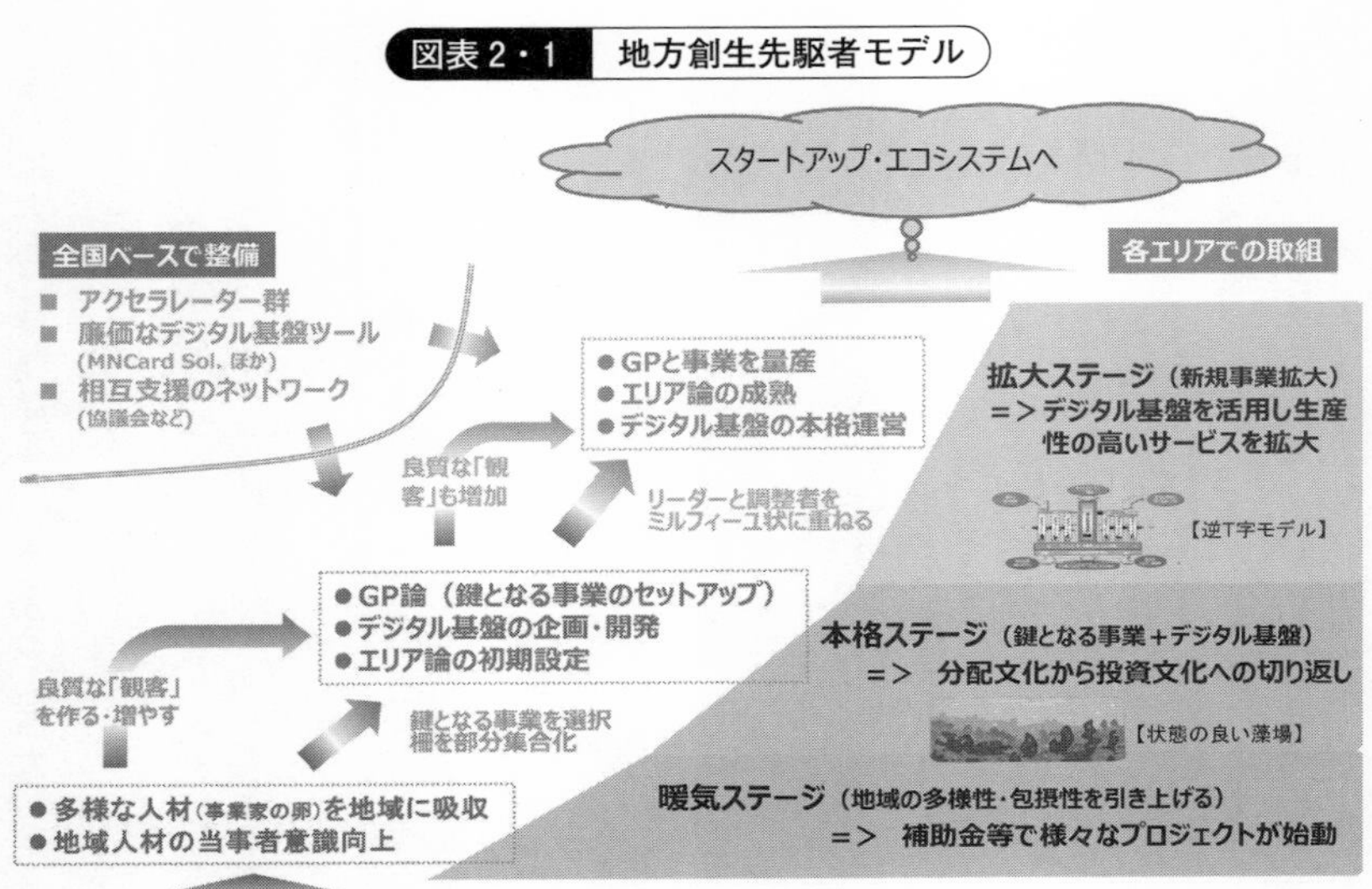

村上氏講演資料より

確かに、定義が明確で幅が狭いと、自分のやりたい事業の大義名分にならなくなってしまいます。しかし、地方創生も、本格段階に入ったら、そうもいっていられせん。個々にバラバラの取り組みを許容していたら、ちぐはぐなまま、いつまでたっても実証を繰り返すことになってしまいます。次にいう、「山頂無き山登り」のような状態になりかねません。

色々な分野で、思い思いの実証をするだけなら、明確な山頂はない方が、便利かもしれません。しかし、それで嬉しいのは、実証事業の予算を獲得出来た人だけです。そこからは、地元の生活に結びつく成果や変化は、なかなか生まれないでしょう。ぜひ、複数分野のさまざまな事業が、1つの目的（＝山頂）を目指して進み、本当に暮らしを変えていくように、取り組みを進めていきたいものです。

始め方はどの分野からでも構いません。例

図表２・２　デジタル田園都市は、「まちづくり」という１つの山登り

■ **まちづくりには、ビジョンが必要**。そのビジョンが共有できないと、様々な登山口から、登りかけては降り、登りかけては降り、なかなか共同・共創作業（共助）が生まれない。

■ 我が国には、遠隔医療、遠隔教育、自動走行、いずれをとっても素晴らしい要素技術（いわば登山靴）が既にある。しかし、多くの場合、実証事業を繰り返すばかりで、その「靴」を作ってどの山頂に登ろうとしているのか、そこが定まらない、**「山頂無き、山登り状態。」**。

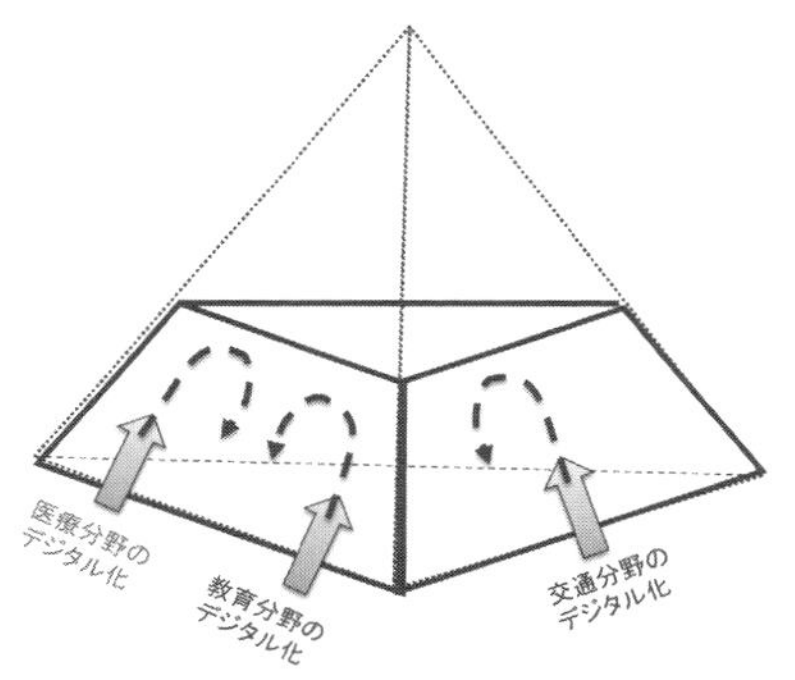

■ 登山口は、教育、医療、交通、行政などいずれでも構わない。その要素技術も既にある。先ずはいずれかを試してみることが重要（交付金Type1）。

■ 次の課題は、開発された技術を、実証ではなく、暮らしに実装していくこと。暮らし全体をカバーするようにつなげること

■ 現状は、いわばフラットトップマウンテン。

村上氏講演資料より

えば、「①地域の高齢者に協力していただいて新しい社会教育の試みを始める」→「②その現場に行くための交通手段を用意する」→「③その交通手段が地域の医療ケアにも使われる」といったように、結果的に、相互の事業が絡み合って、地元の事業に根付くように発展していくことが大切です。そのためには、何から取り組むか以上に、ともに取り組む事業の間で、目指すビジョンやゴールを共有している、少なくとも、そういう実感があることが必要だと思います。

(2) 共有すべきゴールとは

では、その共有すべきゴールとは何でしょうか。一般論に近いモデルですが、一案、整理してみましょう。

政府はこれまで、「地方創生」を提唱し、さまざまな取り組みを進めてきました。「地方創生」の場合、人口の都市部への一極集中を最も大きな命題としてきました。都心部への流出を止め、地

図表2・3　山は、山頂が見えてこそ、上りたくなる

- **山は、山頂の頂が見えるからこそ、登りたいと思うもの。**それぞれの地域の事情に即した、暮らして楽しく、働いてやりがいがあるまちづくりこそが、デジタル田園都市の核を支える。
- そのためには、ツール指向ではなく、**目指すべき山頂を共有すること。**その実現に向けて、デジタルを活用した様々なサービスがしっかりと連携できる、廉価で堅牢な「データ連携基盤」の整備が必要。

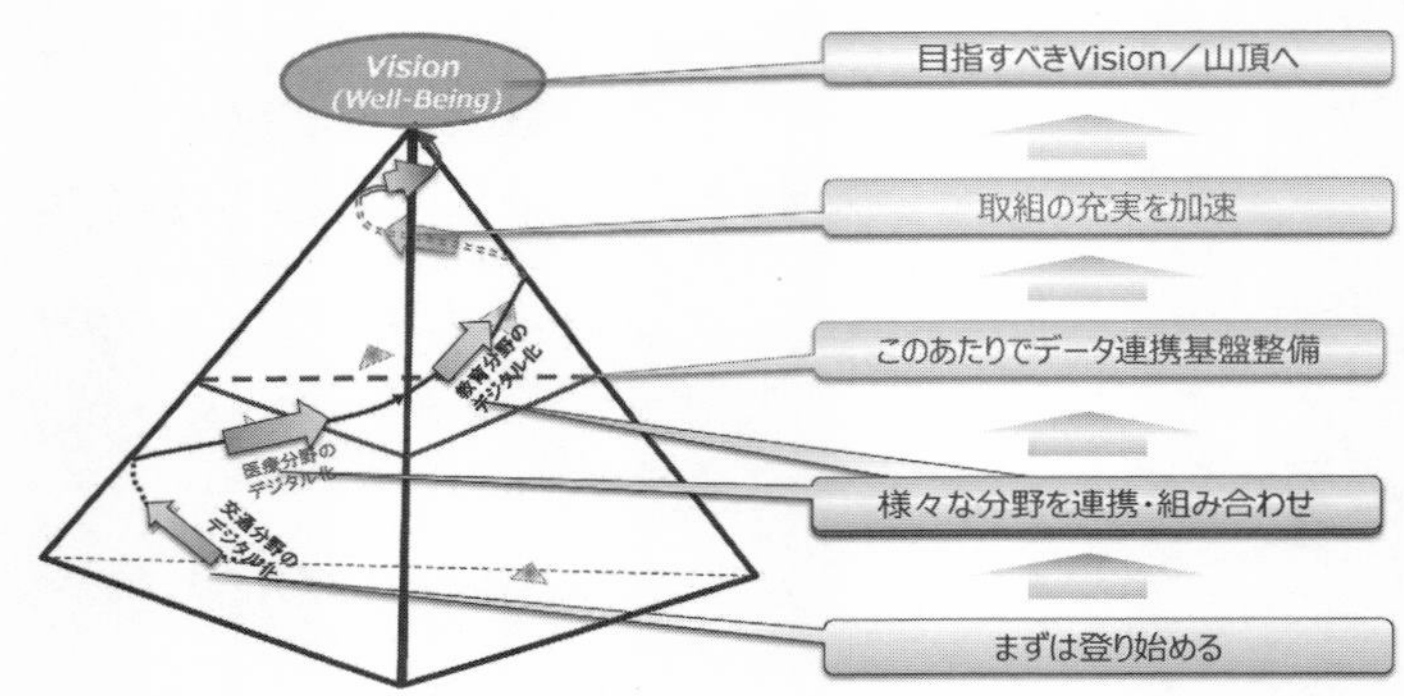

村上氏講演資料より

方に若者が集い、次の世代を生む日本を作る。政府のいう地方創生は、それが狙いです。

雪国における雪かきや雪下ろしが典型ですが、このまま若い世代が地方からいなくなれば、暮らせなくなるエリアはますます増えていきます。若者の力は必ず必要です。しかし、暮らしや収入の格差は、都市部流出への悪循環に拍車をかけるでしょう。豊かな自然と環境を活かし、都会とは別の意味で同じ水準の魅力を湛えた暮らしの環境を実現すること。それによって、今の暮らしを引き継ぐ若い世代が集う地域を作ることが必要です。そして、その動きをデジタルによって加速する使命を帯びたのが、今、政府が取り組みを進めている、デジタル田園都市国家構想です。

その実現に、最初に不可欠となるのは、当たり前ですが、「しごと」です。都市部から若者を惹きつけるような仕事がない限り、移住窓口を整備しても、子育てしやすい環境を作っても、地域の暮らしを引き継ぐ次の世代は育ちません。しかし、

図表2・4　生産性を語る①：労働生産性の伸び悩み

- 高度成長期は、生産性の高い製造業セクターへの労働人口の移動が労働生産性を引上げ。しかし、人口減少局面が予想される局面に入り、2000年前後以降、製造業は伸び悩み。それとともに、労働生産性も頭打ちに。
- 教育、医療、労務管理、市民サービス、様々な生活サービスが、良質・均質な労働力を求める製造業にフィット。**サービス業の生産性停滞を打ち破る、社会経済構造の変革が必要か。**

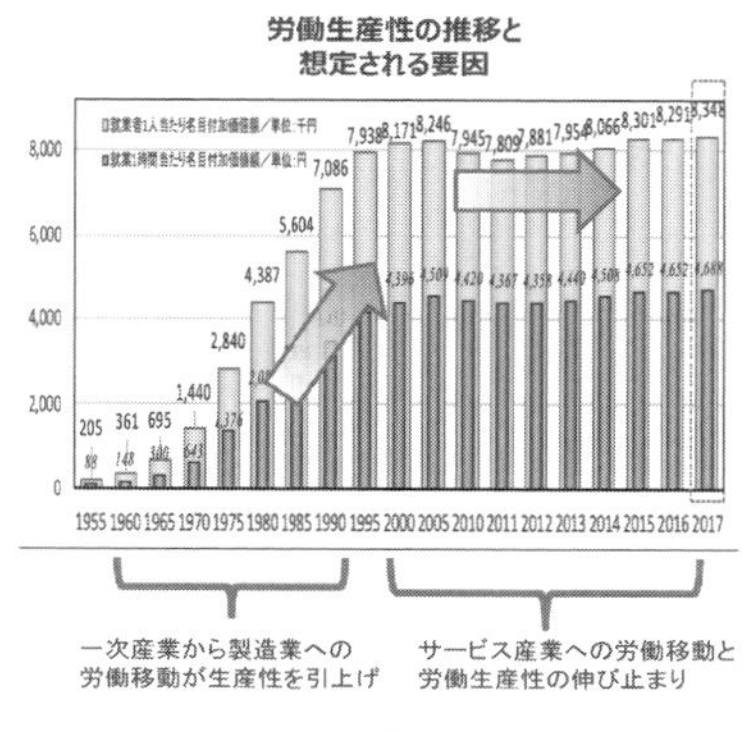

国内における製造業の
生産額の推移

200
160
120
80
40
0
アメリカ 183.1
中国 179.4
日本 104.5
ドイツ 76.7
韓国 23.1
昭和45年　50年　55年　60年　平成2年　7年　12年　17年　20年
—日本　—アメリカ　—ドイツ　—中国　—韓国

資料出所：National Accounts Main Aggregates Database（United Nations Statistics Division）
※平成22年8月時点

成長のエンジン　→　国内は停滞

村上氏講演資料より

ここが大事なところですが、今の地域に残された仕事の多くは、労働生産性の低い仕事なんです。

何故それが問題なのか、見ていきましょう。ちょっと、経済一般論になりますが、大事なところなのでお許し下さい。

労働生産性とは、働く1人当たりの利益（正確には付加価値）です。何故生産性が大事かというと、生産性があがらなければ、従業員の給料も上げられないからです。例えば、売上が3倍になっても、従業員も3倍にしてしまったら、従業員の給与は上げられません。給与をあげるためには、1人当たりの利益を上げる必要があります。

図表2・4は、日本の労働生産性の長期的推移を示した図表です。2000年前後以降、全く伸びなくなっています。その右の図にあるとおり、これは、製造業の国内生産額が伸び止まる時期と、概ね一致します。

図表2・5　業種別生産性

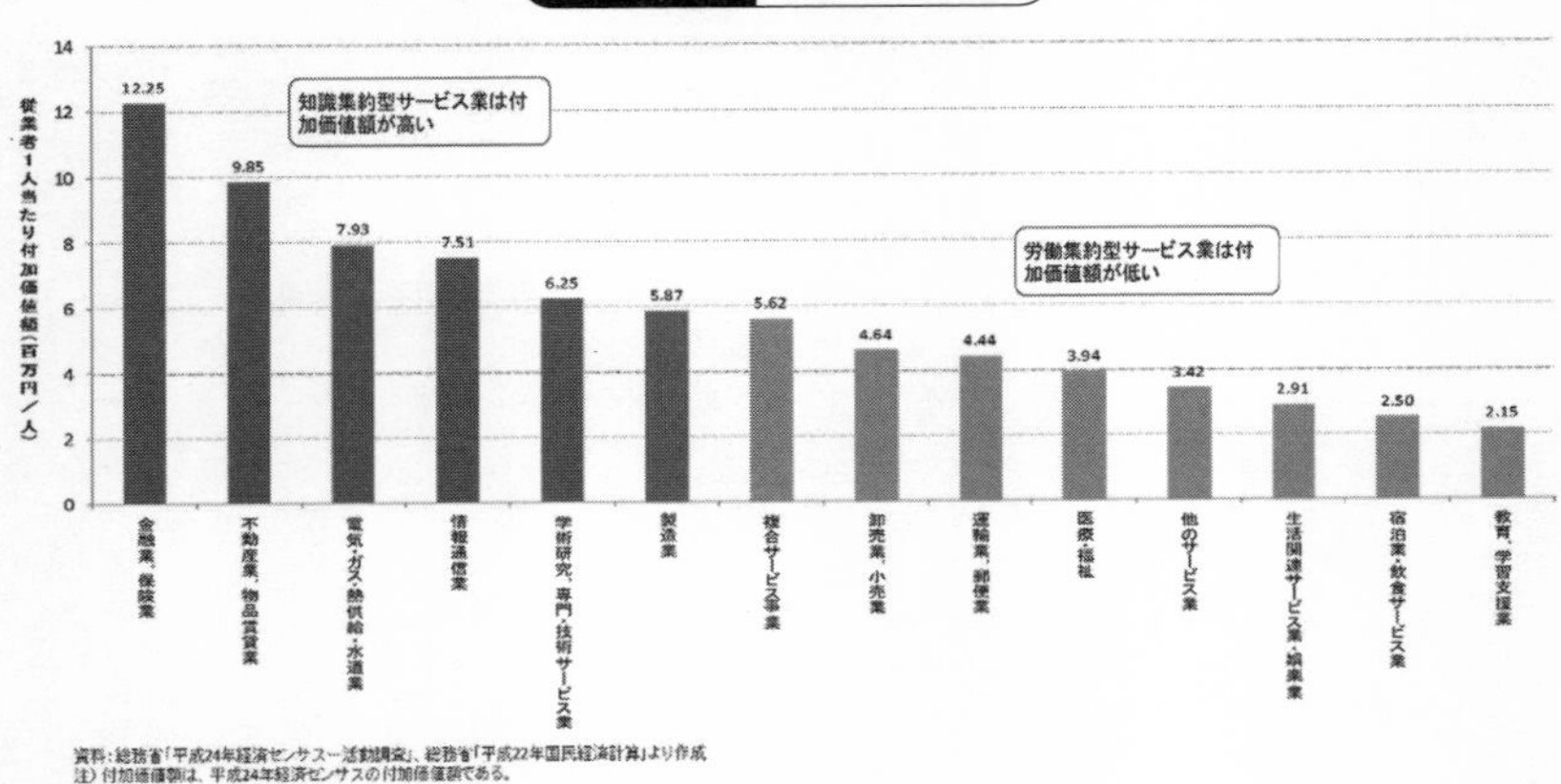

村上氏講演資料より

今でも、製造業依存率が高いエリアは、エリア内の生産性も実質賃金水準も高い傾向があります。製造業だけではありませんが、地域に生産性の高い業種がなければ、その地域の給与水準も引き上げられないのです。

図表2・5を見てください。業種別生産性を整理してみたものですが、製造業はちょうど真ん中。その左に、都会型のサービス業。その右に、地域に多い、くらし密着型のサービス業が並んでいます。

これを合わせてみると、どんなことがわかるのでしょうか。

昭和の高度成長期は、生産性が低かった一次産業（今、低いとは限りません）からの雇用流出を、より生産性の高い、高度成長中の製造業が吸収していきました。生産性の低いセクターから高いセクターに労働人口が移動するわけですから、その地域も日本全体も、労働生産性が、そして給与水準が、自動的に上がっていったのです。

しかし、製造業の国内生産高が伸び止まり、その追加的な雇用吸収力が弱まった結果、給与が上がるのは、製造業よりも生産性の高い、都会型サービス業に就職できた方だけとなってしまいました。そして、製造業に吸収されなくなった多くの雇用は、製造業よりも生産性の低いサービス業へと大量に流れ出ていくこととなったのです。その結果、都会に出て一部の大企業に入れた人材以外は、全体の生産性も給与水準も上がらないという現実に晒されることになりました。これが現在の、日本経済の立ち位置です。特に、こうしたサービス業への雇用依存度が高い地域においてその傾向は顕著です。ですから、地域の経済を立て直そうと思ったら、何を差し置いても、この生産性の低いサービス業の生産性の立て直しを考えなくてはなりません。

(3) 何故デジタルが必要になるのか

ここで、地方創生の取り組みには、必ずデジタルが必要になる、そういう議論を紹介したいと思います。少ないいきなりですが、サービス業が利益を上げるには、サービス対象エリアの需要密度が重要です。少ないサービス人材で利益を上げるには、顧客がたくさんいるところで事業をするのが、観光宿泊、飲食、教育などの種別を問わず、一番有効だからです。しかし、地方では、人口は減り始めています。サービス業にとっては逆境でしかありません。それは次の需給のイニチアチブの逆転問題に、顕著に表れてきます。**図表2・6**は、供給側の事情に需要が合わせてきた産業が、これからは、やり方を180度変えて、積極的に供給側が需要側の事情に合わせるようになることを、示しています。

少し例を出して考えてみます。人口が減っても需要がいきなりなくなるわけではありません。しかし、交通でいえば、ドライバーさんが高齢化し、数も限られてくれば、夜の公共交通は弱くなります。たとえば夜9時に実家の最寄駅に到着した人はどうすればよいか。路線バスはない。夜だとタクシーもなかなか来てくれない。そういう地域では、免許返上した高齢者が病院に行く足に困るのはもちろん、子どもたち

図表2・6　人口減少に伴い、供給が需要に合わせる経済へ

- 人口増加局面では。バス停に来るバスを待つなど、需要が供給に合わせる。しかし、人口減少局面では、バスが顧客の都合に合わせて動くなど、供給が需要に合わせることになる。
- その実現には、需給をリアルタイムで把握し、供給側の意思の確認を待たずに先にものやサービスを動かす、デジタル基盤が必ず必要となる。

	人口増加局面（国内消費拡大局面） 需要が供給に合わせる経済		人口減少局面（国内消費縮小局面） 供給が需要に合わせる経済
交通	乗客がバス停で時刻表のバスを待つ	⇒	迎えの車が乗客の都合に合わせる
労働	雇用先の就業ルールに従業員が合わせる		従業員の暮らしに就業ルールが合わせる
買い物	消費者が売っている店まで買いに行く		商品が消費者の家に届けられる
教育	特定の学校・カリキュラムに生徒が集まる		生徒の側が学校・カリキュラムを選ぶ
医療	特定の医療機関とかかりつけ医に通う		患者が医療機関と医師を選ぶ
物流	供給者側の指示で物流が動く		重要動向に合わせ自動的に物が動く
行政サービス	市役所に行って、手続きを申請する		通知を受け取り、手続きが自動的に行われる
	● 人口も市場も増えるなら、供給からバリエーションを増やして、積極的に需給を調整できる。 （バスの本数が増える局面なら、調整のしようもある。） → 供給が需要に働きかけ、需要がそれに合わせる		● 人口も市場も減る局面では、供給はバリエーションを削るしかなく、重要のバリエーションにあわせようがない。 （バスの本数が減る局面では、需要にあわせようがない。） → 需要が供給に働きかけ、供給がそれに合わせる

村上氏講演資料より

が海岸のゴミ拾いをしながら生態系を観察する、といった多様な教育を実践しようにも、海岸まで行く手段がないことがネックになってしまいます。こうして、徐々に、地域の人々の行動範囲は狭められていくことになるでしょう。

不思議なのはここからです。このように、満たされない需要が依然として残っているのに、現地のバス会社もタクシー会社も経営が苦しい。これが現実です。超過需要があるのに供給側が全員苦しむという奇妙な現象が生まれています。これは、経済学の初歩の教科書が教えることと、少し違って聞こえるのではないでしょうか。

実は、この謎解きの鍵も、人口減少が握っています。

人口が増えているときは、運行本数やルートを増やすことで需要側のリクエストにあわせることができました。しかし、今はバスの台数もドライバーの人数も増やせない。そんな中で多様化するニーズに限られた供給側が合わせることは困難で

図表2・7　共助のビジネスモデルの必要性

- 市場の拡大期には、各事業者がバラバラにデジタル投資を行っても、ある程度投資を回収できるので、各事業者が、個別にどんどん投資を進める。
- 市場の縮小期には、各事業者がバラバラにデジタル投資を行っても、全員が投資を回収できない恐れがある。しかし、市民全員が使う道路やファイバーなら良くても、特定多数の事業者が使うデータ連携基盤などには、公的部門は支援を入れにくい。必要な基盤への投資を進めるには、共用できるものは共同で投資することが必要になる。

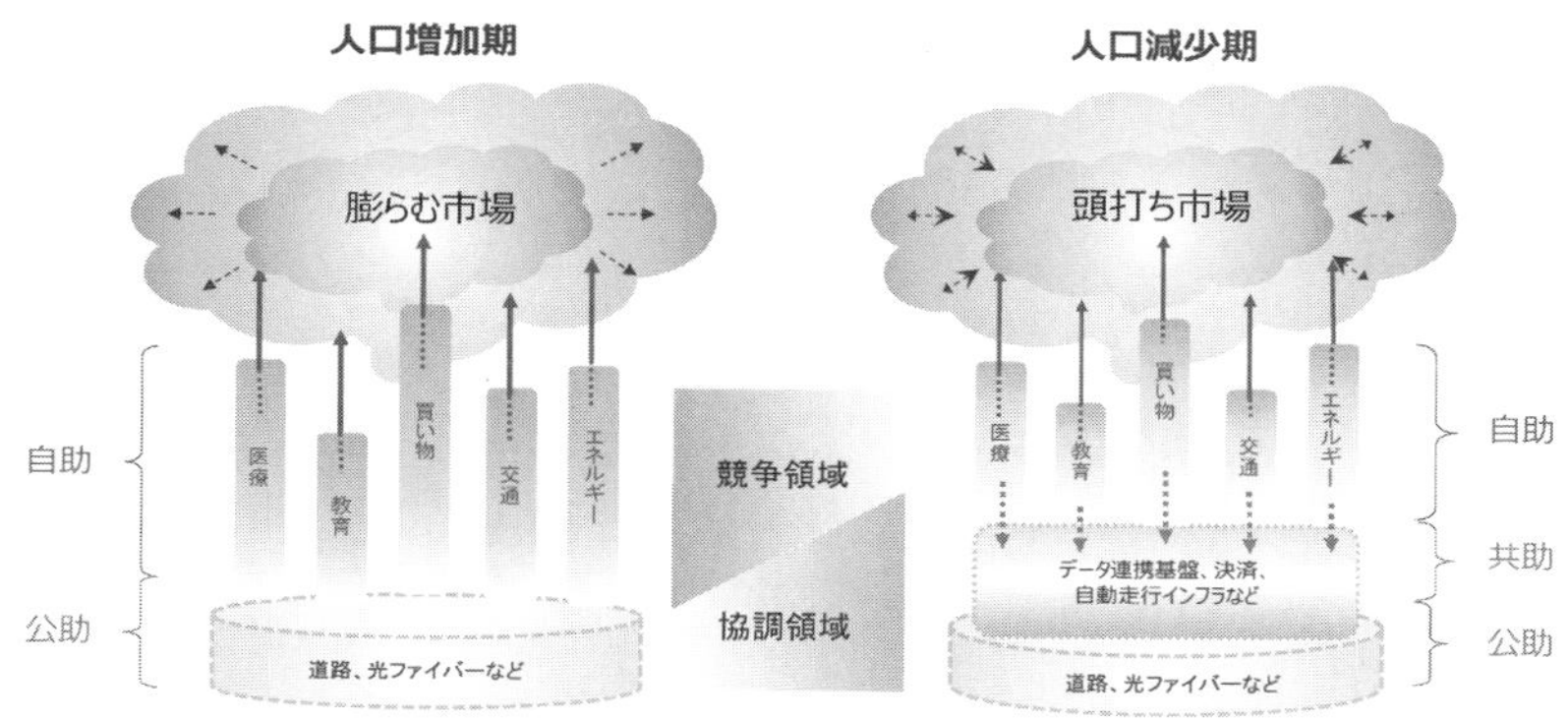

村上氏講演資料より

す。限られたドライバーや車両、限られた教員や医者、限られた店員で、密度が薄まり散逸化する需要に答えていくのは難しい。これに応えるには、需要側の動向を正確に把握し、供給側の限られたリソースを効率よく当てていく以外、方法がありません。

実は、この時点で必ず、需要側のデータを供給側と共有するデジタル基盤が不可欠になります。それ以外に供給側の生産性を上げながら需要を満たす方法がないからです。デジタル基盤は、これから必ず必要になる。それと同時に、重要となるのが、「共助」のモデルです。デジタル基盤と、共助、どういうことか。

例えば、需要データを捕捉するためのデジタル基盤を例にとりましょう。確かに、今後は、リアルタイムで交通需要のデータを押さえることが重要です。しかしそのためのシステム投資を、地元のタクシー会社、バス会社などが個社単独でしても、誰もその投資を回収できません。だから誰も

図表2・8　モビリティと需要の同時創出（富山県朝日町）

- 携帯から予約ができる、市民のマイカーを効率的に活用した地域交通サービスを整備。
  同時に、その需要として、地域のシニアと子供たちが教えあう（共教育）事業を鍵となる事業として開始。
- さらに、健康促進サービスなどに新たな移動需要を拡大。ポイント付与によってさらに高齢者に外出を促すなどの工夫も組み合わせ、モビリティと需要の好循環を生み出す。（富山県　朝日町など）

村上氏講演資料より

投資しない。その結果、デジタルを生かしたサービスも生まれないのです。

今は、共助と自助の共倒れ。地域は、今完全に、この悪循環にはまっています。やれば出来ることが分かっているサービスが実現できない。これが、「デジタル敗戦」の正体です。

人口増加時代は、インフラを担う「公助」だけを支援すれば、人口と市場が拡大する中で、あとは各社の投資が機能しました。だから、「公助」と「自助」だけで経済循環を元気に維持できました。しかし、人口減少とライフスタイルの多様化が同時に進む現在は、需要動向を把握するためのデジタル投資を、需要が減る見通しの市場の中で単独で行っても、誰もその投資を回収できません。そうすると、その投資を、関係者が効率よく共同で行う必要が出てくる。すなわち、「自助」と「公助」の間に「共助」のレイヤーを挟まないと経済が回らない可能性が高いのです。

こうしたデジタル基盤を、需要データを補足するためのデータ連携基盤を例に説明しましたが、自動走行車両などデジタルを活用した新たな公共交通サービス、地域通貨などのキャッシュレス決済基盤、それを活用した地域での観光周遊戦略の企画・実行（いわゆるＤＭＯ）や、地域の生産者のための販路開拓を進める地域商社なども、この共助のレイヤーに属する取り組みとなります。そこには、いろいろなソーシャルベンチャーの形も考えられるでしょう。

例えば、富山県の朝日町では、地元の高齢者が積極的に、こども達に自然体験や郷土料理などを教え、子供が代わりに携帯の使い方を教える共教育プログラム、「みんまなび」を企画しました。しかし、ただ木工教室を開催するだけでは、教えてくれる製材業の高齢者の現場まで、こども達が通う手段がありません。そのとき同時に始まったのが、マイカー乗り合いサービス、ノッカルです。ノッカルは、地元のタクシー会社の運行協力を得て始まりました。そして一度サービスがスタートしてみると、共教育だけでなく、健康促進サービスに通う場合にも使える。では次は、高校生の子育て支援にどうか、ということで、需要と供給の好循環が生まれ始めています。しかも驚いたことに、結果として、既存のタクシー需要をほぼ傷つけていないのだそうです。

共助と自助の好循環、それを支える公助の役割、ある意味、新しい官民連携の形と言うことかもしれません。これが目指すべきゴールにあるとして、では、何をどこから始めればよいのか、改めて、暖気ステージ、本格化ステージ、拡大ステージの三段階モデルで、取り組みの仮説をみてみましょう。

2. 準備を整える（暖気ステージ）

(1) 何故多様性／包摂性が重要か

「地方創生」の取り組みが始まり約8年。地方創生推進交付金の貢献だけではありませんが、地域において、何か新しいことを始めようとする取り組み（仮にチャレンジプロジェクト群と呼びましょう）は、だいぶ増えてきました。また、そうした活動を支援しようとする都市部の企業からの支援も、企業版ふるさと納税がそうであるように、着実に増えています。しかし、課題も残っています。

第一に、プロジェクトを立ち上げられるようになったのはよいのですが、プロジェクトを始める前に、担う人材を集められているか。というところが課題です。実は、ここが不十分なため、折角プロジェクトを立ち上げたのに、気がついてみたら、そのプロジェクトは結局ほとんど、都市部の人がやっているというケースも少なくないようです。

第二に、プロジェクトが終わった後も課題です。というのも、せっかくよいプロジェクトを立ち上げ成果を上げても、それを持続可能な事業へと立ち上げていくノウハウがないのです。地元の事業者が自分の事業として引き受けるには、中身が従来の事業とずれすぎています。このため、事業化が出来ません。

こうした事情から、地域では、往々にして似たような補助金プロジェクトが繰り返され、なかなか、地元で展開される実際の事業としては根付きません。実証プロジェクトを量産して終わってしまいます。

こうした状態を変えるために大切な取組ポイントを、3つに絞って取り上げてみます。

第一に、一見迂遠ですが、この問題を解決するためには、地域における多様性の向上を図っておくこと

図表2・9　現状をどう見るか

■ プロジェクトは多数組成されている。補助制度も充実。ふるさと納税（法人・個人）も活発。
■ しかし、事前（担う人を集める）／事後（プロジェクトを事業化する）の動きが圧倒的に弱い
➢ 人の流れが出来ていない状態で、補助事業が組成される => 「東京の事業者」が持って行く
➢ 事業化を支える仕組みがない。外からの投資を受け入れない => 補助事業が繰り返される

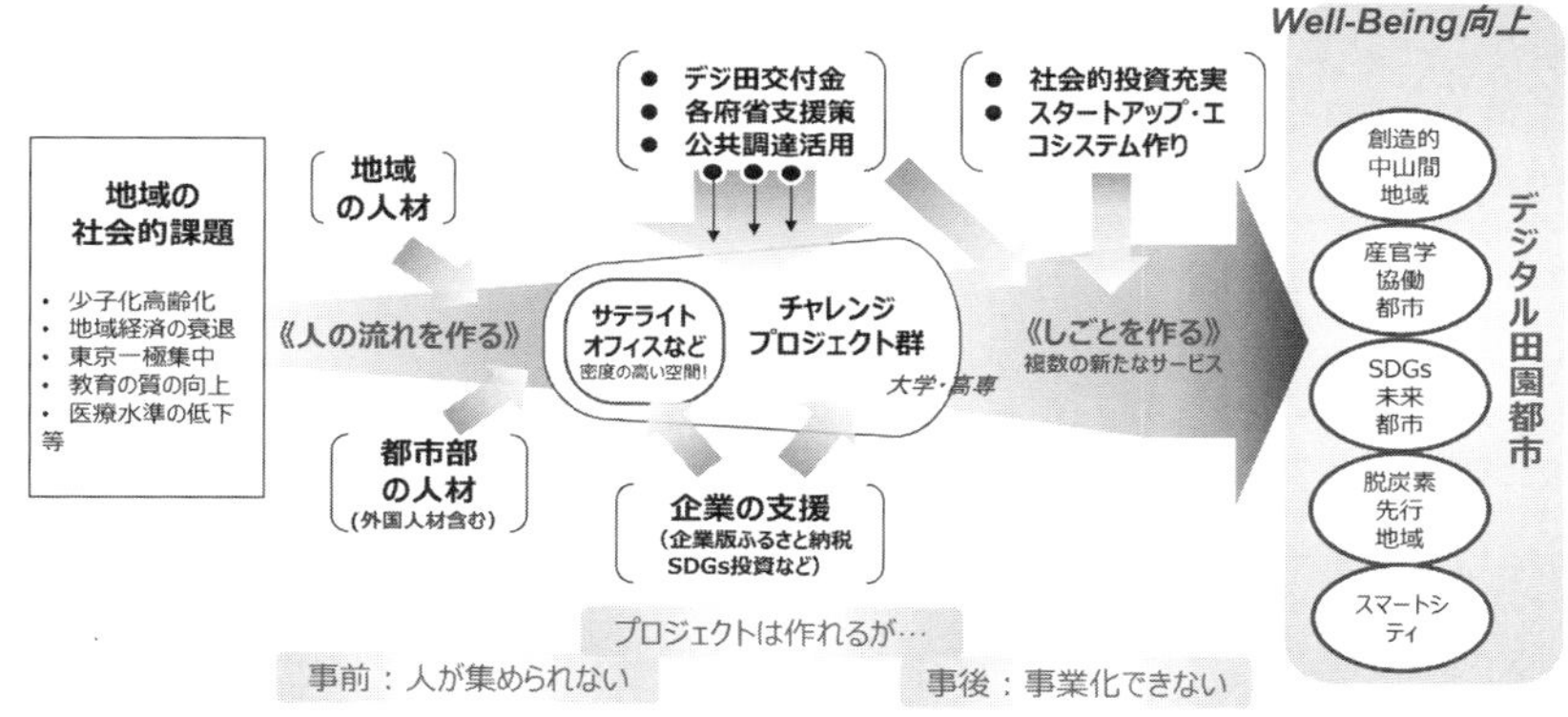

村上氏講演資料より

が必要です。地域にいる人材だけでは、必要な新しい取り組みは実行するノウハウが足りません。しかし、ある日突然集めろと言っても、伝手もなく難しい。普段から少しずつ、色々な能力ややる気を持った方々に来てもらう。やってみればわかりますが、事業を担うポテンシャルの人が域内に全くいない状態では、せっかく補助金が取れて、何を始めても、全て外部の人頼みになってしまいます。始めるときに、一部でも1人でもよいから、地元側に関与できる人材がいると、プロジェクトの様子は大分変わってきます。同時に、こうした多様な方々がたくさん域内外を自由に出入りするようになると、いわゆる地元の柵も部分集合化することが出来ます。そうすると、何か新しいことを始めようと思ったときに、賛成派と反対派が正面から向き合って膠着する構図からも離れやすくなるでしょう。

では、新たなプロジェクトが決まらないうち

から、どうやって多様な人材を集めるのか、後ほど、お話しします。

第二に、地域に根強く残る補助金分配文化と戦う必要があります。地域のお金に対する思いは複雑なところがあります。お金が多くなくても豊かな生活できる。そんな自信もあるからか、比較的自分自身の収入を上げることに、あえてこだわりをすてているところもあります。ですがやはり、お金のことは気になる。特に自分よりも、自分の周囲のお金の分配については、非常に厳しい見立てをいただきます。都心部だと見えない、誰がどこでいくら手にしているのか、という状況が、地域だと全て見えてしまうので、どうしても気になってしまう、そういうこともあるでしょう。

その結果、自治体に支援財源が出来ると、多くの方々の関心は、その補助金事業が何を生み出すかより、どのセクターにどのように分配され、各セクターの中で更にどう公平に分配されるかに向かいがちとなります。しかし、いくら補助金があっても、正直お金を配っているだけでは、新しい事業や継続的な雇用は生まれません。選ぶべき戦略を絞り込み、責任を持たせた特定の事業者や事業体制に、数年にわたって集中的に投資をしていく必要があります。しかし、公平な分配に強みを発揮してきた地方の仕組みにとって、「選択と集中」は、どちらかと言えば苦手科目なのです。

第三に、地方創生を実現していくためには、必ず、異なる分野間の連携が必要になるということです。これら食だけでもダメ、医療だけでもダメ、健康だけでもダメ、教育だけでもダメ、交通だけでもダメ。これらを担う事業が、互いに関連する形で複数立ち上がっていくことが最終的には必要になります。健康事業だけやっていても、そこに通う手段があるのか、健康運動をしていても、ちゃんと食は健康なのか、健康一つとっても、さまざまな分野の取り組みがあってはじめて、アウトカムに繋がります。そのためには、さまざまなバックグランウドを持った人間が集まってくることが必要です。

図表2・10　都市空間からの変革（包摂性空間）

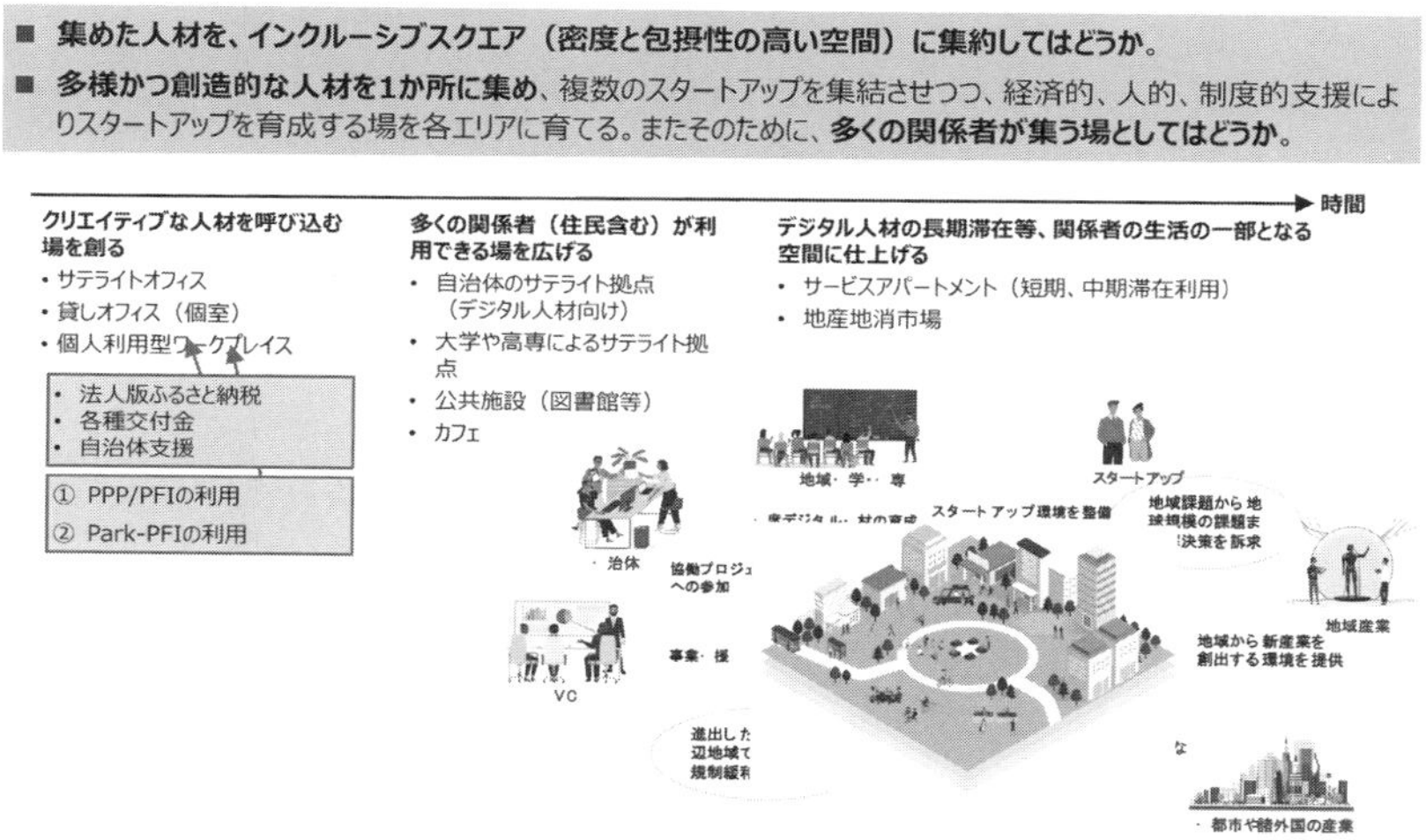

- **集めた人材を、インクルーシブスクエア（密度と包摂性の高い空間）に集約してはどうか。**
- **多様かつ創造的な人材を1か所に集め**、複数のスタートアップを集結させつつ、経済的、人的、制度的支援によりスタートアップを育成する場を各エリアに育てる。またそのために、**多くの関係者が集う場としてはどうか。**

→時間

クリエイティブな人材を呼び込む場を創る
- サテライトオフィス
- 貸しオフィス（個室）
- 個人利用型ワークプレイス

- 法人版ふるさと納税
- 各種交付金
- 自治体支援

① PPP/PFIの利用
② Park-PFIの利用

多くの関係者（住民含む）が利用できる場を広げる
- 自治体のサテライト拠点（デジタル人材向け）
- 大学や高専によるサテライト拠点
- 公共施設（図書館等）
- カフェ

デジタル人材の長期滞在等、関係者の生活の一部となる空間に仕上げる
- サービスアパートメント（短期、中期滞在利用）
- 地産地消市場

スタートアップ
スタートアップ環境を整備
地域産業
地域から新産業を創出する環境を提供
VC

村上氏講演資料より

確かに最近、さまざまなプロジェクトが地方でも立ち上がるようになり、多くの域外の人が、永住ではありませんが、出向いてこられる地域も増え始めています。そこで次に気になることは、せっかく多様な人材が出入りしている地域になれても、こうした多様な人材間の交流がほぼないことです。実際、地域の人の側も、誰がどう出入りしているのか、互いのプロジェクトのことはよく知らないことが多い。こうした人材が出会う空間もありません。これはもったいない。

せっかく域外の人に、さまざまなプロジェクトなどを通じて域内で「出番と居場所」が与えられても、その居場所がバラバラなままだと、せっかく来ている面白い人材のことを互いに知らないままになってしまいます。そして、自分の関わっているプロジェクトが終わると、そのまま都会に戻ってしまう。

そこで、政府も、テレワーク交付金などの形で、みんなが結果としてシェアできるサテライトオフィスなどの建設をお勧めしているところです。これを、かつてのデジタル田園都市国家構想実現会議の資料では、インクルーシブスクエア（包摂性空間）という形でご紹介しましたので、思い出していただけるとありがたいです。

外部からやってきたさまざまな人材の間で交流が生まれ、それが地元人材とも相互に刺激を与え合うような関係性が必要です。特定の人がやってきて特定のプロジェクトをバラバラに立ちあげているだけのうちは、みんなが1つの山頂を目指して山登りを始めるフェーズにはなかなか入っていけないでしょう。

(2) 人を集めるためにはどうすればよいか

こうしたさまざまな人材が地域に出入りする状態を作る、変革に向けて地域を温めていくような作業だと思いますが、これを仮に、「暖気ステージ」と呼びましょう。この温度感を高めていくことが、地域に新たな投資循環と、生産性の高い新たな事業を紡いでいくための事前準備としては必要です。ここが冷めた状態のまま、突然ホットな事業を1つだけ興そうとしても、なかなか地元に根付いた事業にはなりません。色々な人材が、域外に出入りし、みんながわいわいやり始める状態を作る。地域の経済と生活を変えていくためには、このプロセスが欠かせないのです。そのためのコツを、3つに絞ってあげてみます。

① なだらかに関わりを増やす

第一のコツは、域外の人に対して、いきなり移住や深い関わりを求めるのではなく、なだらかに関わりを増やすことです。

例えばある自治体では、「ふるさと納税をしてもらう」→「納税リピーターに感謝祭を東京で開催する」→

「感謝祭リピーターに相談窓口で来訪を呼びかける」→「複数来訪する者に事業への参加を呼びかける」といったように段階的に接点を増やすことに意識的に取り組んでおられます。そして気がついたら、いつの間にか地元に出入りする人が構造的に増えている。上士幌町が典型ですが、域内外の人の交流を増やすことに成功している地域の多くは、結果として、なだらかな、さまざまな形での地域への関わりのたくさんの窓口を持っていらっしゃいます。ポイントは、単なる「観光客」以上、永住している「市民」未満。そのゾーンに位置する、いわばその地域のファンを、できるだけたくさん抱える状態を生み出す。関係人口とか、観光交流人口と言い換えてもよいかもしれませんが、域内外を問わない、地域のファン作りに意識的に取り組んでいる自治体は、ほぼ間違いなく多様な人材の取り込みに成功しつつあります。

ポイントはとにかく、非連続な断面を設けないことです。阿波踊りが好きになる。いつの間にか阿波踊り本番が目的ではなく、阿波踊りの準備に参加することが楽しくなる。そうしているうちに、徳島の他のプロジェクトにも参加するようになる。こうして、なだらかに地域との関わりを増やすような接点を、ふるさと納税、観光名所、お祭り、郷土料理、歴史好き、自然体験のリピーターなど、さまざまな切り口から増やしてくことが大切となるでしょう。

② 出番と居場所を作る

なだらかに地域への関わりを増やすことに成功をしたら、今度は意識的に、わかりやすい「出番」と「居場所」を増やしていくことが大切です。

案外大切なのは、肩書きです。全く気にされない方ももちろんおられますが、プロジェクトのアドバイザー、プロジェクトのマネージャー、お祭りの準備チーム、自然体験のインストラクターなど、「出番」

を言語化して、繰り返し来る大義名分をどんどん地元の側から振り出してあげることです。また、そうした方々が、ホテルと現場を往復するだけで都心に戻ってしまわないよう、常駐できるオフィスやカフェなどの「居場所」をわざと意識的に作ってあげる。そういう、地域に根付き始めた人に、すかさず、「出番」と「居場所」を用意することが肝心です。

その際、国や自治体が提供するさまざまな補助金プログラムは、域内外の人に、地域を変えていくための「出番と居場所」を用意するにはうってつけです。使える支援事業が多ければ多いほど、逆にこれらを、全て「選択と集中」の対象としていくことは出来ません。であれば逆に、外から地域に関わってくれる人を積極的に増やすための手段と割り切って、色々な取り組みに手を出してみるのも、財政事情が許す限りは、面白いアプローチではないかと思います。

③ 意識して発信する

こうしたプロジェクト作りや、域外の人の呼び込みに成功している地方が、例外なく意識しているのが、「発信」です。逆に言えば、多くの地域が最初の段階で苦しんでいるのが、発信不足です。そもそも、地域の中だけでチャレンジを始めても、それが域外から見えなければ人は集まってきません。

この発信には戦略が必要です。というのも、地域が全国的に有名になること自体が目的ではないからです。その地域に関心を持った人が、その周囲で関心を持ちそうな人に紹介できる。同じ観光ポータルサイトや地域の取り組みの発信サイトでも、そこを意識したコンテンツになっているかどうかが重要です。ただ、観光名所を並べただけ、ただ地域のプロジェクトの成果を説明しているだけ。更新半年に一度、といったようなサイトでは、誰も繰り返し見に来てくれません。

アップデートがあるから、サイトを見に来るたびに発見がある。ちょっと、「おやっ」と感じるようなミスマッチもあって、インスタ映えする風景が見る人に自分のリツイートネタにさせようとする画像がある。といったように、その発信を受けとめた人が、ついつい周囲に紹介したくなるような地域からの発信。この段階から、地域への滑らかな関わりの増加は始まります。暖気ステージであっても、地域のことを真剣に発信する努力は怠ってはいけないでしょう。

また、この発信には、大切な副次効果があります。それは、域内の地元の方に、外からの見られる目線を与えるということです。地域の人に、新しい事業への挑戦、暮らしのサービスの変革など、内発的な変化を求めていくのは難しいものです。しかし、それが全国的なニュースで取り上げられたり、域外からやってきた人に関心を持って見学をされていったりすると、そのうちに、直接そのプロジェクトに関わっていない域内の多くの人にとっても、最初は他人事だった地域のプロジェクトが、だんだん、自分事へと変わっていくでしょう。

さて、以上の取り組みを、少しまとめてみたいと思います。

> ⓐ　なだらかな関わりの接点を強化し（登山口をたくさん用意するみたいな作業でしょうか？）、
> ⓑ　域外の人の出番と居場所を域内にたくさん作り、
> ⓒ　意識的に域外への発信を強化する。

この3つを意識して取り組んでいただくと、地域の変革に向けた空気は、徐々に暖まってくると思います。

こうしたポイントを、地方創生を山登りの比喩に戻って喩えれば、

① 山登りの登山道はたくさん用意し、あまり急な崖や急峻な登山道にならないように気をつける。
② 登山隊の隊員には、役割に肩書きをつけたり、しっかりお休みの出来る山小屋を用意したりする。
③ こうした山登りと山の全体像を、外部に積極的に発信する。

こんなふうに喩えることも出来るかもしれません。

3．最初に鍵となる事業を絞り込む（本格化ステージ）

暖気ステージの次は、いよいよ本格化ステージです。正解は1つではありませんが、ここでは逆T字モデルで本格ステージを突破することをおすすめしてみます。鍵となる事業を最初に特定し、それを支えるデジタル基盤を用意するので、逆T字です。何故、鍵となる事業を絞り込む必要があるのか。そして同時に、デジタル基盤を作ることが有効なのか。順を追って説明したいと思います。

(1) ガバナンスを整える【GP論】

「GP（General Partner）」という言葉をご存じでしょうか。本来は、有限責任投資事業組合などのファンドに使う用語で、LP（Limited Partner＝出資額を上限に責任をもつ出資者）に対しGPは無限責任の出資者を指します。一般化すれば、「事業を立ち上げる際、当該事業の中心となる無限責任を負う者」。

極論すれば、万が一負債を抱えて倒産した場合、最後の1円まで返済責務を負うのがＧＰです。

持続可能な事業を立ち上げたいなら、誰かがしっかりとした事業責任を負わねばなりません。でなければ、例えば、資金も継続的には集まらないでしょう。しかし、多くの補助金プロジェクトでは、最終責任を負うＧＰが曖昧なまま、補助金が出てくるから大丈夫だろうという奇妙な安心感のもとに事業がスタートしてしまうことが多い。これが多くのプロジェクトがその後の事業展開に失敗する大きな要因となっています。責任構造の定義、言い換えればガバナンスともいえますが、鍵となるプロジェクトを立ち上げるに当たっては、このガバナンスをしっかりと作ることが重要です。補助金事業等でも、よく実施体制図を書きます。しかし、その図からは、誰が最終的な事業責任を負っているのかは明確になりません。実施体制図の裏側に潜む、責任体制をいかに明確に出来るかがとても大切です。

最近、ＬＰでよければ投資してもよいという大企業や篤志家は徐々に増えつつあります。企業版ふるさと納税の納税額なども、急速に増え始めています。こういった社会的インパクトの分野に投資をすることは、大企業にとっても、ＩＲの材料や株価の下支え要因としてアピール材料になりつつあることが背景にあるのでしょう。

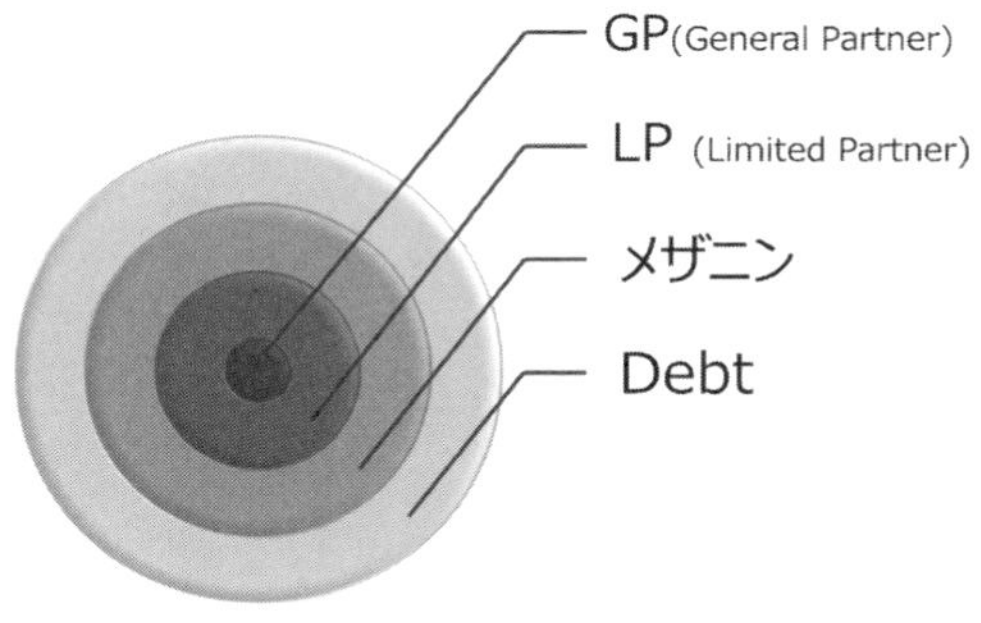

それ自体はとてもよいことなのですが、問題は、地域の側が、ＧＰ不在のまま、ＬＰの資金を上手に集められた時点で、安心して事業を動かしてしまうことです。しかし、ＧＰ不在のままでは、

図表2・11　GP（General Partner）

GP(General Partner)
LP (Limited Partner)
メザニン
Debt

村上氏講演資料より

図表２・12　企業版ふるさと納税額の推移

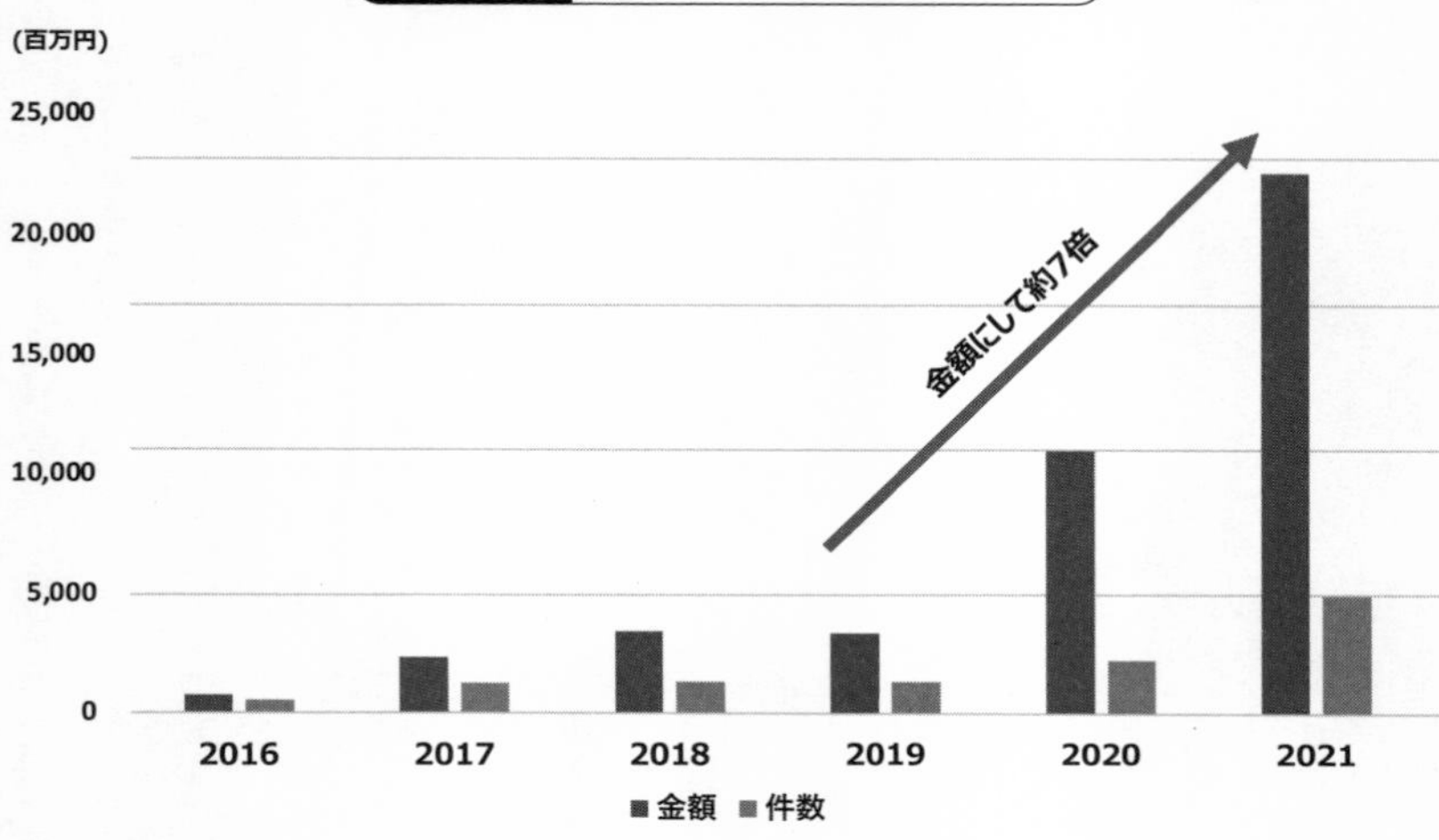

村上氏講演資料より

例えば補助金が切れたら、次のステージの資金はほとんど調達できません。結局、一過性のプロジェクトで終わってしまうでしょう。それは資金支援をする大企業の側だって望んでいることではありません。しかし、その大企業が、ＧＰの立場まで引き受けられるかというと、それも難しい。ＧＰのなり手の確保が課題です。

しかし、地域にはＧＰの引き受け手が少ないという問題が伴います。例えば、ファミリービジネスを地元で取り組んできた人には、新しい取り組みをＧＰとして引き受けろと言われても、大切な稼業を傾けてしまうかもしれないリスク要因にしか映りません。さりとて、全く新たに事業に取り組もうという若者もいないのが地方の現実です。

ただし、こうした若手経営人材がいないから地方創生は難しいと短絡的に考えてはいけません。そもそも、都心部だって、立派なファンドオーナーも経営者も、最初から立派なＧＰや経営者だった人などいらっしゃいません。若手経営人材不足は、都心部にいたってある意味同じです。こうした資質は、誰もが最初から持っているものではなく、経験して育つものです。ですから、人材がいるかどうかではなく、そうした環境にチャレンジしやすい環境があるかどうか、やってみたいと思わせる環境があるかどうか、ここが大切です。しかし、地域の場合、都心部と比べなり手が少ないのは、いわゆるテックベンチャーなどと比べて、「GPの引き受け損」になりやすいためです。

どういうことかと言えば、先端的なデジタル技術などを担うテックベンチャーなら、リスクも大きいですが当たったときのリターンも大きい。このため、GPとLPとで得られるリターンの差別化を図ることができます。でも、ソーシャルベンチャーはそこまで儲からない。薄い利益の中でGPの取り分を増やすといってもわずかだから、結局、リスクを張るGPとそれ以外のLPとが、似たようなリターンになってしまう。それでは引き受けるリスクがメリットに見合わない。だから引き受ける人が出てこないし、育たないのです。この課題を解決するには、いない人を探すのではなく、GPが生まれやすい環境、GPにメリットのある構造を意識的に作ることが必要となります。そこを意識して作っていくのが、「鍵となる事業」の大切な役目です。

(2) 鍵となる事業を絞り込む

各エリアで最初に1つ、鍵となる事業を意識的に選択して立ち上げる。同時に、そこをぶれない軸とした、デジタル基盤を作る。総理出席のもと開催している、デジタル田園都市国家構想実現会議の場でも、推奨しているところです。

例えば、地域に集客力のある複合宿泊商業施設が1つだけあるとします。地元の人は別世界だからとあ

図表２・13　逆Ｔ字モデル

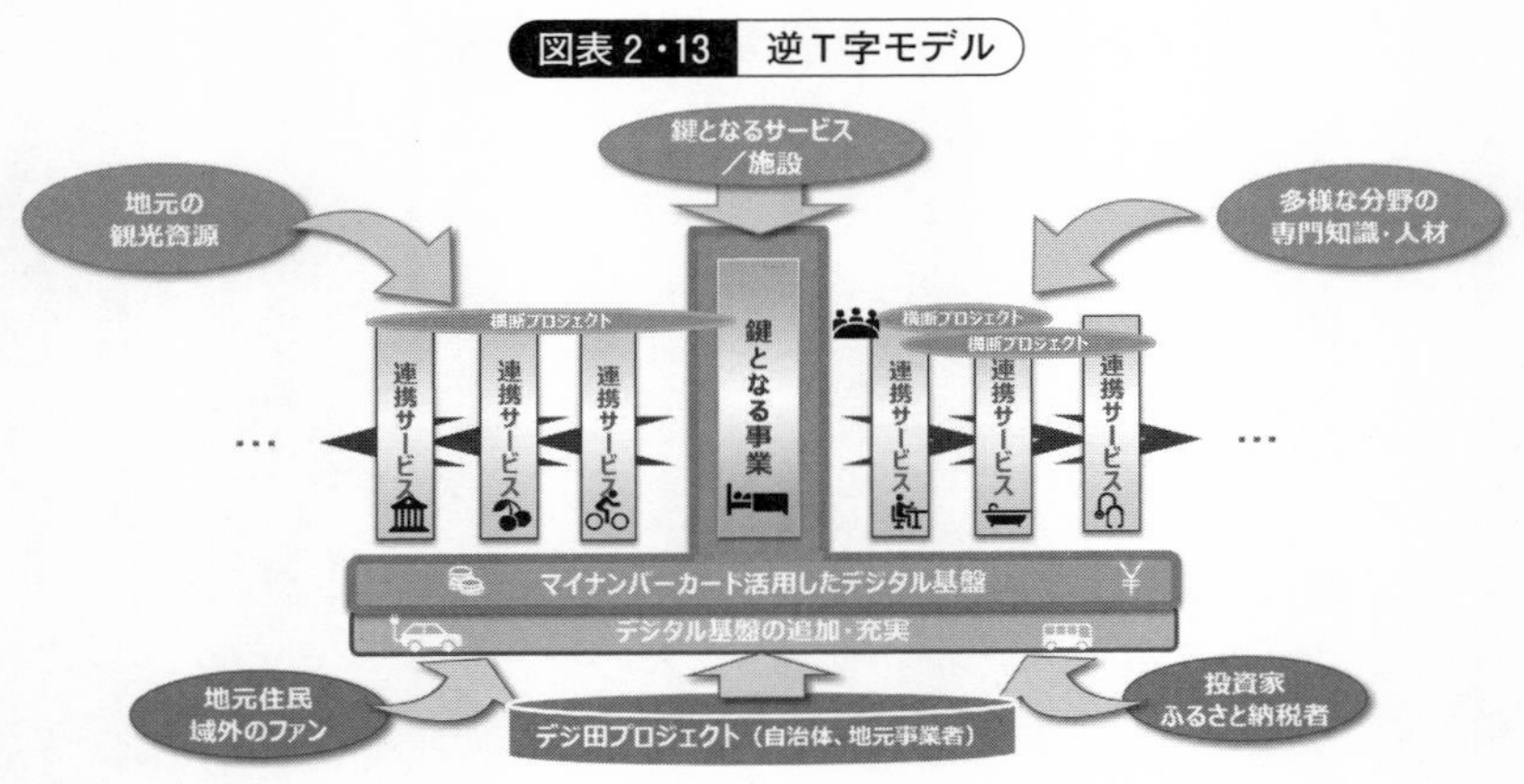

村上氏講演資料より

まり訪れませんが、そこだけは頻繁に顧客がオーバーキャパになることがある。であれば、そのオーバーキャパのお客様を、周辺の宿泊施設へ効率的に回せないだろうか。そこで共通の地域ポイント還元システムや予約管理システムをデジタル基盤として入れて、ポイントや割引を誘因に、宿泊客の誘引を図ることができないか。そういう仕組みを鍵となる事業として妥協なく作り上げる。それがいったん回り始めたら、同じポイントや割引基盤を使って、今度は、特産品の販売、アクティビティ体験サービスなど、宿泊する顧客の滞在時間が伸びることを有効に活用した新しいサービス群に広げていく。こんなイメージです。

気をつけなくてはいけないのは、鍵となる事業を絞らずに、最初から鍵となる事業を、３つ４つ同時に立ててしまうことです。というのも、「地域の未来のために選択と集中を我慢しろ」と言うから、地域の人も、鍵となる事業への集中投資を見過ごしているのに、それを３つも４つも取り組もうとするなら、結局、やっていることは従来の分配文化と同じではないか、という話になってしまうからです。

こういう構造的課題を、都度、わざわざ言葉にして周囲

図表2・14　Discloser（発信）／Governance（事業管理）／Capital Policy（資金調達）

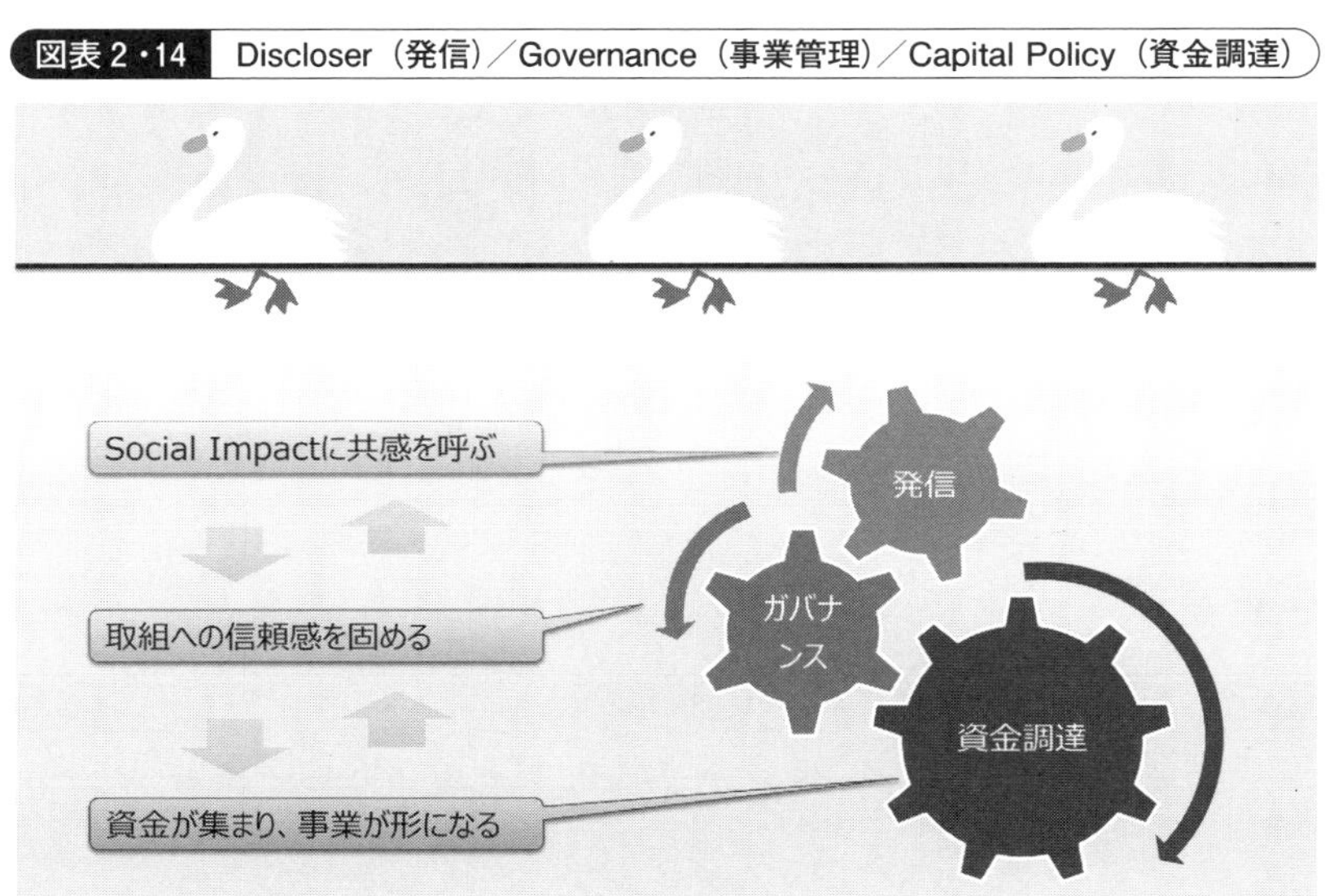

村上氏講演資料より

に説明していく必要はありませんが、仕掛ける側としては、地域に根付く分配・消費文化を、集中・投資文化に切り替え、地域に投資循環を生み出していくことをゴールとして常に意識し、分配文化の議論に火をつけないよう、気をつけなくてはいけません。

では、鍵となる事業を選択し、作り上げるときのポイントは何でしょうか。3つ取り上げてみたいと思います。

① 地域の代表的な課題に近く、その意義が説明しやすい事業

第一に、特定エリアの防災対策であるとか、特殊カテゴリーの恵まれないこども達に対する支援など、どんなに大切な課題であっても、あまりに特定の課題に特化した事業だと、なかなか、エリア全体として最初にみんなで支援することが難しくなってしまいます。

このため、観光周遊の強化、公共交通の改善、

ヘルスケア関係、子育て関係など、比較的多くの人にとって、大切な事業であると、共感しやすい、広がりの作りやすいテーマを取り上げていただくとよいと思います。

② しっかりとした事業構造を持った事業

第二に、鍵となる事業は、GP不在というわけにはいきません。事業を立ち上げながら徐々に明確化するということでも構いませんが、1つ1つの事業が、しっかりとしたガバナンスをもって、自律的に資金循環を回せるようになる。こういうと難しいですが、補助金以外の外部資金をしっかり活用しながら、事業を自分の主導権のもとで成長できるようにしっかりとした事業体を作っていただきたいと思います。

公的なプロジェクトに多いのは、提案している事業の内容そのものは立派なのですが、水面下をのぞいてみると、それを支える事業主体が貧弱であるケースです。というのも、補助金事業の多くでは、事業の内容面はさまざまな議論を積み上げて検討されますが、誰が実施するのか、という段階になると、突然、それは「公募」ですという話にならざるを得ないからです。しかし大切なのは、水面下にしっかりとした水かきがあるかどうかです。

これは、民間で事業を立ち上げる場合と著しく異なる点の1つです。これが民間事業であれば、何をやるのかはもちろん検討の対象になりますが、それを誰にやらせるのか、誰のお金で動くのか、むしろ、そちらの方こそ重視されると思います。それが公的プロジェクトになると、何故か前段にだけ重きが置かれることが多い。水面上には優雅な白鳥が量産されますが、水面下をのぞいてみると貧弱な白鳥だらけ、ということがよくあります。

こうした事態を避けるためには、立ち上げる事業主体の1つ1つに、**ガバナンス、ディクロージャー、**

ファイナンスの3つの基本に立ち返っていただく必要があります。責任構造不在の事業体のままでは、お話したとおり、しっかりとした資金調達は出来ません。その資金調達を得るためには、投資家に対して積極的に事業内容を発信していく必要があります。その発信に対して、ファイナンスはついてきます。

ファイナンスというと何やら難しく聞こえますが、資金を通じて人との関わり合いを作ること、と言い換えてもよいかもしれません。寄付をしたい人、出資をしたい人、積極的に事業経営の中核に関わりたい人、潜在的には、事業の周囲には、いろいろな思いの方がいらっしゃるはずです。ですので、事業体を立ち上げる上では、その方々との関係性に応じて、それぞれにふさわしい関係性の構築と、資金調達の方法を選択する必要があります。

後述しますが、こうした事業体作りは、本来、経験値のいるプロ経営者の仕事です。地域にいきなりそこまで全てを求めることは難しい場合もあります。ですので、これを支援するアクセラレーターのネットワークが、それぞれの地域に必要になってくる。事業シーズと、事業を引き受けるGPと、事業支援のプロは、それぞれ互いにニワトリとタマゴの関係にあるとも言えるかもしれません。

③　官民がみんなでGP役を応援する構造を作り上げること

第三に、的確な官民連携です。ただし、必ずしも補助金を出すべきだと言うことではありません。自治体が資金的支援を行わなくても、行っている事業自体に自治体からの信任があるだけでも、ビジネスを進める上では、ものすごく大きなインパクトがあります。規制の関係を整理する、労務関係の手続きを手伝う、地元の人間関係の整理に一役買ってあげる。自治体が、鍵となる事業のために出来ることはたくさんあります。あとはむしろ、GPを引き受けた人の、市場の動きに応じて迅速な経営判断に余計な棹を差さないよう、上手に距離感を保ってあげることが必要でしょう。これは、GP候補の努力というより、周囲でLPを引き受ける人、地域でその事業の実現を待ち望んでいる人たちの仕事かもしれません。

上士幌町に集う事業者にインタビューをしたときには、上士幌を選んだ理由に「フェアだから」と説明する方が複数いらっしゃいました。町長は、ほぼ毎朝、各事業のオフィスにやってきて、困っていることはないか、補助金などのもらいっぱなしになっていないか、丁寧に話を聞いていかれます。他方で、事業機会の調整こそ懸命に行うものの、町が財政的支援で事業者をつるようなことは一切しません。関心を持っていただいた事業者に意識して等しく接していらっしゃるのが、この町の特徴です。

これからは、共助を基礎に、街づくりに必要な事業をみんなで育てていく必要が出てきます。その内容によって官民連携の形もさまざまな形態が考えられるのだと思いますが、官だけでも、民だけでも成立しないのは間違いありません。頼りすぎず、離れすぎず、互いに上手に伴走し合う関係が必要になってくると思います。

(3) デジタル基盤

では、逆T字モデルを構成するもう1つの要素、鍵となる事業と同時に立ち上げるべきデジタル基盤とは、どんなイメージのものでしょうか。鍵となる事業との組み合せで、いくつか例示をあげてみたいと思います。

① マイナンバーカードを活用し各地域の認証・決済基盤を整備します。そして、ポイント付与や割引など宿泊事業者間での予約連携を鍵となる事業とし、その事業者間連携を特産品販売や体験サー

ビスの提供などに広げ、地域の事業者が手を組んで観光市場を広げていきます。

② 自動走行車両などオンデマンド型の公共交通と需要データの管理を行うデジタル基盤を整備します。そして、共教育をはじめ新たな教育関連事業を鍵となる事業とし、他の子育て・介護支援に活用を広げ、交通と需要の好循環を作ります。

③ 操作しやすいアプリが搭載された高齢者用の端末を配布します。そして、高齢者向け生活サポートサービス事業を鍵となる事業とし、防災業務はじめ自治会等地域の有志による行政事務への協力のDXなどへと、徐々に用途を広げます。

ここでいう、マイナンバーカードを活用した認証基盤の整備、交通サービスの需要を把握するためのデータ基盤、高齢者用の共通端末などのデジタル基盤は、域内の志を同じくする事業に、できるだけ安価に、等しく利活用の機会が与えられていることが重要です。

例えば、デジタル基盤として地域通貨を用意しても、複数競合し、地域の中で決済履歴からわかるデータが1つに集約できなくなっても意味がありません。交通需要データを把握する仕組みが特定の交通事業者にだけ独占されていても、基盤とは言いがたい。特定通信サービスにコミットしている人にだけ使える共通端末も、出来れば避けたいところです。いずれも、低廉なコストで、新たな生活サービスに挑む人が利用できることが大前提です。

何故なら、こうしたデジタル基盤は、鍵となる事業が成功した場合、それに続く第二第三の事業を加速度的に事業化させるために存在するものだからです。

これまでの地方創生の取り組みの中でも、1つや2つ、これはいいなと言う事業が育つことはあると思

図表2・15　マイナンバーカードを活用した連携基盤の全体像

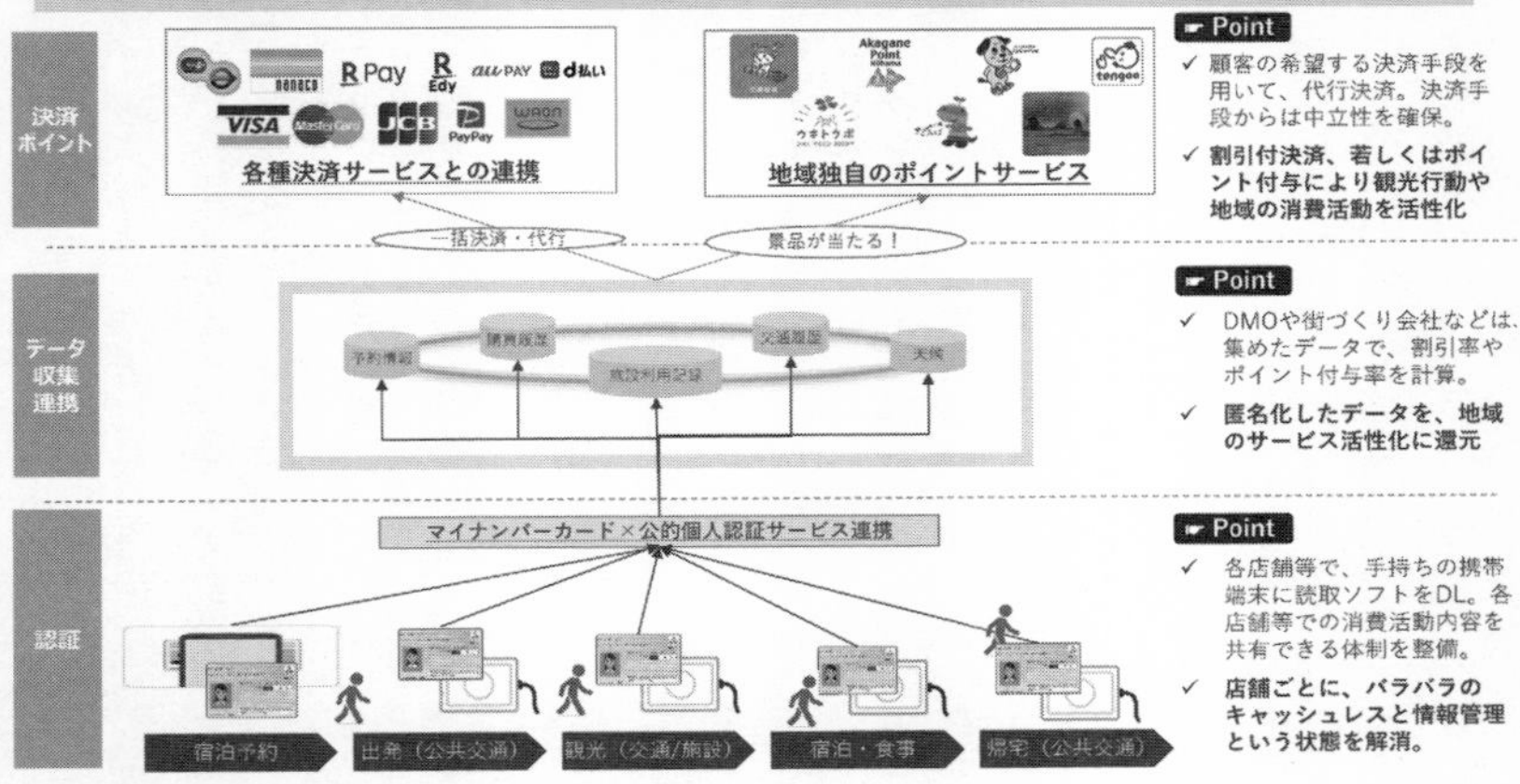

村上氏講演資料より

います。しかし、特定の事業がその生産性と収益力を上げるだけでは、エリア全体には裨益しません。最初に成功した事業が、次の、またその次の事業の成功を誘発してこそ、鍵となる事業たりえます。

例えば、多くの方が持っていらっしゃるマイナンバーカードを本人確認の手段として活用して、マイナンバーカードを店頭やカウンターでかざすだけで、デジタル商品券などポイント還元ができる仕組みを共通の基盤として用意したとします。最初は宿泊施設の間の宿泊連携に対するポイント・割引からスタートしますが、徐々に、地域の特産品やイベント、サービススポットや、今度は逆に域内の方の週末レジャー、ひいては、ヘルスケアツーリズムへの応用へと広げていくのはどうでしょうか。顧客動線の拡大と新たな顧客サービスの拡大の好循環を生み出していくことが期待されます。

デジタル基盤が、公共交通と需要データの管理を行うデータ基盤だとしたら、鍵となるサービス事業とデジタル基盤で需要と供給がうまく好循環する関係を確立したら、朝日町のように、今度は、そのデジタル基盤を使って、次のサービス事業を支えたらいい。例えば、デジタル基盤が、高齢者用の端末だとしたら、一度はじめたサービスの普及を見届けた後で、次のサービスを同じ端末を使って、どんどん増やしていけばよい。こんな感じで、鍵となる事業の次を行く事業を、育てていけるのではないかと思います。

(4) 対象エリア【エリア論】

論点が多くて恐縮ですが、もう1つ大事な話があります。エリア論です。

デジタル基盤を用意する際には、自治体間での広域連携が大切になります。最終的に、鍵となる事業やそれに連鎖して立ち上げる事業の対象領域を、特定の自治体の枠に閉じ込めるわけにはいかないからです。鍵となる事業をきっかけに広がる新たなサービス事業は、デジタル基盤が使える範囲で広がっていくことになります。ですから、デジタル基盤を立ち上げる段階で、どの範囲を対象エリアとするか。ある程度、想定して動くことが必要です。このエリア論には、3つの重要なポイントがあります。

第一に、**エリアの広さを確保**することです。その使える範囲が、最初から、特定の自治体領域の中だけに閉じていたら、その上で作られる観光サービスは、最初から事業の成長の余地が限られてしまいます。三重県であれば、多気町だけでなく美村5町エリア、伊豆半島で言えば、三島市だけでなく伊豆半島連合といったように、経済圏として再生自立を狙う地域自立経済圏を意識したエリア論を設定し、デジタル基盤は、できるだけそれを利用するサービスに十分な市場性を残すように、広域連携を見通した上で整備していくことが重要になると思います。

図表2・16　エリア論（自立生活経済圏）

■ 2014年に経済産業省が実施したローカル経済圏分析でも、「藩」くらいがちょうど一つの、生活経済圏を構成。

○地域の経済は、単独の市町村の中で完結しておらず、例えば、中心市に周辺市町村の住民が通勤するなど、複数の隣接する市町村が一体となって、一つの経済圏を構成している。
○そのため、分析単位に、総人口の95%をカバーする全国233ブロックの「都市雇用圏」（※）を採用。

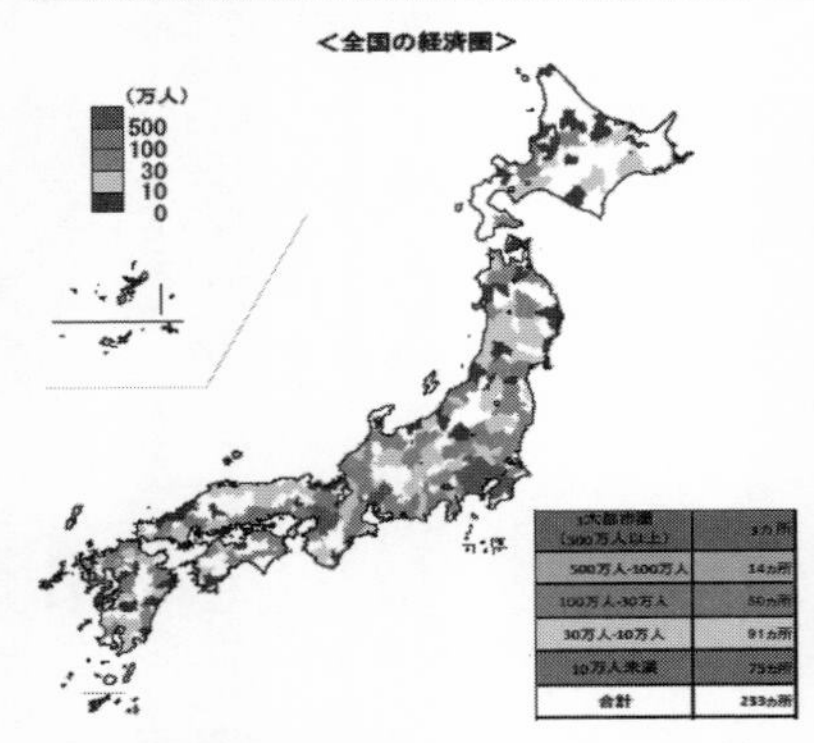

（※）「日本の都市雇用圏設定基準」（金本良嗣・徳岡一幸『応用地域学研究』No.7, 1-15(2002)）による。

村上氏講演資料より

エリアの設定は、まさに、さまざまな生活サービスがその投資を十分に回収できるくらいの規模と需要密度を持つことが重要です。本来で言えば、人口圏で言うと、10万人以上30万人程度までを1つの目安に想定できると理想です。国土形成計画で議論されている地域自立経済圏の議論を参考にしていただければと思います。ただし、最初から広域で議論することが難しい場合もあります。その場合は、狭域から始めて徐々に広域にしていくといったやり方もあると思います。

第二に、そのときに加えて重要なのは、**統一的なエリアブランディングの採用**です。

例えば、折角観光名所が複数あっても、それぞれが、大地の芸術祭、雪国観光圏、南魚沼市、新潟県南部、魚沼の里、といったように、バラバラのエリアブランディングを展開してしまっては、進めることが出来るはずの対外的認知が不要に毀損してしまう恐れがあります。ただし、

図表２・17　個別事業とエリアの連動【エリア論】

■ 個別事業とエリア全体の二つの戦略を連動させる。（例えば、広域観光戦略と旅館の事業再構築は連動しなければ効果半減）。
■ 更には、資金提供者（投資家）と、地域で暮らす市民（域外の地元ファン（第二市民）を含む）を巻き込んで、次から次へと新しい事業を生み出す、**スタートアップ・エコシステムの形成が最終的なゴールか。**

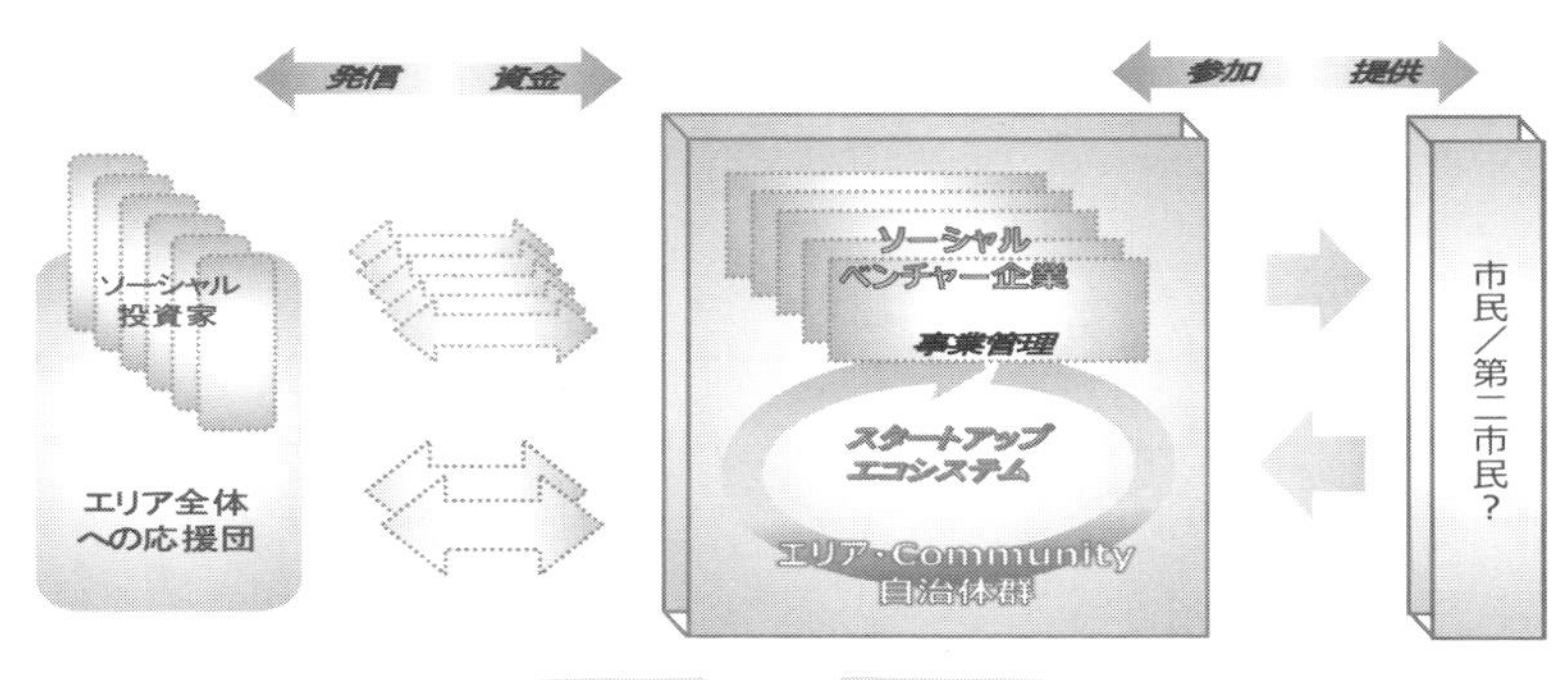

村上氏講演資料より

念のためにお断りしておきますが、知名度があるので例示に使わせていただきましたが、大地の芸術祭や、雪国観光圏などに関して言えば、その後の複数年にわたる地道な取り組みの積み上げを通じ、今では、それぞれ立派に認知の獲得に成功していらっしゃいます。

確かに、それぞれの施設やプロジェクトには出来たときの経緯というものがあります。ですから、例えば、越後妻有のエリアのように、「大地の芸術祭」というキーワードに全てが綺麗に紐付くようなケースは稀です。しかし、そうしたエリアの設定や名所が、同じエリアにいる人たちの取り組みなのに、隣同士の施設が、片方は観光圏を主張し、片方が地元の里を主張する、といったようにバラバラになっていくことがあります。それぞれがそれぞれの大義名分や旗立てを大切にする傾向があります。これは、結果的には、各地域の中での公平感の維持には貢献するのかもしれませんが、選択と集中に貢献することはありません。広域連携に基づくエリアの設定とそのブランディングを徹底して突き詰めるのは、案外重たい作業になります。

第三に、エリアブランディングを始めたら、そこに、**既存の事業者の既存のビジネスをしっかり巻き込んでいく**ことです。せっかくエリアの設定を意識して行っても、それが一部の新しい実証事業のためのみにとどまり、地元の暮らしと全く関係なければ、地元事業の生産性の向上にも、雇用の拡大やその質の向上にも繋がりません。

例えば、広域観光戦略を練っている人と、経営に苦しむ各宿泊施設の経営相談に乗っている人との間に全く交流がないことがよくあります。前者は地元宿泊事業者の悩みを知らないまま地域戦略の理想像を描き、後者は、広域観光戦略で何か議論されているかも知らずに、個別事業者に対して補助金の獲得方法などの指南をしているといった具合です。

観光に限らず、エリアで戦略を考えている人と、各事業者の経営指導がリンクしないと、せっかく、商業的にポテンシャルのあるエリアが設定できても、各事業者が巻き込まれず、広域戦略と称した実証のための実証事業が量産されて終わります。

鍵となる事業からその他の事業を膨らませていくプロセスで、既存の事業者の経営課題をしっかり取り込んでいくこと。個々の事業者の戦略と、エリア全体の戦略がしっかり連動するようにすること。これは各地域が意識して取り組んでいくしかありません。冒頭に紹介した、山頂作りそのものです。例えば、そのための橋渡しに、今後各自治体に設定をお願いしていく、各エリアのデジタル田園都市国家総合戦略の策定作業も使えるでしょう。

鍵となる事業を核として、デジタル基盤を基礎に加速度的に個々の事業戦略との連動が始まれば、それはそのまま、その地域のスタートアップエコシステムへと繋がっていきます。まさにそのための戦略的思考が、地域に求められており、それを実現する力こそが、今一番問われている、各地域のコミュニティ力、地域力ではないかと思います。

4．拡大期に重要なことを考える（拡大ステージ）

鍵となる事業が軌道に乗り始めたら、次から次へと、新たな事業を立ち上げていくことが必要です。これが拡大ステージです。

この段階で、暖気ステージの時に温めてきた多様性や人材の出番と居場所、そして、相乗効果を引き出すデジタル基盤の存在が大きく生きてきます。これらを展開していく時には、スピードが重要です。これまで、ある意味変わらないことをもって「やむを得ない」、もしくは、「それでよし」としてきた地域が、次から次へと、地域の課題解決を目指したソーシャルベンチャーが立ち上がっていくようなエリアに変貌を遂げさせていくことです。これをゆっくり取り込んでいくと、いつの間にか、地域の雰囲気は、もとの「変わらぬをもってよしとする」文化に逆戻りしてしまいます。

そのためには、いくつか、意識することが必要な取り組みがあります。これも3つに絞って整理してみます。

①　第一に、GPを助け、さまざまな事業体作りの基礎を支える**アクセラレーターが必要**です。鍵となる事業だけなら、個別対応で何とかなる。もしくは、鍵となる事業のガバナンス自体も、事業を始めながら徐々に整えていくものかもしれません。しかし、第二、第三の事業を整えていくと

なると、それぞれの事業環境を整えたり、エリア全体戦略と個社の経営戦略の橋渡しをしたり、資金調達を手伝ったりと、経営のプロとの接点を地域にもっと増やしていかないと、手が回りません。ただし、このアクセラレーターは、必ずしもそれぞれの地域にいる必要はなく、全国的なネットワークを介して、必要に応じ、地域にコミットしてもらえばよいかもしれません。

② 第二に、GP候補が生まれやすい環境を作ることです。先駆者会議で、リディラバの安部さんが、これを**「藻場」**と呼ばれました。この藻場作りは、本来、暖気ステージから徐々に取り組み始めるとよいことなのですが、改めて、ここで再整理してみます。すなわち、潜在的なGP候補が、それぞれの地域の中で、目立ちすぎず、隠れすぎずの適度な距離感で、地元に居場所を見つけるような環境を作ることです。また、その藻場には、できれば、目指すべき「山頂」にもつながる、共通の目標があるとよいと思います。最初に抱き起こすテーマは観光文脈でも、ヘルスケア文脈でも、教育文脈でも、どのような分野を起点としても構いませんが、最終的な街づくりへの思いをよせるGP候補達が、ひっそりといつの間にか集まっているような藻場があると理想的だと言えます。

③ 第三に、ここで効いてくるのが、**Well-Being 指標を活用した街づくりと、エリア全体としてのソーシャルインパクトを計測するためのデータの整備**です。実は、本格段階に入ってくると、さまざまな論点や利害調整にも、客観的なデータの有無が大きなポイントとなってきます。ですから、デジタル基盤で整備したデータの連携・共有を通じて、まちの Well-Being を住民から域外のファン、事業者までさまざまな方で議論しつつ、取り組みのソーシャルインパクトを議論できるようなデータを整備することが大切となってくるでしょう。

以下、それぞれのポイントについて、簡単に説明していきます。

(1) アクセラレーターネットワークの必要性

GP論でも説明したように、立ち上げる事業主体には、**ディクロージャー、ガバナンス、ファイナンスの3つの基本**にかえってきていただく必要があります。責任構造不在の事業体のままでは、お話したとおり、継続的、持続的な資金調達は出来ません。当然のことですが、事業は、継続するモノである以上、資金調達は継続的に必要となります。補助金事業だけでうまく回るはずがありません。その資金調達を得るためには、投資家に対して積極的に事業内容を発信し、同時に投資家からの信頼を得られる責任構造を整えていく必要があります。これらを怠ると、補助金依存型事業から脱却が出来なくなり、繰り返し、補助金を獲得しに行くことになるのは、前述のとおりです。

しかし、これらについて必要な知識と経験は、多岐にわたります。法務、労務、会計、資金調達、人材採用、オフィス環境整備、プレゼンテーション等々、さまざまな分野でプロの助けが必要です。これを全て備えているような人材は、地域にはそう簡単にはおられません。それどころか、その経験値がある方々を各地域が全てそろえるのは不可能に近いと言えます。

ベンチャー企業が盛んな米国では、ベンチャー企業を支える存在として、ベンチャーキャピタル（ＶＣ）やエンジェル（創業期を支える個人投資家）などが有名ですが、実は、アクセラレーターと呼ばれる方々が必ずいらっしゃいます。主として、創業したばかりのベンチャー企業を、早くＩＰＯを目指せる事業者に育てていくために、その成長プロセスを加速する専門家であることから、アクセラレーターと呼ばれます。

アクセラレーターは、ベンチャーのために必要な専門的支援から、場合によっては創業初期のシェアオフィスの提供など、さまざまな機能を提供します。我が国の場合、シリコンバレーのようなベンチャーの集積地が明確にあるわけではありませんから、むしろ全国的な規模でアクセラレーター役を買ってでる支援者のネットワークを作り、それを必要とする段階に来たエリアに、派遣するような形になるのではないかと考えています。我が国にとっては、ここはこれからの課題の1つです。

(2) GP候補が生まれやすい環境の確保(藻場)

GPになろうという方も、ある日突然決意してGP役を引き受けるわけではありません。当然、それぞれの地域の中での助走期間が必要です。しかし、することも明確になっていないうちから、いきなり地域にどっぷりつかるのも辛いものがあります。

何かのきっかけから地域の事業を少しずつお手伝いする。何か特定のプロジェクトで頻繁に手伝いに来るようになる。期間限定のプロジェクトで実質上のリーダーとして旗を振りに来る。インストラクターなど地域のサービスのお手伝いの役割を持って徐々に、そして頻繁に地域に出入りするようになる。関わり方はさまざまだと思いますが、いざとなったら事業を興してみてもよいと思う人が、そうとは知られずに、ひっそりとその地域になじむ機会が必要です。リディラバの安部さんは、これを「藻場」と表現しました。

そのときに、こうしたGPになるかもしれない人たちが(もちろん、全員がGPとなるわけではありませんが)、目立ちすぎず、隠れすぎずの適度な距離感で、地域に居場所を見つけるような環境を作ることです。目立ちすぎると、よそ者は、何となく、そこにはいづらくなります。しかし、地域と継続的に関わる場所がなければ、地域のこともわからないし、新しい動きもキャッチできません。そこを適度な距離感で入れるようにしてあげるのが、藻場です。できれば、藻場の中で、その彼らが、あらかじめ横に繋がっていることが有効です。

三豊の瀬戸内ワークスのような事業体や、海士町の複業協働組合のような仕組みの形をとるのも、1つの藻場作りの方法かもしれません。いよいよ地域に入り込もうと決断するときに、いきなりどっぷり特定の事業だけで地域に浸るのではなく、見えたり見えなかったりするくらいの感覚の、たまり場のようなものが意図的に用意されており、お試し段階を経ながら、徐々にかかわりを強くしておく。そういう場を階層的に用意しておくと、鍵となる事業が成功して連鎖反応を起こしていきたくなったときに、一挙に、新たな投資循環の輪が広がっていくでしょう。

(3) Well-Being指標の活用とソーシャルインパクトの計測とデータの収集

最後が、Well-Beingの指標を始め、データを大切にすることの重要性です。その理由は、次の3つです。

① 地域の社会的課題の解決には、**必ず複数分野の取り組みが必要になる**こと。

② それらも含めて**利害の調整をしたり、色々な方を巻き込んでいく**上では、地域の暮らしに関わるデータは必ず重要な役割を果たすこと。ここでは、**Well-Being指標の活躍が期待**されること。

③ これらを整理し、地域のさまざまな事業のソーシャルインパクトを計測できるようにすることが、最終的に、地域で育つさまざまな社会的事業を、**世界のソーシャルインパクトファイナンスにつないでいく**上で重要な役割を果たすこと。

以下、順に見ていきたいと思います。

① 街づくりには、複数分野の取り組みが必要になる

例えば、健康増進という分野を考えましょう。最近よく出てくるプロジェクトのアイディアに、ウエアラブルウオッチをつけてもらって運動量を図りながら、高齢者向けに健康体操教室をやるというものがあります。事業KPIとして、当然、高齢者の健康増進や、医療費削減などの目標値がついてきます。しかし、よく考えてみましょう。公共交通が弱っている地域で、高齢者はどうやって健康体操教室に通うのでしょうか？　もしくは、在宅でどうやって遠隔指導を受けるのでしょうか？　もしそこがうまくいったとしても、日頃の食生活が乱れていたら、果たして健康を維持できるでしょうか？　体力的には健康でも、孤独に悩み、精神的に厳しい状態に置かれたら果たして健康でいられるでしょうか？

実は、地方創生を、地域の人が活気をもって幸せに暮らせる街づくりでもあると考えた場合、特定分野の取り組みだけでは、健康、教育、交通、防災、さまざまな取り組みが、その最終的な目的を達することが出来ません。交通がなければ、健康も教育も防災も実現しませんし、防災には教育ステージからの取り組みが重要ですし、交通自身も、使ってくれる需要がなければ事業を再編できません。街づくりはまさに、さまざまな分野の取り組みが複合的に貢献し合って始めて、１つの山頂に達することが出来ます。

大切なことは、これらの取り組みが、相互にちゃんと連携することです。これまで、街の暮らしの多くは、交通なら交通、教育なら教育、健康なら健康、各分野に特化して取り組んでいても、何とかなっていました。それは、人口が増えていましたから、それぞれの供給側が量と選択肢を増やす中で、他分野にも微妙に配慮することが出来たから、市場の調整の中で自ずと、相乗効果を発揮することが出来たんだと思

います。

しかし、人口減少下となると、冒頭でも説明したとおり、それぞれ量も選択肢も増やせません。こうしたなかで、医療が求める交通、教育に必要とされる交通、交通の再編に必要とされる交通需要など、互いの新たなニーズに応えていくためには、そのニーズを的確に押さえ、市場などで自然と調整されるのを待っているのではなく、やや意識的に、需要データに基づき、積極的にその関係を調整していく必要があります。

そこで問題になるのが、各サービス事業を担う方々の間のコミュニケーションであり、1つの街づくりを目指すというビジョンの共有です。多くの場合、地元の同業者というのは、運命共同体であるとともに、究極のライバルでもあります。したがって、こと事業の話となると、そう素直に協業というわけにもいきません。隣接する自治体の首長同士に、時々難しい人間関係が残るのと同じように、同業者や関係する地元の経営者同士の人間関係が全て円滑ということもめずらしいと思います。

なので、複数分野の間の協業、まさに共助のレイヤーの取り組みを自然と引き出すことの出来るコミュニティ力、地域力が、問われてきます。これを自治体だけで調整しろと言われても、自治体自身が、各分野の利害を背負って、中の縦割り組織で調整している面がありますから、それを全て担うのは無理があるでしょう。

② 利害調整には、データが欠かせない

では、どうやって、1つのビジョンや事業目的に対して、必ずしも円滑ではない人間関係を超えて協業を引き出していくのでしょうか。先行事例を見る限り、鍵は、データの存在が握っているようです。

商店街が新しいことをやろうとする。よく見られる風景ですが、なかなか素直に物事は運びません。例えば、カメラを設置して人流データを把握しましょう。そういう提案があったとします。考え方だけで勝負をすると、推進派にも慎重派にも、どちらの側にも正しい理屈はありますから、結局、議論が入口から中身の議論に入れず、新たな事業を断念せざるを得なくなります。しかし、商店街の決定的な人流の減少、人流の中でも世代や属性の変化の現状を、データで最初に提示できたらどうでしょうか。それで、すぐに事業実施の結論が出るほど甘くはありませんが、少なくとも、それに対する反論を待つ間、議論は入口から中に入っていくことが出来ます。人のコミュニケーションは難しいもので、最初から嫌な人の話は嫌、好きな人の話は好き、やや先入観を持って聞いているものです。そのためにも、データでまず中立的なところから議論をスタートさせないと、地域を巻き込んでいくために議論すること自体が、しんどい作業になるものです。

もう1つ重要なのが、市民の巻き込みです。地元の経済界や経済団体は、もちろん、これまでも、これからも、地元のためにいろいろなことをしてくれます。しかし、自分自身の事業に関わることとなると、なかなか議論を進めるのが難しいものです。自分の事業とのかかわりだけでなく、どういう体制で新しい事業を始めるかとなると、誰と誰が相性が悪いのか、そこを熟知しているからこそ、内部の相性の悪さに上手に蓋をして、経済界としてのまとまりを作ろうとします。しかし、選択と集中の結果選ばれた新しい事業のために、相性の悪い人物との組合せも辞さずに体制を作る。そのために、直接合意を取り付けてくださいといわれると、これは、既存の団体にはしんどい。

では誰なら、事業者同志の協力を引き出すことが出来るのか。それは、市民の声だと思うのです。

ここでいう市民は、必ずしも、住民票が市内にある人に限る必要はありません。住民票がなくても、地

図表2・18　地域幸福度（Well-Being）指標の概要

■ 各種統計データを指標化し、分野間などの比較に用いる**客観指標と、**市民等へのアンケート調査結果を指標化し、時系列での比較に強い**主観指標の二つの指標を用意**。

■ 客観指標の**計測結果はレーダーチャートの形で表示**し、それぞれの街の多様な性格を視覚的に表示（エリア間の比較が目的ではないため、ランキング付けなどは行わない）。基本的なデータ及びアンケート調査票など、**基本的な計測ツールはデジタル庁から無償で提供**。また、**分析結果を表示するためのソフトも、オンラインで提供。**

https://www.digital.go.jp/news/26c0d00b-6625-4e77-8b53-cebcba76a268/ →

○Well-Being指標の構成要素

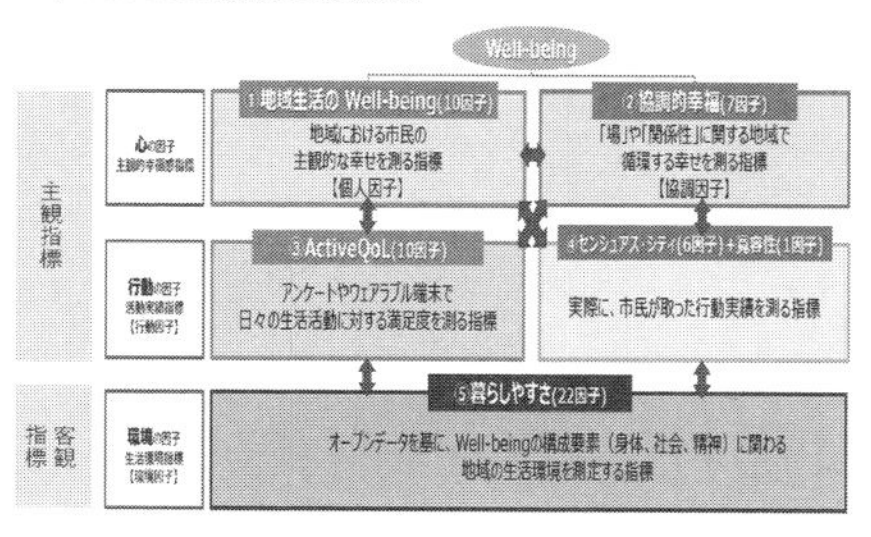

出所：一般社団法人スマートシティ・インスティテュート

○自治体の指標を可視化（レーダーチャート）

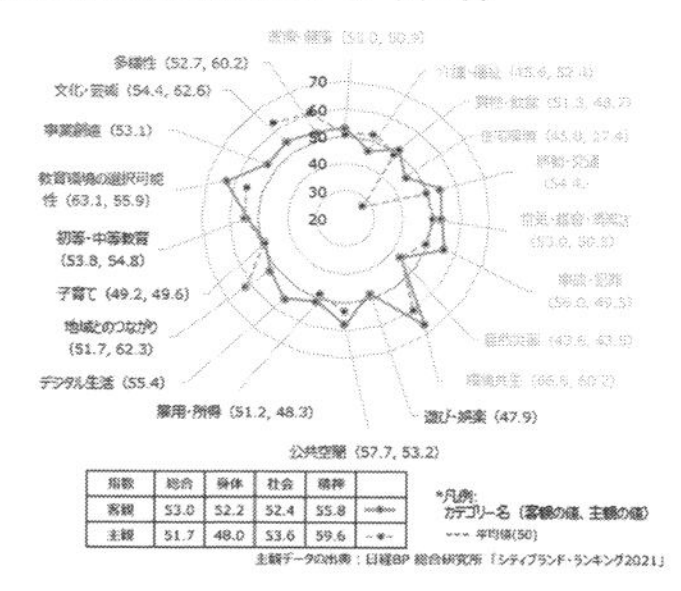

指数	総合	身体	社会	精神	
客観	53.0	52.2	52.4	55.8	
主観	51.7	48.0	53.6	59.6	

デジ田実現会議（第7回）牧島大臣資料

村上氏講演資料より

域の未来にものすごく貢献してくれている人もいますし、逆に、住民票があっても、地域のことには関心がない方もいらっしゃいます。いわば、途中でも出てきた地域のファンを大切にする、ということだと思いますが、この人達が、地域の未来を創る事業に入ってくるには何が必要でしょうか？

ここでもやはり、データの存在が効いてきます。何故なら、一市民や域外のファンが、地域の未来について語る上で、自分の思想信条を振りかざすだけでは誰も話を聞いてくれないからです。データを提示する。プランを提示する。そこで「何故そうなんだ？」と、地元の事業者からたずね返されるやりとりから、議論は始まります。データも何もないのに、これまであまり関係のなかった事業者同士や、市民と事業者が議論を共有するのは困難です。逆に、材料となるデータがあれば、多角的な議論を展開することも出来るでしょう。エリアをデータから語ること、これは、地域の未来を考え、鍵となる事業を横に広げていく上で、極めて大切な要素になると考えられます。

ここで、活躍が期待されるのがWell-Beingの考え方と、それを計測する指標の活用です。デジタル庁では、一般社団法人スマートシティ・インスティテュートと共同で、Well-Being指標の計測環境を整えつつあります。現実の統計データからとれる客観指標と、アンケートにより補足する主観指標の2つからなりますが、前者については、全ての市町村が必要なデータを無償でダウンロードできるしくみを構築いたしました。また、後者については、全ての市町村が活用可能なアンケート調査票を公開しており、今更に、問数を絞った簡易版や、それをオンラインで調査するためのシステムの開発なども進めているところです。

市民にとって、街づくりに期待するモノは、事業者の事業利益や生産性の向上ではありません。市民と事業者、自治体が1つの議論を共有していくためには、街の暮らしやすさや暮らしが与える幸福度の議論が必要です。詳細の紹介は、別の機会に譲りますが、このWell-Being指標を活用した、事業者、市民を巻き込んだ対話は、地域のコミュニティ力や、1つの山頂を目指す気運を盛り上げていく上で、非常に大きな役割を果たすと思います。

③　世界のソーシャルインパクトファイナンスにつなぐ

最後に少し毛色の違うことを申し上げて終わりにします。

事業の継続には、必ず、継続的に資金調達が必要となります。生産性を引き上げていくような事業は、毎年の目の前の売上だけでは次のステップに進めません。しかし、地域に十分な資本がなければ、しっかりとしたガバナンスを確立した上で、外部から資本を導入する必要があります。これは長期的な今後の課題となりますが、地方創生は、この継続的ファイナンスの世界に、入り込んでいく必要があるでしょう。

もちろん、地域のサービス業が、テックベンチャー、ユニコーンといったリスクも高いがリターンも大きい世界の投資に互して資金を獲得していくのは、正直難しい課題です。何故なら、ファイナンスの世界は、絶対的なリターンの多寡よりも、相対的なリターンの多寡で動くからです。具体的には、IRR10％のプロジェクトがあれば、IRR６％でも見向きもされませんが、IRR５％のプロジェクトしかない中でIRR６％を提示すれば、お金は集まってきます。しかし、地域のサービス業を巻き込んだプロジェクトで、高いIRRを示す通常の投資案件に匹敵するようなリターンを引き出す事案を見つけるのは難しいでしょう。

しかし、ここでこうした動きとは異なる動きをするファイナンス市場があります。それが、ソーシャルインパクトファイナンスです。

通常、ファイナンスはリターンを求めて投資をします。そのリターンの代わりに、ソーシャルインパクト（社会的効果・貢献）を求めて投資をするので、ソーシャルインパクト・ファイナンスと呼ばれます。世界的に見ると、金融の世界では、資金は正直だぶつき気味です。リターンの高い事業だけを投資先に求めていても、なかなか運用先が全ては埋まりません。しかし、余った投資資金を寝かせておくわけにもいかないのです。このため、リターンは少なくても、ソーシャルインパクトを説明できる事案なら投資をしてもよいじゃないか。実は、そういうお金の存在が、ESG投資やSDGsといった動きを下から支えています。

また、企業の株価の世界でも、ESG投資やSDGsに熱心な企業かどうか、ソーシャルインパクトを追求して社会貢献をしているかどうかで、株価の評価が変わるようになってきています。ですので、地域の資金需要を、こうしたソーシャルインパクトファイナンスの市場に結びつけていく必要があるのです。

こうしたソーシャルインパクトファイナンスの資金と地域の事業を結びつけるには、2つの条件があります。

・第一に、各地域の事業のソーシャルインパクトを、定量的にしっかりと説明すること

・第二に、ある程度調達金額をまとまめること

投資資金を得るには、現地まで来て事業を見届けることが出来ない人でも、投資判断が出来るようにしておく必要があります。もちろん、ファンドマネージャだったり、CVC（コーポレート・ベンチャーキャピタル）の担当者、投資を考えている企業の担当者くらいは、現地に入って、事業の現状を評価していただきたいと思います。しかし、投資判断に関わる人の中には、ファンドのパートナーだったり、投資を考えている企業の役員など、現場に入り込んで納得するまで地域を見ている余裕がない人がたくさんいます。こうした人たちを説得できるようなデータに基づいた説明がなければ、こうした資金もなかなか動きません。

「複数の分野の取り組みが必要になる」とした部分でも取り上げましたが、その際には、医療費の削減、高齢者の健康増進といったことを、健康増進教室を行うだけでなく、交通面、食事面など、さまざまな面から総合的にアプローチし、本当に、医療費の削減や高齢者の健康増進に繋がるような事業を編集していく必要があります。多くの場合、ロジックツリーなどの形に整え相互の関係性を整理し、ある程度データを積み上げることでインパクトを実証していくことが求められるでしょう。

第二に、調達する資金規模をまとめていくことです。投資家や投資を検討している事業者から見れば、5百万円を投資するのも、5億円を投資するのも、審査してかかる手間暇は同じです。仮に、投資の精査やその後のモニタリングにかかる人件費を5％と見積もると、資金調達規模が10億円に届いて始めて、5千万円の人件費が充当できることとなります。となると、インパクトファイナンスを提供する人の関心は、同じ手間暇で大きな金額が運用できる方に、当然ですが、移ってしまいます。

しかし、事業の社会的意義は高いけれども、それを説明するデータが不足している、またはソーシャルインパクトの説明が不慣れだといった状態であればあるほど、見極め投資をする側に、優れた人材を当ててもらう必要があります。しかしそれを、5百万円の資金調達案件に当ててくれといっても、5％で25万円では、せいぜい実費程度にしかなりません。贅沢を言えば、資金調達規模10億円以上にまとめられると、そこではじめて、投資をする側で優秀な方を担当につけてもらえるのが相場観です。

現実には、今の地域に、いきなり資金調達規模10億円のプロジェクトを探せといっても、なかなか難しいでしょう。しかし、健康関連のプロジェクト、もしくはそれに類する事業を広域連携で実現していくプロジェクトなど、少しずつプロジェクト自体も、同じソーシャルインパクトの説明の中でまとめていけば、だんだんと投資する側もコミットしやすくなっていきます。拡大期には、そうしたチャンスもめぐってくるかもしれません。

今はまだ、それを地域で戦略的に仕掛けられるほど熟度の上がっている地域はほとんどありませんが、最終的には、継続的なソーシャルインパクトファイナンスのコミットの下で、ソーシャル・スタートアップが持続的に生まれてくるような環境を作ることが、デジタル田園都市国家構想プロジェクトの先に目指すゴールにもなってきます。鍵となる事業の立ち上げやデジタル基盤の立ち上げに成功した、エリアの投資文化の核を担う人たちが、自治体と一緒になって、こうしたソーシャルインパクトを束ねて、世界のソーシャルインパクトファイナンスの市場に結びつけていくような努力をこそ、今後、積み上げていく必要があるのではないでしょうか。

さて、本章の最後に、ここまでしてきたお話を、更に少しまとめてみます。

地方創生の取り組みの理想的な絵姿は、最後にお話したとおり、つながりのあるソーシャルベンチャーを、連鎖反応的に抱き起こしていく作業そのものにほかなりません。ソーシャルベンチャーが次から次へと立ち上がるような経済循環を、各エリアに立ち上げる。それが、地方創生の究極のゴールです。あくまでも究極のゴールですから、全てがそこにたどり着く必要はありませんが、そこを目指していく上では、以下のような取り組みを実現していくことが必要です。

- まずは、街に多様性を引き込み、変化への熱を温める暖気を繰り返す。
- GPをさがし、エリア論を語り、鍵となる事業を探しながらデジタル基盤を整備する。
- 連鎖反応的に新しい事業を抱き起こしていく。
- その中で、データで街を語り、これらの活動のインパクトを数字に変換し、そうした活動を広げる中で、1つの街づくりを目指す柔らかく優しく大きなコミュニティの組成を目指す。

要約をすれば、そんな流れになるのかなと思います。

地方創生に取り組むに当たっては、こうした大きなビジョンを忘れないことが大切です。ただし、現実に目の前にあることは、地味な調整、地味な課題の解決です。取り組みは常に、地道な調整や実践の積み上げでしかありません。いずれも、1人の人材や、特定の考え方、価値観だけで実現するものではありません。むしろともに取り組むべき人材の間の考え方や思いのギャップは、とても大きいのが現実ではないでしょうか。地方創生に取り組む。そのための目の前の会議の調整1つ1つが、メンバーの選定からタイミングの設定までとても悩ましい。そんな状況で、こんな抽象的なことを念頭に置けと言われても、なかなかそうはいかない。それもまた、1つの現実です。

しかし、そんな時こそ、大切なのはチームであり、チーム力です。個々の調整の積み上げをする人。コミュニケーションが得意な人。発信が得意な人。事業戦略を練るのが得意な人。知恵やアイディアの提供が得意な人。とにかく体力と胆力でプロセスを前に転がしていくのが得意な人。域内外で、地域の課題を何とかしようと思う人たちが少しずつ、出来る知恵と力を出し合う協同作業をどうやって上手に作り、大きく育てていくか。最終的には、よいチームが必要です。

特に、最初の立ち上げ段階は大変です。そんな地域に、最終的に求める大きな取り組み方向性の枠組みを、1つの仮説として、本章では提示してみました。自分の地域がどのあたりのステージにいるか、少し仮説を立ててみながら、この章を参考に、今それぞれのエリアに必要なもの、必要なチームのメンバーを考えてみていただけると、嬉しいです。

第3章

先駆者インタビュー

地域を見る目の「解像度」を高め、次のステージへ　古田秘馬氏

——7回まですべての先駆者会議を終えてみて、いかがでしたか。

まず、この会議体の仕組み自体がとても新鮮で、面白い試みだと思いました。少人数で集まり、毎回持ち回りで1人のメンバーが自分の事例をプレゼンして、みんなで議論しながら深掘りしていくカタチ。ありそうでなかったんですよね。

普通は講演会やシンポジウムのようなスタイルで、地域活性化の専門家なり成功者なりがわりと一方的にしゃべるのを拝聴して終わる。みんなで議論といっても、傍聴者が大勢いたらやりにくい。かといって、ただの会議では深掘りするまでに至らなかったりする。いろいろなゲストを呼んできて事例発表をする催しもよくありますが、みんなで情報はシェアできたとしても、登壇した本人さえも新しい気づきが得られるような場はあまりなかったんじゃないかと思います。

今回の場合、ただ事例を紹介するだけでなく、それぞれの回にあらかじめ大きなテーマのようなものが仕掛けられていて、回を追うごとに地方創生へのステップを踏んでいけるよう「章立て」がなされていた。例えば、僕の回なら「自助から共助へ」、2回目の竹本さんなら「公助から共助へ」というように。だから、議論を重ねていくことで、自分たちの見方・考え方に対する「解像度」がだんだんと上がっていく感覚があったし、自分自身の思考も深掘りすることができた。それがすごくよかったと思います。

会議の冒頭や要所要所で、その回の事例に関する動画を見るという趣向もよかった。堀さんと宮瀬さんが現地で取材してまとめてくれたものです。

――映像にはどんな効果があったと思われますか？

第三者のジャーナリストが、客観的な目線で撮っていることが非常に重要なポイントだと思います。映像を使ったプレゼンテーションというのは特にめずらしくないし、僕らもプロジェクト紹介のビデオはたくさん作ってきました。ですが、それはやはり当事者の目線です。

堀さんや宮瀬さんはそれとは異なる一歩引いた視点から見て、「これは何ですか」「それとどうつながるんですか」とか突っ込んでくれるので、僕らもきちんと言語化できていなかった要素が引き出される感じがあったんですよね。しかも、7つの事例、それぞれの現場を一貫して取材しているから、ずっと同じ目線で追うことができるし、話がつながっていく感がある。それがまた回を重ねるごとに解像度を上げてくるので、みんなの深掘りもより進んでいったという相乗効果です。

堀さんと宮瀬さんは会議でもファシリテーターを務めてくれて、客観的な立場から話の要点をかみ砕いてくれました。「つまり、こういうことですか？」というように。僕らと村上さんだけの集まりだったら、たぶん話はどんどん専門的な方向に流れてしまい、端から見てわかりづらいものになったんだろうと思います。

――会議はほぼ狙いどおりに進んだということですか。

いや、章立てがあるといっても緩やかなものだし、初めはみんな、この会議がどこに向かっていくかは誰も見えていなかったんじゃないかな。山登りをしながら1つの峠を越えたとき、次の峠が見えてきた。そんな感じです。

別の言い方をすると、それぞれ別のルートで同じ山を登ってきたメンバーが、山頂にたどり着いたところで顔を合わせて談義している。「ああ、そういうルートもあったんだね」とか「そっちのルート、ちょっと行ってみたいな」とか言いながら、互いの情報をシェアして知見を蓄え、次に登るべき山を思い描いてみるような。

そういう意味でも時間をかけて、みんなで認識合わせをしながら進められたのはよかった。ともに学んでいったという印象でした。

――全員が潜在的に共有していたものが言語化され、顕在化したわけですね。古田さんご自身にとっての新しい発見は？

そうですね、先ほども言った海士町のケース。まちの高校の再生という「公助」の試みが発端となり、徐々に人々を巻き込みながら「共助」の仕組みへと発展させていくアプローチがスゴかった。共助の中にもいろいろなレイヤーがあって、自助に近い共助もあれば、公助に近い共助もある。それに応じて入り方もいろいろあるのだと思います。

それと、牧さんの西粟倉村のケースも勉強になりました。小さく始めた事業を地道に広げていって、ある程度の規模になった段階で次の展開をどうするか。村上さんの言う「拡大ステージ」への進め方ですね。僕らもある意味でその段階にあるだけに、共感できる部分が大きかった。また、牧さんの会社がちゃんと人づくりをして、雇用のことまで考えながらやっているのには大いに刺激を受けました。

――この会議を踏まえて、次にどんなことをしたいですか？

地方創生の現場をめぐり、それぞれの土地で同じような会議を開催する、その様子を地域の方々にも見てもらう。そういう展開もあると思いました。東京でやると距離感があるというか、地元でやるほうが自分事化できる。一緒にやろうという気運になりやすいように思います。

もう1つは、大企業を巻き込むこと。それも、役員クラスのある程度の影響力のある人に参加してもらい、認識を深めてもらえたらと思っています。担当者レベルで地域づくりの勉強会に参加する企業人は結構いるんですが、そういう人たちが組織を動かそうとするときは、やはりトップの理解が必要なんですよね。

今回の会議では藤沢さんから投資の話やソーシャルインパクトの話題もありましたし、いわゆるＣＳＲではない、収益化も望める地方創生への企業の関わり方はいろいろとあるはずです。そういった展開にも期待しています。

固有名から機能へ、地方創生の構成要素を探る　竹本吉輝氏

——竹本さんご自身にとって、先駆者会議はどのような意味がありましたか。

自分自身の思考を深掘りさせてもらえました。今まで自分たちがやって来たことが内包する要素、あるいは機能といったものを改めて認識し、再整理することができた思いです。

例えば、安部さんが「大地の芸術祭」を核に進めてきた取り組みをきれいに図式化して説明してくれましたが、あの話を聞いてものすごく脳が活性化された気分でした。リディラバが担っているのは全体のどの部分なのか、まだ足りていない、これからの課題はどこにあるのか。また、この取り組みにおいて、安部さんの言うアクセプターやコミッター、インパクターがどういう存在であるのか、そういうことが非常によくわかりました。

同時に、その地域に最初に入り込んで活動する個人、大地の芸術祭でいえば北川フラムさんや原蜜さんという個人の果たす役割を、1つの「機能論」にまで昇華して示すことに成功している。非常に刺激を受けましたし、面白かったです。

——そういった要素や機能は、すでに竹本さんがトビムシの活動において実践されてきたものでもありますよね。

そうなんだと思います。私個人であったり、トビムシという会社であったり、あるいはそこで実際にいろいろな機能を担っている担当者であったり、それぞれに当てはめてみて再編集することができたのは収

穫でした。

地域活性化の話でよく6次産業化という言葉が聞かれますが、あれは6次産業化すること自体が目的ではなくて、地域の営みをサステナブルなものに変えていこうとすると必然的にそこに行き着くのだと思います。それと同じように、我々の活動も未知の土地に入り込み、地元の人たちとさまざまに関わり合いながら事業を起こし、そこでしか得られないマーケットを創り上げていく。その過程で必然的に求められる要素や機能があるのだと思います。それを再認識できたということです。

――海士町では高校改革を軸に取り組みが広がりました。「教育を起点に地域を変える」というのは、地方創生における1つのパターンになり得るでしょうか。

パターンという言い方は少しニュアンスが違うのですが、まず学校教育に関して言うと、市町村などの基礎自治体が管轄するのは義務教育までで、高校になると都道府県の管理下に移ります。したがって、高校改革といっても基礎自治体が主体的に進められるとは限らない。実はそこがネックになって、海士町の取り組みを見た他の自治体から高く評価されることがあっても、「うちでは難しい」となりがちなんです。

それを海士町で実現できたのはなぜかというと、島ですから、1つしかない高校が廃校になったら若い人は島の外に出て行くしかない。他の財源を充ててでもそれだけは回避したいという事情が、陸続きの他の自治体とは異なっていたからなんです。

つまり、地域にはそれぞれの事情や特色があり、1つの事例をパターンとしてそのまま当てはめるのは難しい。例えば、いくつもの成功事例を比較研究したところ、5つの必勝パターンに絞り込めましたという話ではまったくない。そうではなく、ある地域を見て、別の似たような環境で成果を収めた地域の手法や、そこに見られる要素が適用できる可能性を得る。あるいは、共通の認識や感覚、姿勢が必要であることがわかる。そういったニュアンスです。

――そういうことが、個人の機能論にも言えるわけですね。

はい。属人的な意味ではなく、機能としての個人。例えば、古田秘馬という天才的な仕掛け人がいたから三豊は成功したと、多くの人はそんな見方をします。確かにその面はあるにしても、古田さんの備える機能を要素分解することにより、別の人物が似たような働きをすることも可能になるはずです。それに、加戸さんが1人で背負ってやってきたようなことも、何人かで分担できるかもしれない。そうした要素を分析することが、この会議の役割でもあったわけですね。

ただし、それは人に依拠することを否定するものではありません。Aさんという人物がいなくてもできるけど、Aさんが務めてきた機能を担える別の個人が必要であることに変わりはない。その意味では、脱属人というより脱固有名と言ったほうがよさそうです。

いずれにしても、先駆者会議に集まったメンバーはみなそれぞれが固有名の個人として活動を広げてきた面があるがゆえに、そこから離れて個人を機能化することへの渇望が強いんだと思います。

――次の展開としては、そうした機能を担える人物を増やしていくことになりますか。

それもありますね。地方創生に人が必要であることは確かです。決して固有名ではない、自立した個人として、役割を持って協働できる人たちが求められると思います。

先ほどいろいろなことが整理できたと申し上げましたが、人に関して言うと、村上さんのおっしゃるG

Pやエリアオーガナイザー、アクセラレーターといった人間の位置づけや役割については、今回の先駆者会議では十分に議論が尽くせなかったように感じています。そこにまだ突き詰める余地が大いにあるのがわかったこと自体を1つの成果として、次のフェーズでさらに議論を重ねられたらと思っています。

外国メディアの威も借りて「儲かる地域」に　上山康博氏

――先駆者会議ではロビー活動のお話もしていただきました。他のメンバーにとってかなり刺激的だったのではないかと思います。

確かにちょっと、皆さんのやってらっしゃることと比べたら異質やったかもしれませんね。牧さんがおっしゃっていたように、地域に入り込んで事業の種火を起こし、小さなところから熱意を注いで徐々に大きくしていくっていう、焚き火のようなアプローチはもちろん素晴らしいと思っています。僕の場合はまた違ったやり方で、行政とか政治とかに働きかけたりしますんでね。こういう山登りの仕方もあるよっていうのは、伝えられたかなと思います。

ただ、先駆者会議は僕自身にとって勉強になりましたよ。地域それぞれの事情や環境があって、やり方も違うし、皆さんの考え方もそれぞれにある。刺激になったし、楽しかった。今まで僕が個別具体的に感じてきたことを、皆さんとお話しすることによって抽象化できた。その抽象化できたものを自分の現場に戻して、また具体化するという、そんな感じですね。観念的だったものが言語化された、整理されたと言ってもいいです。

――ご自分の動き方、考え方が変わったということはありますか？

僕が生きてる世界というのは基本的に観光なんですが、そこに先駆者会議で話し合ったようなＧＰ的な機能を持たせることもできるかなと思い始めています。ＧＰというのは大きな括りでいうと、金融・ファイナンスの話ですよね。それをどう取り込んでいくか。

例えば、国内市場は全体的に弱くなっているので、投資なり所有なりに外資を引っ張ってきて、オペレーションの部分は地域でやるというような方法もある。土地だけ売って終わりだと地域に何も残らないので、ファンドをつくって事業を起こし、GPを中心にいろいろなLPを巻き込んで、収益化をした後の運営は地域に任せるという。会議でもそういう話がたくさん出ましたよね。

——地域にオーナーシップを残しつつ、取り組みの火を地域全体に燃え広げていくようなイメージですね。

そうですね。そのために、地域の人たちとの連携や、組織づくりといったところを僕なりにもう少し強めていきたいなと。

結局、地域の経済が継続的に回っていく仕組みができないことには駄目なんですよ。儲けないといかんのです。信者と書いて「儲」ですから、信者が増えへんかったら絶対に儲からへん。どの地域にもやる気のある人は何人かおるはずだから、そういう人たちを引き込んで行政との間をつなげるとか。地域って、行政がやはりすごい影響力を持ってるから、民間だけじゃなくて、行政や政治との関わりも積極的に求めていくべきじゃないかと僕は思っています。

——外資といえば、外国人からその地域が評価されることで説得力が増すというお話もされていましたね。

そうそう。日本人に褒められると、なんとなくお世辞っぽく聞こえたりするけど、外国人は心から褒めてくれるような気がするし、素直に喜べて地域の自信にもつながる。そういうことが活性化につながるんじゃないかと思います。その意味でもインバウンド観光客は大事ですよね。

観光だけでなく、例えばスポーツ交流でもいい。徳島県の阿南市が「野球のまちおこし」っていうのをやっていますね。プロ球団を呼んでくるんじゃなくて、草野球のチームを全国から誘致している。いろんなチームに来てもらって、試合をして、選手をもてなすんですね。そんな感じで、外国との間でラグビーやサッカーで交流するとかね。

あと、小っちゃなＭＩＣＥ（会議や研修、イベントなど）をたくさんやって積み重ねていくのもいい。青森県はにんにくの生産で有名ですけど、何年か前に黒にんにく国際会議というＮＰＯをつくって、「世界黒にんにくサミット」をやり始めましたね。イギリスやフランスからも「黒にんにく大使」が参加するんですよ。こういうつながり方もありだと思うんです。

要は、なんでそこに行くのか、その理由を地域につくっていく。需要創造が大事なんですよね。そこにまた、広報価値っていうものも生まれてくる。

——その広報価値をどのように発信したらいいでしょうか。

最近はＳＮＳをうまく使って拡散するのが大事だってよくいわれますよね。それ自体は否定しないし、どんどんやったらいいと思うんだけど、僕はやっぱり投資効果が大きいのはジャーナリストの声やと思うんですよ。本質的なものをきちんと捉えて洞察し、記事あるいは写真や映像として表現できる技術。そのテクニックを備えたプロによる発信効果はでかい。ＳＮＳのネタ元もそういうところだったりしますしね。

特に外国メディアの記者がいいですね。できれば海外からメディアツアーを組むなりして来てもらい、その土地で本当に思ったことと感じたことを報じてもらう。僕が絡んでる平戸市の「城泊」もＢＢＣに取り上げられて、ヨーロッパからの申し込みに火がついた。最近だと、New York Times の「２０２３年に行くべき52カ所」に盛岡市が選ばれましたよね。これはむしろ当の盛岡市が「えっ！　そうなん？」って驚いて、慌てて観光に力を入れだしたとか。こういう外圧をうまく活用するっていうのも大事です。

今回の先駆者会議でそういう発信力の大切さも改めて認識できたと思うし、現地のコンテンツをどうつくるかという僕なりの原点にこだわりつつ、需要創造をしていきたいと思いました。

「投資理論」で地方創生をもっとスーパーにする　藤沢久美氏

――藤沢さんご自身にとって、今回の先駆者会議はどんな意義がありましたか。

２つの面で地方創生を「普遍化」できたことが、私にとってすごく意味のあることだったと思います。

１つは、現象面での普遍化。起業家の成功譚なんかもそうですけど、こうした地方創生の成功事例って、わりと皆さん、こんなことをやりましたという事実のみを語るケースが多くて、そういう情報はすでにもう世の中にたくさん出回っているんですね。にもかかわらず、いざそれを真似しようとしても容易にできなかったりする。

それをこの会議では、その現象に含まれるあれこれの要素を、１つ上のメタレベルから見られるように引き上げてくれたのだと思います。誰かがそれをやろうとするときに何をすればよいのか、どこに軸足を置けばよいのかがわかるよう、言語化し、図式化してくれた。

もう１つは、感情面の普遍化。堀さんと宮瀬さんがつくってくださったビデオ映像のお陰なんですが、その地域で取り組んでいる人たちが感じてきた苦労や不安、期待感だったりの感情的な部分を第三者目線で客観的に伝えてくれた。普段はなかなか言語化されない部分ですが、それを映像の力で見せてもらえたのはすごくよかったです。

――先駆者会議のメンバーには、藤沢さんも含めて、具体論と抽象論の両方を語れる方々に集まっていただきました。どんなふうに感じられましたか。

だからこその普遍化だったと思うんですが、最初はもう私なんかここに入っていいのかなって思いもあって。皆さんそれぞれが現場を動かす強い力の持ち主であり、同時に深い思考も持っていらっしゃる。それなのに私は現場への関わり方がまだまだ足りない気がして、だからとても刺激的だったんですよね。私ももっとやらなきゃって。

実はそんなときに、私事になりますけど、今の勤め先の国際社会経済研究所（ＩＩＳＥ）というシンクタンクに来ないかというお誘いがあって、ここなら自分も手触り感のある現場に関われるような気がして移ることになったんです。ですから、先駆者会議は私のキャリアの意思決定にさえ、ものすごく影響力があった。

それまでの私はどちらかというとアドバイスをするような仕事が中心だったから、現場を動かすことに惹かれたんですね。お陰様で今は、いろんな意味で現場感のある仕事をやらせてもらえて、日々もう汗だくです（笑）。

それはともかく、先駆者のメンバーは1人ひとりがまったく違うキャラクターで、すごいことをやってこられて、お話もとても面白い。初めこそ各人が「尖った山」みたいな存在でお互いに様子見をされていたのかもしれませんが、最後にはその山の頂上がすべてつながった、あるいは地下水脈でつながったような、フラットな関係ができた感じがします。

――会議の中で特に印象に残ったお話はありますか。

誰の事例ということではなく、皆さんのお話の中にあった教科書には書かれていない人間模様のようなところに惹かれました。プロジェクトに関する話は往々にして、お金集めはこうすればよいとか、こんなステップを踏めばうまくいくだとかの方法論が目立ち、ある一点に向かって人の心を寄せていく作業の難しさや人間力にスポットが当たることはあまりないんですよね。その部分をしっかり見せてもらえたのがよかったと思います。

――藤沢さんが話してくださった地方創生における投資論、そこが引き金となってある種の「型」をどうつくるかの議論が発展していきました。

この会議の全体を通じて私が改めて強く感じたのは、ファイナンスあるいは金融のスキームの大切さでした。地方創生の現場を動かして、かなりの成果も上げて、それでも最後のステップで事業のスケールがまだ足りないという状況があるとすれば、その要因の1つはお金の使い方だと思うんです。

お金をいただくための最も基本的なことは、事業の効果を見える化してお返しするという、まさにディスクロージャーの部分です。それはお金に限らず、例えば人に投資をしたらその人物の成長の度合いを測るのと同じように、経営の基本でもありますよね。

その経営的視点をもっと取り入れて、ソーシャルインパクトとビジネスの関係性を近づけてあげることが、地方創生の今後の課題なのかなと思いました。私のような起業を専門にする人間からすると、お金の部分だけが問題なのであれば、ハードルはそれほど高くはない。地域を元気にする素晴らしいノウハウがすでにあるわけだから、それにあと投資のノウハウを加算すればものすごくスーパーになれると思う。

私が思うのは、これは実は地域だけの問題ではなくて、今一歩のところで大きく成長できない日本の伝統的企業、あるいは日本自体にもあてはまることなんじゃないかと。

この先駆者会議が今後も続いていくとしたら、そうしたファイナンスや投資の部分をどうしたら強くできるのか、そうしたノウハウを持ってサポートできる人材をどう増やしていくか、といったことも話し合いたいと思います。

支援者の論理に偏らない真の「伴走者」が必要　加戸慎太郎氏

――先駆者会議に参加されて、どのような感想を持たれましたか。

地方創生と一口に言っても非常に大きなテーマですし、事業のやり方や切り口も地域によって千差万別です。その地方創生のさまざまなアプローチを見せてもらえたこと、またその要素を共通言語化できたことはよかったと思います。

ファイナンスやＧＰの役割といった視点を盛り込めたことも、これまでに語られてきた地方創生のイメージを変えるというか、別の側面に光を当てるうえで意味があったと思います。

ファイナンス用語としてのＧＰはファンドを組んで運営するベンチャーキャピタルのような位置づけなので、厳密に言うとこの会議で語られてきたＧＰの意味合いとは微妙に異なる部分があると思います。ただ、今後の地方創生に経営的視点を持たせて先に進めていくためには、事業を主体的に運営するＧＰ的な人間やそれをサポートするアクセラレーター的な役回りが必要になることは確かなので、そういう人たちを育てる「藻場」の必要性も含めて議論ができたのはよかったです。

一方、いろいろな方面から議論をしてきて要素もたくさんあったので、それらのパーツをうまく組み合わせてストーリー立てすることは大切だと思います。そして最終的には、どんな地域にも適用できる地方創生のスタートアップエコシステムをつくる。それが重要だという認識は共有できたと思います。

――特に印象に残った事例や議論はありますか。

共感できたという意味では、海士町や西粟倉村の取り組みでしょうか。事業主体に対しての働きかけや、事業計画の立て方、あらゆる関係者を巻き込んでの進め方、それらがうまく機能するような仕組みづくりや場づくり。そういうものの全体がスゴいなと思いましたし、1つのモデルになり得る取り組みではないかという気がします。

海士町の話で竹本さんがおっしゃった「ひとつが残るためには全体が残らないといけない」という言葉。これは私自身も地域であれこれ苦労をしてきただけに深く胸に刺さりました。いろいろな立場や考え方の人がいますから、頑なに反対する人たちさえも逆方向に変えていけるだけのマネジメントスキルを備えないと、とても前には進められないんです。そうした部分も含めたうえでのアーキテクチャーに対し、しっかりとお金がついてくるというのも素晴らしいと思いました。

――加戸さんの場合は事業主体となる地域側の当事者でありながら、域外から来た支援者の役割も同時に果たされました。その立場から思うことはありますか。

情熱を注いで事業に取り組む地域側の人間にとってのインセンティブと、その活動に投資をする外側の人間にとってのインセンティブをどう擦り合わせたらよいか。そういう視点も大切ではないかと思いました。

今回の会議では、地域に対して支援を供給する側の論理が割と中心だったような印象を私は持ちました。それはもちろん、意義のあることだったと思います。地方創生に関わる人口や資金を増やすために必要な要素や機能が言語化され、ある種の定義づけがなされたわけですから。

ですが、支援する側はそれで意気が上がるとして、地域の現場で汗を流す人たちがそれを聞いて「よし、頑張ろう」という気になるかどうかといえば、自信がありません。私自身が事業側で苦労した経験も踏まえて考えると、周囲に頭を下げ続けてでも自ら主体となって事業をやり抜くモチベーションとは何なのか、そこが非常に気になります。なぜ自らリスクを取って事業を立ち上げるのか、何のために地域づくりに熱意を傾けるのか。そんな視点も含めて地域側も納得できるような筋書きなり、仕組みづくりなりができたらいいなと思っています。

その点から言うと、成功体験を持つ先駆者だけでなく、現場で孤軍奮闘して悩んでいる人や失敗してしまったような人も招いて、語り合う場があってもよいのではないでしょうか。

――地方創生を前に進めるために、加戸さんご自身は次にどんな展開を望んでいますか。

先駆者会議の今後という意味で言えば、例えば、ある地域における現実の取り組みを題材として、先駆者のメンバーが実際にその現場に入って自由に料理してみる、という試みはどうでしょう。ソーシャルインパクトを考え、ファンドをつくり、ＧＰやアクセラレーターも投入する。地域で頑張る人たちのインセンティブも考えて。そうすると、地域の取り組みに伴走する支援者に求められる要素やノウハウの解像度が、また少し上がるような気がします。

地方創生そのもので言うならやはり、すごい先駆者がいなくてもできるスタートアップエコシステムの創出です。それには、ソーシャルインパクトのファイナンスを組み込むことや、事業を支援する伴走者の存在が不可欠ですから、そのあたりの仕組みづくりをどうするかの議論がもっと必要でしょう。

私個人としては、共助のマーケットづくりを進めること。公助だけでは支えきれない、自助だけでも回らない、そんな今の地方の現実を変えるには共助の仕組みを広げるしかないと思うし、それにはデジタル基盤とオープンデータの活用が不可欠です。地方創生の成否は詰まるところ、それに懸かっていると思います。

「関係人口の資産化」を組織的に行う仕組みづくりを　安部敏樹氏

――先駆者会議を振り返ってみていかがですか。面白いと思えたポイントはありましたか？

1回目からめちゃくちゃ面白かったです。あの「UDON HOUSE」の話がまず、事例としてすごく面白かった。1泊3万円の泊まれるうどん屋でインバウンドの外国人を引きつけ、そこできちんと利益を出して事業として回す。その成功事業を起点に地域の人たちの関与を広げていき、次々にいろいろな事業を起こしていく。理論上はうまくいくはずの話ではあるのですが、現実にあそこまでキレイに実践できるケースは、なかなかありません。現場には、古田秘馬さんのディレクションのもと、いろいろな葛藤を抱えながらも物語を紡いでいく若者の群像劇みたいなものもあり、コンテンツとしての面白さもスゴかったと思います。

秘馬さんとは今まで全くコミュニケーションがなかったのですが、今回話をしてみて「この人、すごくわかっている」と感じたし、本会議は、回を重ねながらGPとかファイナンスなどの話に話題が展開していくのですが、秘馬さんはすごい精度でこの話に絡んでこられた。そういう現場感覚と金融リテラシーの両方を兼ね備えた人って、なかなか希有だと思います。

もちろん、他のメンバーもみんなすごい。こうやって話をしながら自分自身の解像度も高めていけるキャッチボールの相手って少ないんです。そういう人たちと定期的に話ができるこの先駆者会議が、僕個人としてもすごくよかった。総じて言うなら、会議体のフォーマットとして非常によくできていたというのが感想です。

――堀さんとは以前から交流があったそうですね。ビデオ映像についてはどうでしたか？

格好よく仕上げてくれました。あまりトンマナ（調子や作法）にも囚われず、生のままに近い実相を映し出してくれたのもよかった。それにもまして、堀さんや宮瀬さんがすごかった。ご自身は当初は地方創生にそこまで詳しいわけではなかったのに、回を追うごとに本質に気づいていかれたようで、取材の仕方や動画のつくりがどんどん変わっていった。その進化の過程もまた面白かったです。

僕らのリディラバが狙っていることって、ミクロな現場のオペレーションというよりも、実は背景にあるマクロなレイヤーの仕組みづくりをする取り組みが多いから、映像との相性はそもそもあまりよくないんです。それを見事に、堀さん達の映像が現場のイメージを補完的にチューニングしてくれたという印象です。

――取材をされることで現場の方々の当事者意識が高まるというお話もありました。

それは絶対にそうだと思います。僕らがやってるスタディツアーも外から人がやって来て現場でインタラクションを起こす点では取材と同じです。しかし、ツアーの場合は外の人間に対してより大きな変化を引き起こすのに対して、取材の場合は逆で、内側にいる人の変化が大きい。そのことで自分事化が進むという話です。

実はこういう仕組みづくりは僕らの得意とするところで、今回の会議でも社会課題解決のエコシステムが出来上がるまでのステップを説明させてもらったんですが、こういうことを専門にしているプレイヤーはたぶんほかにはいないと思う。その役割というか必要性みたいなものが先駆者の人たちにきちんと伝えられたのだとしたら、リディラバにとっても、この会議がさらに意味あるものになったのだと思います。

とはいえ、話を聞いて重要性がわかることと、それを実際に再現できることとは別ものです。僕らの言う「藻場」を誰かが安定的に再生産するための事業構造をつくることは意外に難しいはずで、まずは知ってもらう、広めていくことが大事ですね。

――リディラバという組織自体がそのエコシステムになり得るとも言えそうですね。今後はどうしていかれますか。

確かにそこを目指していて、関係人口の資産化みたいなことを一生懸命にやっている面はありますね。社会問題とか地域活動の現場って、外から新たに入ってくる人に求める要件が異様に高いんです。「目利き」のレベルが異様に高いというか。だから意気揚々として現地に入っていくものの、その高すぎる壁を前にあえなく崩れ去っていく人は少なくない。そこに対してリディラバがある種の緩衝材となる場を設け、経験知を得ることで個人の成長を促していく。

うちの社員はそうやってとにかく現地に行ってもらって、なんでもかんでも自分で体験してもらう。それで散々大変な思いをしながら積み重ねたものが、個人の経験知であると同時に組織の記憶にもなっていく。その記憶が溜まっていくから、他のメンバーが別の地域で似たような状況に出くわしても難なく突破できるようになる。そんな感じです。

今まではこれをリディラバの組織内ですることが多かったんですが、これからは組織外の人たちとも一緒に取り組み、地方創生を実現する人材づくりとしてやっていかなくてはと考えています。

地方創生「先駆者モデル」を武器に事業拡大を望む　牧大介氏

――先駆者会議に参加して「解像度が上がった」ことがあるとすれば、牧さんにとってはどんなことでしょう？

自分の頭の中に漠然とあったもの、あるいはなかったものが共通言語として浮かび上がってきた感はすごくありますね。地域の未来を考えるための大事な概念が整理され言語化された、非常によいプロセスだったと思います。

僕自身は普段、現場での活動に埋没しているほうなので、こういうふうに論理的に物事を考えて深めていく時間はすごく貴重なんですね。そんな場を定期的に持てたことに非常に感謝しています。それに、ただ言語化するだけでなく、それが自分の中で1つのフレームとして定着すると、次に何をするかの仮説も立てやすくなると思うんです。

実際、うちの会社はちょうど今、鹿児島県錦江町で新しいことを始めつつあるのですが、先駆者会議で理論化してきたものが役立つ予感がしています。地域の事情はそれぞれ異なりますから、やはり1つの地域で培った経験だけでは太刀打ちできない部分があるんですね。その意味でも、他の地域の具体的なことを学び、なおかつ抽象化も同時にできたことは本当によかったと思っています。

――現場を知ることと理論を知ることの両方が大事なんですね。

そうですね。まず現場感を持つことが大切ですが、それは現地に行かないとわからない。だから今回の会議でも、もし堀さんたちが取材したあの映像がなかったら、第三者からすれば冷めて見えるというか、「東京で専門家たちがなんだか小難しい議論をしているな」程度で終わっていたかもしれません。今回は実際にその場に行けないまでも、映像を通じて地域に息づく人たちの声や表情、空気感を共有できたからこそ、そこを起点に議論を広げられたんだろうと思います。その意味で、地方創生に関わるすべての人に、やはり現場を知っていただきたいですね。

安部さんもおっしゃっていましたけど、第三者の目線が入ることは現地の人にとっても意味あることです。その土地に流れる物語が映像として可視化されることで、「なるほど、そういうことなんだ」って改めて認識することができる。西粟倉村で言えば人口1400人足らずの小さな村ですが、そこにも1人ひとりの無数の物語があるんです。それらを村の人々がすべて共有しているわけではありませんから、何らかの文脈を取り出すだけでも発見があるのだと思います。

最初にも言いましたけど、現地で仲間だけで話をしていると、物事を抽象化して見る機会はほとんどありません。ですけど、本当は要所要所でそれをしないと、同じような取り組みを他で再生産したり、次のステージに進んだりということがしづらくなるんでしょうね。そのことを学べたことも今回の収穫でした。

――そうした経験を踏まえて、牧さんの今後の活動に何か変化は起きそうですか？

先ほどお話しした錦江町で、まずは「暖気ステージ」をどうつくっていくかです。こういう初期段階があることを認識するだけでも、仕事の質や運び方が全然違ってくるような気がしています。

実は近いうちに、三豊市に視察に行かせてもらうことになっているんです。うちの社員を連れて泊まりがけで。古田さんが会議でおっしゃっていたベーシックインフラ・モデルというのがどういうものか、実際に現地でお話を聞いて勉強させてもらおうと。僕らには今までなかったセンスや知見に直に触れてみたいと思いまして。そうやって他の地域と比較してみることで、新しい発見があるだろうし、自分たちの地域の特性もまたよく見えてくるんじゃないかと思うんです。

先駆者会議で刺激をもらった僕の体験を、僕だけのもので終わらせたくないし。社員に話したら、みんな乗り気で、10人も行くことになりました。こういう地域間交流が生まれることも、会議の産物の1つといえますね。

すでに起きている変化としては、事業のKPIとして所得を見るようになりました。今まではあまり気にしてこなかったのですが、やはりこれから事業のスケールアップを目指していくのであれば、地域の所得を上げていくことを1つの指標にしなければならないと。エーゼロのローカルベンチャー育成部門では早速、担当している地域の課税所得や納税者数などを意識するようになっています。

――次の目標としては「拡大ステージ」へのステップアップですね。

事業規模を拡大し、経済的な力を持っていろいろな可能性に投資をしていきたいし、投資を呼び込める地域にしていきたいと思っています。ただ、僕らの持ち味を考えると、いきなりIPOで株式上場を目指すというよりも、もう少しじわじわと積み上げていくイメージなんですが、まだ具体的な道筋は見えていない段階です。どんな資金調達の方法があり得るのか、会社の資本政策、そして地域の資本政策を煮詰めなければと思っています。この先駆者会議が今後も続き、拡大期の方法論を模索する話し合いができるのなら、またぜひ参加させていただきたいと願っています。

地域に潜む本当の想い、声なき声を「ことば」にして

堀潤氏
宮瀬茉祐子氏

——7回にわたって先駆者会議の現場を取材されました。どんな映像を撮ろうと思われましたか。

堀：私はＮＨＫ出身、宮瀬はフジテレビ出身で、ともに長いこと報道の世界に身を置いてきた中で、まだ世の中には言葉になっていないものがたくさんあることを知りました。言葉や写真では伝わりにくい抽象概念や人間の機微、あるいは話している本人でさえ気づいていない本当の想い、そうしたものに改めて向き合い「言葉化」したい。そんな思いを持って独立して、「わたしをことばにする研究所」をつくりました。

ですから先駆者会議を取材して映像化するお話をいただいたときも、まず初めに考えたのは、プレゼンターとして地方創生の成功事例を話される7人の先駆者その人にこそ、新しい何かに気づいてもらえる仕掛けをつくることでした。映像をつくる過程でご本人にも地域の方々にもさまざまなヒアリングを行い、言葉にならない言葉を引き出し、それをもとにワークショップをやりましょうと。それはまた、その土地で暮らす方や活動する皆さんにとっても、自分たちの日常やプロジェクトを見つめ直す機会となり、次の扉を開くための一助になるのではないかと。

普通のニュース取材だと取り上げる現場の数や時間には限りがあるし、お話を聞いても核心に触れる本音はなかなか表に出てきにくい。だから、今回の先駆者会議では基本的に非公開とすることを前提に、言

いにくいことにもあえて斬り込んでお話しいただきました。また、事前のヒアリングや現場取材に加え、会議で話し合っている様子も映像に残し、客観的に振り返ってもらえるようにしたのです。

宮瀬：そういう下ごしらえにはだいぶ時間をかけましたね。現地に行く前のヒアリングは最低でも2回、その事例の先駆者にも関係者にもお話を聞いて、それをもとに仮説を立て、キーワードを設定して組み立てを考え、現地で誰に会い、何を取材するかを詰めていく。その準備に1回につき1カ月以上はかかったでしょうか。

といっても、現地取材は毎回突貫で、予算もあるので日帰りでしたよね（笑）。滞在約5時間で、あらかじめお約束した方々に会うんですが、そこで浮き彫りになる本音は全体の半分くらい。残りは現地でしか会えなかった人、聞けなかった話、見えなかったことの数々で、それらの膨大な記録を映像として持ち帰って編集するわけです。渾身の力でぎゅっと凝縮して15分。

堀：ここがまた気合いの入れどころで、1つの現場で本1冊分にはなるんじゃないかというほどの物語が詰まっていて、そこからエッセンスを抽出するんです。

――非公開とはいえ、地域の本音を引き出す作業はなかなか難しいのではありませんか？

堀：本音には2種類あるんだと思います。今まで明らかにされていなかった事実に関することと、自分自身がまだ気づいていない意識に関すること。今回は特にこの後者の本音が大事で、我々が外から入って話を聞くことによって初めて言語化される、思いが吐露されるといったことが多々ありました。

例えば、安部さんが発表された大地の芸術祭の現場ですね。リディラバがスタディツアーを組んだりしてある種の人材育成をしていますが、安部さんやメンバーの方々のお話をいろいろ聞いていくと、その構造はどうも海の中の「藻場」に似ているようだと。

実は僕、駆け出しの頃は瀬戸内海の放送局にいたので、魚たちが安心して育つことができて海の環境の持続にも欠かせない藻場の存在が、彼らがやっていることのイメージとぴったり重なったんですね。すると、その藻場というキーワードを起点に、その場のつくり方や機能、誰が集まりどうなるかといったことが紐解かれ、1つの文脈としてつながっていく。そんな感じで構成を考えたりしていました。

もう1つ、我々はジャーナリストの端くれとして、ただの紹介ビデオはつくらないと決めていますので、その事例や地域に潜むジレンマを描き出すことも意識しました。成功事例を成功物語して描くのではなく、苦しみや軋轢、矛盾のようなものまで僕らが感じたことは素直に打ち返し、まだ表面に出ていない気づきを炙り出せたらいい。そんな気持ちで臨んでいました。

名もなき市民の声って、社会の制度設計の過程でこぼれ落ちることがあるじゃないですか。それが社会問題化するようなことがあれば初めてメディアの報道に乗りますが、そうでなければ見過ごされていく。その役人でも活動家でもない、ただそこにいる普通の市民の声を引き出すことに、僕らがこの企画に関わる意味もあるんだと思います。


——取材をしてご自分が気づいたこと、変わったことというのはありますか?

宮瀬:それぞれの地域における成功は、決してある1人の傑出した人物の力によってのみもたらされたものではない。そんな属人的ではない地方創生のあり方を探ることが、この会議の目的であり、私たちの取材の狙いです。ということは重々わかっていながらも、そうはいっても現実には、地域の人たちは先駆者が決めたことの受け身で動いているんじゃないか。実は私、実際に現地に行くまでそんなふうに思う部分がありました。
ですが、行ってみたら違ったんです。どこの地域もそう。いろんな人が自発的に動いている姿がありましたし、最初の出所は先駆者だったかもしれませんが、そのパワーを受け継いでどんどん広げている様子が伝わってきたんです。自分たちの中から次のリーダーを見つけようとする新しい試みもありました。

縦方向のつながりではない、横に伸びていく関係性。そういうものが感じられましたし、なんと言いますか、まだ眠っている宝物のような人がたくさんいる。地方から逆に都市部を変えていけるぐらいのパワーを持つ人たち。そんな方々を発掘していく仕事もこれから大事になると思いました。

それに、そういう姿を見たり聞いたりしちゃうと、私自身も地方創生の世界に入っていきたくなりますよね。なんかやってみたいなって、わりと本気で。

堀：ははあ、まんまと煽られましたね（笑）。私自身が学んだことの1つは、ファイナンス、ディスクロージャー、ガバナンスの重要性。よく考えたらこれ、自分たちが報道活動の中で普通に感じてきたことなんですよね。いろいろな事件・事故・問題の対応を見るにつけ、なぜ情報公開をしないのか、誰が責任を取るのかと。それを先駆者の方々が、お金の仕組みを含めてしっかり設計すれば改善するはずだと改めて教えてくれた。フィールドや文脈は違ってもすべての社会的な問題に通用する、これも1つの共通言語だったのだと思います。これからの私の活動にも応用可能な言葉を得た思いです。

――もっとも印象に残った事例を挙げるとすれば？

堀：牧さんの西粟倉村です。メディアの敗北を思い知らされました。というのも、自治体の合併が相次ぐ中で西粟倉村がこれを排する決断を下したあの当時、ちょうど私は岡山放送局にいて、その決断に否定的な視点から報道する側の人間でした。過疎化が進み、村の存続さえ危ぶまれる状況下で、その選択は本当に正しいのかと。社会の空気や時代の流れ、大衆の言動にメディアが翻弄され、目の前の現象に引きずられるようにして論調をつくってしまったかもしれない。

それから十数年して、西粟倉村が見事に再生し、地方創生を代表するような先駆的事例となったことは牧さんの発表されたとおりです。それを目の当たりにした今、あのときの自分やメディアが地域の本当の姿を見ていなかった、事実を冷静に検証する目を持てなかったことを痛感したわけです。

時代が変わり、今ではメディア自体が問題解決に関わろうとするソリューション・ジャーナリズムの動きも生まれています。西粟倉村は報道人のそうした新しい役割に気づかせてくれる事例でもあり、また、状況に応じて変容する価値観について冷静に、多様な知見を持ってじっくり論じ合い検証する場の大切さを、この先駆者会議が教えてくれたんだと思います。

宮瀬：私は思い出に残るシーンがありすぎて1つに絞るのが難しいんですが、上山さんの神がかったロビー活動がスゴいと思いましたし、加戸さんの悩み抜いた13年の軌跡にも心奪われるものがありました。まちづくりとはこれほどまでに覚悟がいるものなのかと。おそらく日本全国に、地域をどうするかで行き詰まっている場所はたくさんあるのだと思います。そうした方々にいろいろな考え方や方法論を見せることができるなら、こうした会議を今後も続けてもらい、広く発信していければと思いました。

個人的に印象深かったのは、それぞれの回に出てくるキーワードですね。準備段階で設定した言葉を超えて、議論の場でいろいろな先駆者用語が飛び出しました。「出番と居場所」「煽り」「観客」「膜」、そして「鍵となる事業」。言葉に携わる人間として、自分自身がこれらをもっと広めていけたらいいなと思っています。

――これからの先駆者会議にどんなことを期待しますか？

堀：まだまだ見られていない「奥の院」がたくさんあることを知ってしまった以上、もっと多くの現場を訪ねてみたいですね。デジタル基盤づくりで頑張る場所も見てみたい。そこに隠された言葉やノウハウ、ジレンマを引き出していけるなら、この会議の価値も高まっていくと思います。

宮瀬：少し長期の試みになりますけど、まだ何も始まっていない、まっさらな地域に先駆者たちが入り込み、ゼロから何かを仕掛けていく。そんな検証ドキュメンタリーにも立ち合うことができたら幸せです。「わたしをことばにする研究所」にお任せください。

先駆者会議で踏み出した共助社会への第一歩

村上敬亮　デジタル庁 統括官
EY知恵のプラットフォーム事務局
菅田充浩　EY Japan マーケットセグメントリーダー
中田博之　EY Japan 公共・社会インフラセクター
橋本博子　EY Japan 公共・社会インフラセクター

使命感で立ち上げた前例のない「先駆者会議」

――約1年半をかけて続けてきた先駆者会議を振り返って、事務局を務めたみなさんは今どのように感じていますか。

村上：一体何が起きるのか、よくわからないまま走り出したというのが正直なところでしょうか。見切り発車といえば聞こえはよくないですが、「とにかくやってみよう」「やらなければいけない」と、そんな感じでスタートしたことを思い出します。

菅田：ただ、目的ははっきりしていましたよね。特定のリーダーの存在があるがゆえに成功へと導かれたように見える地方創生の事例においても、突き詰めれば共通する「型」があるのではないか。その先駆者ともいえるリーダー同士の話し合いから、「成功への型」を見出してみようと。

中田：そうですね。そして、先駆者の人選と、プレゼンターとして会議に登場する順番にはだいぶ思いをめぐらしました。

橋本：人選から会場づくり、当日の流れ、取材映像に至るまで、今までにないスタイルをゼロからつくり上げていった感覚です。先駆者の方々は地方創生の世界では名の知られた錚々たる顔ぶれで、よく集まっていただけたなと感激もひとしおです。毎回お一人も欠けずに最後まで続けられたことに感謝しかありません。

村上：トップバッターは（古田）秘馬さんって決めてたんですよね。自助から始めて共助へと展開する流れがわかりやすいし、話も上手い。となると、次はその対極として公助から共助へと拡大した竹本さんの事例が望ましい。その次が悩みどころでしたが、上山さんに登場いただき、制度からのアプローチをお話いただいたのも、結果として正解でした。

菅田：上山さんのロビー活動の話にみんなが激しく反応して、そこから一気に場の空気が変わっていきました。

村上：先駆者の方々はみなさん似たような経験をお持ちなのですが、さすがにロビイスト体験はめずらしい。その未知なる世界がいきなり目の前に飛び込んできて、こんな物事の動かし方もあるのかとびっくりされたんじゃないでしょうか。これをきっかけに場が和み、絆もぐっと深まった。

中田：最初はお互いに様子見といった感じもありましたから。回を重ねるごとに共通のキーワードが生まれ、思い思いの考えが言語化されるのにしたがって、議論が高度化していったという印象です。

村上：論理的な整理の転機期は（藤沢）久美さんの回でしたね。上山さんの回で場が温まったところで久美さんが冷静にファイナンスの話を被せ、僕から地方創生の構造論について私見をご紹介した。ファイナンスとディスクロージャーとガバナンスの話はどこかで必ず入れたかったのですが、ここでしっかりと議論の流れを落ち着かせることができ、型探しへの本格的な入口になりました。

菅田：最終的には「ああ、こんなふうに共通言語が生まれてきて、ここまで合意形成ができるんだ」と、終わってみて感動すら覚えています。この先はそのモデルをもっと進化させ、フィールドに実装していくことになるはずですが、そこでまたどんな課題や世界が見えてくるのか、今から楽しみでもあります。

「具体と抽象」を自由に行き来できる達人の集まり

――そもそもこのような会議体をつくったら面白そうだという発想は、どこから出てきたのでしょうか。

菅田：2年ほど前でしたか、EY知恵のプラットフォームを立ち上げるにあたり、活動方針を模索する中で3つの方向性が見えてきました。①きちんとした理論を導き出す場をつくること、②それを定式化し実践できるノウハウとして固めること、③そして現実に社会実装を果たすこと。この3つの掛け算で知恵プラは動く。そんなイメージでしたが、先駆者会議はその最初の部分ですね。

村上：各地域における取り組みを縦軸だとすると、それらを見渡すことで浮き出てくる共通のノウハウが横軸になる。ならば、その全体を俯瞰する知恵者の合議体が必要になるでしょうと。これをどんな集まりにするかが肝でした。

菅田：そこで以前に村上さんが、テーマはまったく異なりますが、滅多に集まりそうにない尖った有識者による連続会議に出られたことがあり、それが非常に面白かったと。

村上：こうした先駆者達とは、自分と橋本さんにパイプがあり、声をかけてお願いをしてみたら、面白そうだと集まってくださいました。

橋本：こだわり抜いたドリームチームを考えました。まさか実現するとは思わず、会議当日、車座に座って討議される姿は、しびれました。忘れられません。

中田：我々のようなコンサルティングファームが有識者会議を開くことはめずらしくありませんが、先ほどの話でいえば縦軸か横軸のどちらかに偏るのが通例で、ここまで包括的に連続して話し合う場はほとんどないんですね。それだけにどうなるか見えない不安はありましたが、だんだんと霧が晴れていくように世界観が広がっていきました。

菅田：私も以前、自治体と民間の会議をセットしたことがありますが、理論と実践、抽象と具体についてこのレベルで語り合えることはなかったですね。

村上：官公庁が主催する審議会ではできないような設えが作れました。第一に、毎回オリジナルの映像をつくって流すなんて予算的に無理（笑）。第二に、このメンバーが集められた。僕自身も地方創生に8年以上関わっていますが、具体と抽象を自由に行ったり来たりしながら本質を語れる人物はなかなかいない。第三に、お一人でも基調講演を張れるクラスの方々が車座になって話す機会が実現できた。その結果、ご本人たちにも面白いと思っていただけた。

菅田：官にも民にもない会議体のフォーマットが形成できたのは大きな成果の1つです。実のところ、これは先行投資なのか、ブランディングなのか、政策提言なのか、社内的にも位置づけが難しい部分がありまして、何をしているのかよく理解されないまま走り抜けてきたのが実情で、こうして結果が残せてホッと一息つけました。

村上：イノベーションはいつだって「きわ」から発生するものですから。

中田：ようやく追い風が吹き始めた実感はありますね。上場企業の要職者を対象に弊社が外部に依頼したブランドイメージ調査によると、地方創生と経済安全保障の分野でＥＹジャパンがトップに立つことができました。

発熱しながら加速した「共感と理解」のシナジー

――会議を通じて心に残ったこと、得られたことは何でしょう？

中田：どの回も面白いお話でしたが、それぞれの回で新たに飛び出してくるキーワードに刺激を受けましたね。「出番と居場所」「半官半Ｘ」「核と膜」「磁石」「藻場」「観客」……。安部さんの「金がないから金をくれ」発言とかもキャラが立っていて面白かった。個人的には、1回目、2回目と議事録づくりに勤しむ中で、段階を追って自分自身の理解が深まっていったように感じます。

村上：会議を終えてみて、先駆者の方が共通して「解像度が上がった」とおっしゃっていた。今まで漠としたものとして各人の頭の中にあった感覚や理論が言語化され、共通認識を持つことができた。それに加えて、取材映像の効能も高く評価されていました。堀さんと宮瀬さんが中立的な視点から、地元の人間とそれを支援する人間の狭間に位置する目線で現場を切り取り、どちらの側にも「なるほど、そう見えるのか」と思わせることに成功していた。この映像があったからこそ、共通言語が自然に生まれたのではないかと思います。

中田：映像を見ると温度感が伝わりますね。ある種の共感をベースにして、その後の話し合いが一気に加速していきました。

村上：地方創生の理論では「暖気ステージ」と言いましたが、会議自体もまず場を暖めないと駄目ですね。理屈を並べるだけでは伝わらない。でも、エモーショナルな仕掛けだけならべても理解が進まない。両方あって初めて人は動き出す。そのエモーショナルな部分を刺激する働きを取材映像が上手に果たしてくれました。

橋本：最終回にはもう、映像を見ただけでジーンと泣けてきてしまいました。先駆者の方からも「このまま終わらせないでね」って言ってもらえたのが本当にありがたくて、次につなげなければと思いました。

菅田：その後しばらくして、まったく面識のない方からも「EYさんは地方創生に本気なんですね、ここまで踏み込むコンサルファームは初めて見ました」と言っていただけて。安部さんの『リディラバジャーナル』で議事録を公開していましたから、恐らくそれをご覧になって連絡いただけたんだと思います。

橋本：最終回の後、改めて先駆者全員に集まっていただいてシンポジウムを開いて本当によかったと思いました。終了後、近づいてきてくださった方から、「議事録とダイジェスト動画は全部見ました、とても楽しみにしてきました」と。また、この日のために遠方から飛行機でいらっしゃったという方が、こんなふうに話しかけてくださいました。「地方創生はなかなか思いどおりにはいかないし、周りからも何をやっているんだと思われたりしているけど、でも間違っていなかったんだということが、今日のこの会議でよくわかりました」と。

「焚き火」のように長くだんだんと燃えさかる活動へ

――成果という意味ではどのように評価していますか。

菅田：今まで申し上げたことに加えて当社にとっての成果と言えば、「看板の信用」が得られたのは大きいと思っています。もちろん、先駆者会議によって一定の成功モデルのようなものが見え始めた段階で、実践はまだこれからではあるものの、社内外に対してこの会議体の持つ意義を示せたことは貴重な一歩だと評価しています。こうした場づくりこそが、地方創生が不可欠となった日本社会への貢献につながると。

橋本：私たちコンサルタントは通常、「何かお手伝いさせてください」と自分からお願いする立場にあります。それが、この会議を知った方々から「一緒に何かをやりましょう」とお声を掛けていただく経験をすることができました。この1年でそれくらいの変化が訪れたこと。その過程で私自身が得られた学びはとても大きくて、地方創生を盛り上げていく一員なんだと想いを新たにしました。それには「とにかく現場に行くことだよ」と古田さんに言っていただいたので、現場に行く回数を増やしたいと思います。

菅田：現場にこそ具体があり、五感に訴える独特の空気感にも触れられますからね。抽象論に終始しがちな我々コンサルタントは肝に銘じなければなりません。

村上：最終回のプレゼンで牧さんが、あたかも焚き火を大きくしていくように、種火から徐々に薪をくべるような進め方が大事だとおっしゃっていました。この先駆者会議も、そして知恵プラにとってもこの1年半が暖気ステージだったということでしょう。

中田：そうですね。これまでのコンサルティングファームはそうした感覚に欠けていたのかもしれません。できるだけ早く短期に結果を出すことに捕らわれて、長い目で価値を追求する姿勢を持てていなかった。その結果、地方創生においてもまだ見るべき成果をさほど上げられてはいない。我々ＥＹが掲げる「Long-term Value（長期的価値）」の理念に立ち返る必要性を改めて感じます。

次世代の人づくりへと進む、先駆者会議の第二ステージ

――では、次のステージでは何をするか。今後の計画についてお聞かせください。

中田：EYとしてはビジネスにつなげていく動きも考えなくてはなりません。暖機運転で暖まった人と人の関係性を横につないでいく仕組みを考え、組織としてのスキームを構築していくステージになるでしょう。

菅田：地方創生に限らず、社会課題は一部の人間や組織の力だけでは解決しません。公共事業による公助にも民間事業による自助だけにも依らない、共助社会の実現に向けて、あらゆるプレイヤーが寄り集まって1つの課題に当たっていく、イシュードリブンの動き方が求められています。そこにはまだお金になるマーケットは見えていませんが、自ら飛び込んで作りにいく覚悟を持ちたいと思います。

村上：地域経済というのは基本的に受注型なんですね。大都市や大手企業からの発注を待っている。それで足りない部分は、公的支援分配です。すなわち、独自の収入では足りない分を国からの地方交付税交付金で埋め合わせることで成り立ってきた。ですが、その追従型の受注と分配に拠って立つ昭和のパラダイムでは、もはや地域社会は持続できなくなりつつあります。だから共助の考え方が重要だし、「追従と分配」に代わる「選択と投資」が必要なんです。

おそらくそういうことを、地方の現場にいて肌感覚で気づき始めている人たちが、シンポジウムに来て声を掛けてくださったんでしょう。同じような人が、日本中にまだまだたくさんいるに違いない。そういう方々をつなぐ場を新たにつくり、そこに今までに積み上げた理論を持ち込んで触発するという展開は考えられます。

菅田：先駆者のその次を担う人たちを生み出していくわけですね。地方創生モデルの社会実装に向けた、非常に重要なステップだと思います。

村上：そうですね、今の先駆者をGeneration 0とするなら、Generation 1、さらにGeneration 2とだんだんと人の輪を広げていけるといい。それはとりもなおさず、「選択と投資」の文化に地方を変えていく活動の輪でもあるわけです。

それと同時にもう1つ、大きな命題が残っています。選択と投資によって生まれた事業をもっと大きな規模に育てないと事業自体が持続可能にならないという問題。最終回の議論で牧さんから提起された問いに対する有効な解は、まだ得られていませんでした。事業規模を膨らませるために、外から資金力のある大資本を入れた途端に地元資本がマイノリティとなり、地域側がオーナーシップを握れなくなる。でも、地域側が今までのやり方を続けるだけだと、事業自体が安定する規模にまで膨らんでいかない。ここから先、次の一歩の踏み出し方が難しい。これについては引き続き、先駆者会議の延長戦で研究していけたらと願っています。

中田：そのためにも、一緒にやりたいと地域の側から言われるようになったことの価値は本当に大きい。仕事をもらう姿勢ではなく、共に働くスタンスで、地域の中に入っていけるステージを目指したいと思います。

菅田：はい、ぜひともワンチームで。そうなると、先駆者の方々とのお付き合いはまだまだ続きますね。橋本さんとのご縁からつながった「知恵の輪」のさらなる広がりに期待を込めて、皆様への感謝の言葉で締めましょう。

橋本：古田さん、竹本さん、上山さん、藤沢さん、加戸さん、安部さん、牧さん、そして堀さん、宮瀬さん、村上さん、本当にどうもありがとうございました。素晴らしい会議でした。「これで終わりじゃないよね」と言われた以上、まだまだ続きます。これからもどうぞよろしくお願いいたします。

運営、自然体験プログラム等に取り組んでいます。
トップページ｜西粟倉森の学校　https://morinogakko.jp/

西粟倉ローカルベンチャースクール
人口1400人の村「岡山県西粟倉村（にしあわくらそん）」を拠点に、自ら歩みを進めていく「起業家」を目指す場です。ご自身の「事業の軸」をもとに実践を進め、研修や対話、西粟倉村役場、先輩起業家たちとのつながりを活かして事業の自立以上を目指していただけます。サポートを得るだけで起業家になることはできません。まず、やると決めた事業の実現を目指して、自ら動くこと。その後押しをし、精度を上げ、視野を広げる機会を提供しています。
西粟倉ローカルベンチャースクール2021年度エントリー受付中！【岡山で地方起業しませんか？】 https://www.throughme.jp/lvs-lp/venture.html

TAKIBI（たきび）プログラム
地域である程度見込みがありそうな事業テーマをあらかじめ用意し、インターンやプロボノ（知識やスキルを活かして貢献するボランティア活動やその人のこと）の方々とブラッシュアップし、本格的に進めるプレイヤーを用意して始動する起業プログラムです。
特集「SDGs×生きるを楽しむ2021」4 TAKIBI プログラム「地域に新たな経済を創りだす『TAKIBI プログラム』スタート！」| Through Me　https://throughme.jp/idomu_nishiawakura_sdgs_04/

森林 GIS（地理情報システム）
森林 GIS とは、森林基本図や森林計画図、森林簿といった森林の基本情報をデジタル処理し、これまで個別に管理されていた図面や帳簿を一元管理するシステムです。本システムは地方公共団体（都道府県、市区町村）が保有する森林基本データと GIS の地図情報を活用した位置情報の連携を行える機能を装備しています。これにより、森林の現状を素早く把握し、さまざまな関連業務に迅速に対応することが可能となります。
https://fgis.jp/

Through Me
Through Me は、牧大介氏が創業した（株）エーゼロが運用する地域メディア。各地で生きる、人々の暮らし方や叡智を集め、辺境の地から多様な価値観を伝える「自分らしい生き方をする人を100万人増やす」ことをめざす。西粟倉村、厚真町中心に、地方創生を目指す人々の取り組みを記録する。
https://throughme.jp/

地域活性化起業人（地域おこし企業人）

地域活性化起業人は、三大都市圏に所在する企業等の社員が、そのノウハウや知見を活かし、一定期間、地方自治体において、地域独自の魅力や価値の向上、地域経済の活性化、安心・安全につながる業務に従事することで、地方自治体と企業が協力して、地方圏へのひとの流れを創出できるよう、総務省として必要な支援を行う取り組みです。

総務省｜地域力の創造・地方の再生｜地域活性化起業人 https://www.soumu.go.jp/main_sosiki/jichi_gyousei/c-gyousei/bunken_kaikaku/02gyosei08_03100070.html

SIB（ソーシャルインパクトボンド）

ソーシャルインパクトボンド（英：Social Impact Bond、SIB）とは、官民連携の手法の１つである。行政サービスを民間のNPOや企業に委託し、民間の資金提供者から調達した資金を基に事業を行い、事業があらかじめ合意した成果を達成した場合にのみ行政から資金提供者に報酬が支払われる。民間資金によって社会的コストを削減する事業が実施できれば、行政コストも削減されるうえ、資金提供者がリターンを受けることができるという仕組みであり、事前に設定された目標が達成されない場合、行政から資金提供者への支払いは発生しない。対象とする社会課題の性質、施策を行う事業者、目標の設定、評価機関、そしてそれらを管理する中間支援組織のいずれもが重要な要素となる。SIBは、行政と事業者による成果連動型支払と民間資金活用を組み合わせたスキームであり、民間資金活用を除いた成果連動型支払と合わせて成果連動型委託契約の手法の１つである。

https://ja.wikipedia.org/wiki/%E3%82%BD%E3%83%BC%E3%82%B7%E3%83%A3%E3%83%AB%E3%82%A4%E3%83%B3%E3%83%91%E3%82%AF%E3%83%88%E3%83%9C%E3%83%B3%E3%83%89

■第７回　岡山県西粟倉村　牧大介氏のケース

百年の森林（もり）構想

平成の大合併時に、合併しないという選択をした西粟倉村が、当時の道上村長の思いもあり構想した、森林を核とする村おこし事業構想。

百年の森林構想－西粟倉村役場 https://www.vill.nishiawakura.okayama.jp/wp/%e7%99%be%e5%b9%b4%e3%81%ae%e6%a3%ae%e6%9e%97%e6%a7%8b%e6%83%b3/

西粟倉・森の学校

人と地域の可能性を信じて諦めない。人の手と地域資源の組み合わせで価値を生み出すことを目指しモノづくりに取り組んでいます。廃校になった小学校の職員室で産声を上げた西粟倉・森の学校ですが、創業12年目を迎え、現在は木材加工、いちご生産、カフェ店街お買物券などの機能を有した、地域通貨。スマホアプリ、カードの双方で便利に使える。
まちペイ～machipay～公式サイト｜愛媛県松山市生まれのみんなのスマート決済
https://machica.jp/

アクセラレーター

P.215を参照

Antler Cohort Program

Antler起業支援プログラム「Antler Cohort Program」は、全世界25都市で展開、これまで80,000人の起業家候補が応募している世界最大規模のプログラムです。本プログラムは約10週間フルタイムでコミットしていただき、プログラム終了時に創業することを目指します。

Antler起業支援プログラム ANTLER COHORT PROGRAM 第２期生募集開始 https://www.antler.tokyo/

■第６回 新潟県越後妻有 安部敏樹氏のケース

大地の芸術祭

世界最大級の国際芸術祭であり、日本中で開催されている地域芸術祭のパイオニア。アートを道しるべに里山をめぐる新しい旅は、アートによる地域づくりの先進事例として、国内外から注目を集めています。
https://www.echigo-tsumari.jp/about/

SaaS（Software as a Service）

Software as a Serviceの略語。Saasは、必要な機能を必要な分だけサービスとして利用できるようにしたソフトウェア（主にアプリケーションソフトウェア）もしくはその提供形態のこと。一般にはインターネット経由で必要な機能を利用する仕組みで、シングルシステム・マルチテナント方式になっているものを指す。
https://ja.wikipedia.org/wiki/SaaS

トリエンナーレ

３年に１度開かれる国際美術展覧会。国際交流や町おこし、観光客の集客、多様な国の多様な芸術に住民が触れることを目的としている。
https://ja.wikipedia.org/wiki/%E3%83%88%E3%83%AA%E3%82%A8%E3%83%B3%E3%83%8A%E3%83%BC%E3%83%AC

地域おこし協力隊
地域おこし協力隊は、都市地域から過疎地域等の条件不利地域に住民票を異動し、地域ブランドや地場産品の開発・販売・PR等の地域おこし支援や、農林水産業への従事、住民支援などの「地域協力活動」を行いながら、その地域への定住・定着を図る取り組みです。隊員は各自治体の委嘱を受け、任期はおおむね1年から3年です。

具体的な活動内容や条件、待遇等は各自治体によりさまざまですが、総務省では、地域おこし協力隊員の活動に要する経費に対して隊員1人あたり480万円を上限として財政措置を行っています。また、任期中は、サポートデスクやOB・OGネットワーク等による日々の相談、隊員向けの各種研修等さまざまなサポートを受けることができます。任期終了後の起業・事業継承に向けた支援もあります。

令和4年度で6,447名の隊員が全国で活動していますが、地方への新たな人の流れを創出するため、総務省ではこの隊員数を令和8年度までに10,000人とする目標を掲げており、目標の達成に向けて地域おこし協力隊の取り組みを更に推進することとしています。

総務省｜地域力の創造・地方の再生｜地域おこし協力隊　https://www.soumu.go.jp/main_sosiki/jichi_gyousei/c-gyousei/02gyosei08_03000066.html

ドローンを活用したスマート物流の取り組み
上士幌町で先進的なドローン配送を取り入れた実証実験を実施（観光商品開発・日本初のドローン宅配・日本初の牛の検体配送）｜株式会社エアロネクストのプレスリリース
https://prtimes.jp/main/html/rd/p/000000063.000032193.html

にっぽうの家　上士幌
SDGs未来都市に選ばれた上士幌には、実証実験などの先進的な取り組みであったり、町の事業者と新たなブランドを作るなどの理由で、新しい「働く」を実践する人が多く訪れます。この施設はそんな人たちの上士幌の別荘であり、町のコミュニティの入り口や上士幌の発信基地としても機能する場所。無印良品の家が設計し、松浦弥太郎と考えた、誰でも泊まれる上士幌の家です。
https://kamishihoro.today/about/#Info

GP（General Partner）／LP（Limited Partner）
P.98～P.100及びP.198～P.201を参照

■第5回　愛媛県松山市　加戸慎太郎氏のケース

まちペイ
松山市全域のショッピング・お食事・レジャーに使える電子マネー、共通ポイント、商

ノーザングランデ八幡平

国立公園八幡平をリゾートにする新拠点。自然と調和するナチュラルモダンな空間で、秀峰・岩手山のダイナミックな眺望と地産地消メニューを愉しむひとときを提案。

出典：ノーザングランデ八幡平 HP　https://n-grande.com/atmosphere/

平戸城 CASTLE STAY 懐柔櫓

平戸城懐柔櫓（かいじゅうやぐら）は、日本初の常設「城泊」施設として九州・長崎に誕生。夕食、朝食は城内のゆったりとしたリビングダイニングで堪能でき、海に面する３面ガラス張りのバスルームからは、平戸島の海を見渡すことができる。まだ誰も体験したことのない、未知なる出会いと贅沢な時間。圧倒的な非日常感がアピールポイント。

出典：平戸城懐柔櫓 CASTLE STAY　https://www.castlestay.jp/stay/

■第４回　北海道上士幌町　藤沢久美氏のケース

生涯活躍かみしほろ塾

町民が生涯活躍していくための意識向上を図り、ひいては町全体の元気につなげていくため、上士幌町が開催。全国から著名な指揮者を集め、高齢者含む内外の住民に、生涯活躍に関わる公開講座を年に数回提供している。まちづくり会社として2017年に設立した「生涯活躍のまち　かみしほろ」が運営。

http://kamishihoro-town.com/kamishihorojuku/

道の駅かみしほろ

https://karch.jp/michinoeki/

karch　株式会社カーチ

「住んでよし」「訪れてよし」の観光地域づくりを行うため、町民とともに歩む地域課題解決型商社として、上士幌町の価値をきちんと伝える観光地域商社を目指して2018年に設立。DMO、商品開発事業、宿泊業、電力小売り業など、さまざまな事業を手がける。

karch　株式会社カーチ／上士幌町観光ビジネス創出事業 DMO　https://karch.jp/

かみしほろシェア OFFICE

同じスペースを複数の利用者によって共有するオフィスとしてだけではなく「都会と田舎をシェアする」そんな新しい働き方ができるシェアオフィス。窓からはナイタイ高原牧場や東大雪の山々を望むことができます。

https://www.kamishihoro.work/

特区民泊
国家戦略特別区域法に基づく旅館業法の特例。外国人旅客の滞在に適した施設を賃貸借契約及びこれに付随する契約に基づき一定期間以上使用させる事業。東京都大田区をはじめとして、大阪府や大阪市など国家戦略特区の区域として指定された地域で取り組まれている。新法民泊と異なり、営業日数制限がないのが特徴。

国家戦略特区
国家戦略特区制度は、成長戦略の実現に必要な、大胆な規制・制度改革を実行し、「世界で一番ビジネスがしやすい環境」を創出することを目的に創設。長年にわたり改革ができていない「岩盤規制」について、規制の特例措置の整備や関連する諸制度の改革等を、総合的かつ集中的に実施。
出典：国家戦略特区 HP　https://www.chisou.go.jp/tiiki/kokusentoc/index.html

オンライン旅行代理店（OTA）
消費者が、旅行サプライヤーによって提供される宿泊施設や航空券、レンタカー、現地ツアー、クルーズ、アクティビティなどの旅行商品やサービスを検索・予約できるウェブサイト。

アルベルゴ・ディフーゾ（AD）：分散型ホテル
イタリアで生まれた、少子高齢化による過疎対策、特に「空き家問題」を観光産業で解決しようという取り組み。集落内の空き家等をホテルとして再生し、レセプション機能を持つ中核拠点を中心に、宿泊施設やレストラン等を水平的にネットワーク化（一体化）するというものであり、日本語では「地域まるごとホテル」と言われることもある。

オスピタリタ・ディフーザ（OD）：分散されるおもてなし
直訳すると「分散されるおもてなし」。基本的仕組はADと同様だが、ADはレセプションから半径200m以内に施設が集約されるのに対し、ODは、より広域（概ね半径1km）に渡り分散される、広範囲であるが地域が一体となり、統一的で連続的なコンセプトでサービスを共有し、旅行者へ価値提供を行う。

アルベルゴ・ディフーゾタウン（ADT）：自治体への認証
アルベルゴ・ディフーゾ　インターナショナル（ADI）が、AD、ODを計画・推進し、地域の持続・発展を目指す自治体に与える認証。
出典：アルベルゴ・ディフーゾ　インターナショナル　極東支部（ADIeo）より　https://albergodiffuso.jp/

■第３回　民泊を制度化する　上山康博氏のケース

DMO

Destination Management/Marketing Organization の略称。地域の多様な関係者を巻き込みつつ、科学的アプローチを取り入れた観光地域づくりを行う舵取り役となる法人。我が国政府では、地域の「稼ぐ力」を引き出すとともに地域への誇りと愛着を醸成する「観光地経営」の視点に立った観光地域づくりの舵取り役として、多様な関係者と協働しながら、明確なコンセプトに基づいた観光地域づくりを実現するための戦略を策定・実施する調整機能を備えた法人として、観光庁が要件に合うDMOを登録する「登録DMO」制度を提供している。

Entô（エントウ）

島根県隠岐郡海士町福井1375-1
隠岐諸島の中ノ島“海士町”に作られた、泊まれる拠点施設。2021年に誕生。
出典：Entô HP　https://ento-oki.jp/

住宅宿泊事業法（民泊新法）

住宅宿泊事業法は、急速に増加するいわゆる民泊について、安全面・衛生面の確保がなされていないこと、騒音やゴミ出しなどによる近隣トラブルが社会問題となっていること、観光旅客の宿泊ニーズが多様化していることなどに対応するため、一定のルールを定め、健全な民泊サービスの普及を図るものとして、新たに制定された法律で、平成29年６月に成立。

いわゆる民泊新法。「住宅宿泊事業者」「住宅宿泊管理業者」「住宅宿泊仲介業者」という３つのプレイヤーが位置づけ、それぞれに対して役割や義務等を定めている。

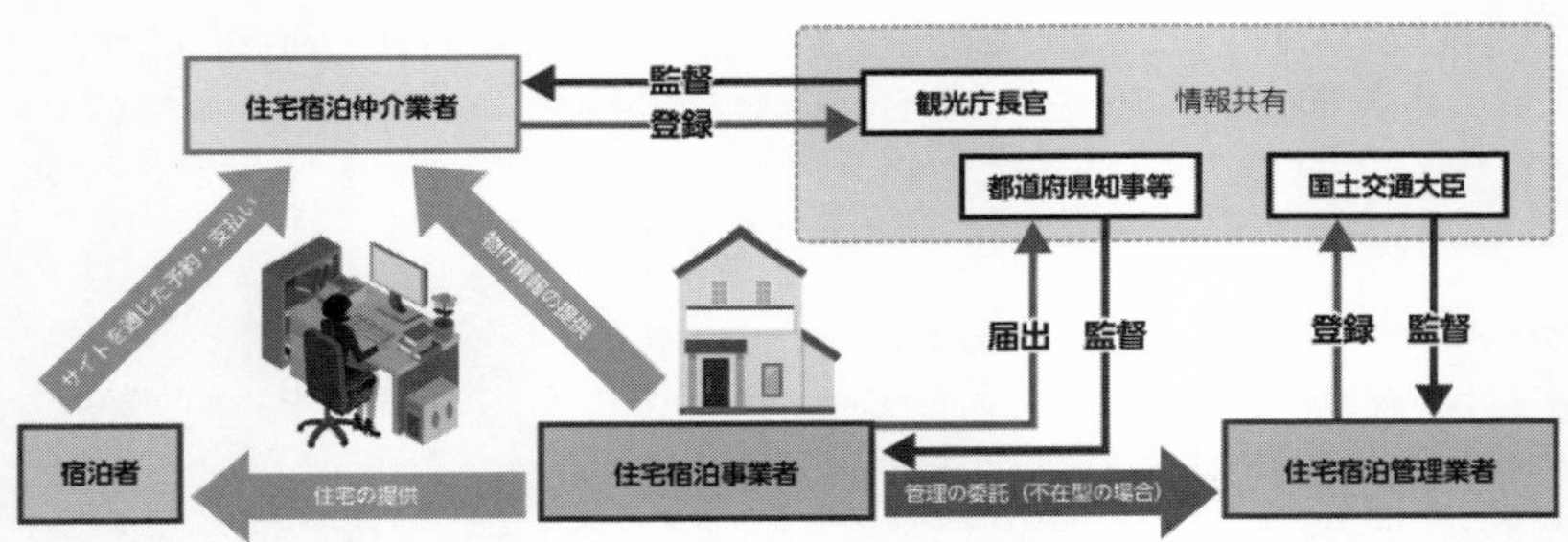

出典：民泊ポータルサイト「minpaku」 https://www.mlit.go.jp/kankocho/minpaku/index.html

■第２回　島根県海士町　竹本吉輝氏のケース

高校魅力化プロジェクト

現在では、日本各地に広まっている『高校魅力化プロジェクト』は、隠岐島前が発祥の地。生徒減が続く高校がなくなると、町はより一層衰退する。そのことに危機感を持った地域が、県立高校と協働することでプロジェクトを立ち上げ、それが10年の時を経て全国的な事例となった。

出典：高校魅力化プロジェクトHP　http://miryokuka.dozen.ed.jp/

島前高校

『島留学』として、日本全国・世界各国からの生徒を募集。これまで北は北海道から南は鹿児島まで200人以上を受け入れ。中学時代を海外で過ごして高校から本校へ進学する生徒や中高一貫校から進学する生徒も。

出典：島根県立隠岐島前高等学校HP　https://www.dozen.ed.jp/

半官半X

『官』として役場の業務に従事しながら、『X』として自分の「好き」や「得意」を地域に還元する海士町独自の働き方。

出典：ないものはない 海士町公式note　https://ama-town.note.jp/

未来共創基金

島の未来のために、産業を活性化し、「人づくり」と「仕事づくり」の相乗効果を高め、好循環をつくるために、ふるさと納税を原資に、海士町が一般社団法人海士町未来投資委員会に資金拠出し、作った基金。海士町の未来につながる事業であること。下限500万円をもととし、さまざまな形で島民や協力者の意見を取り入れながら運営。

複業協働組合

島の特色ある産業を活かし、そこで楽しくはたらける人を増やすため、「繁忙期の異なる島のさまざまな仕事を組み合わせ、時期に応じてはたらく場所を変えていく」という組織横断的な複業スタイルを実現するべく、こうした働き方に賛同する事業者が作った団体。「いろいろな仕事を掛け合わせて、わたしらしく編んでいく」という意味をこめて、「AMU WORK（アムワーク）」と名付けられている。

注釈

■はじめに

リディラバジャーナル特設ページ
https://journal.ridilover.jp/projects/watakotopress

■第１回　香川県三豊市　古田秘馬氏のケース

父母が浜

香川県三豊市仁尾町にある燧灘に面した海岸。水面が鏡面状に見えるウユニ塩湖のような写真を撮影できるとしてSNSを中心に人気のスポット。

UDON HOUSE

空き家だった古民家を改装し、讃岐うどんを作って学ぶ体験型宿泊施設。１泊２日プラン（１日目うどん打ちと農園での野菜の収穫体験。２日目朝は人気うどん屋さん２軒はしご）。
https://udonhouse.jp/

パークPFI

公募設置管理制度（Park-PFI）は、都市公園の魅力と利便性の向上を図るために、公園の整備を行う民間の事業者を公募し選定する制度。都市公園に民間のノウハウを活用することで、カフェやショップなどの集客施設や、保育所やデイサービスセンターなど、地域の人が集う施設が続々と生まれている。
引用先：都市公園の質の向上に向けたPark-PFI活用ガイドライン：国土交通省都市局公園緑地・景観課

「宗一郎珈琲」、「宗一郎豆富」

地元出身の今川宗一郎氏が立ち上げた、いずれもコミュニティの強化をテーマとしたテイクアウト珈琲店舗と豆腐等食料品販売店。

ベーシックインフラ・モデル

全国民に最低限度の生活を保障するため、個々の年齢・性別・年収などは一切関係なく、最低限度の生活を送るために必要な現金が国から支給される制度をベーシックインカムと呼ぶが、逆に、生活者が一定の金額を払えば、衣食住最低限の生活サービスの享受が保証される制度。三豊市が提案し、同制度の構築に向けて取組中。
出典：三豊市HP　https://basicmitoyo.jp/

■EY ストラテジー・アンド・コンサルティング株式会社

EY Japan の経営コンサルティングを担う Consulting サービスラインと、戦略的トランザクションを支援する Strategy and Transactions サービスラインを擁する法人。
EY の多様な専門家や、世界150ヵ国以上の国と地域、36万人以上のメンバーとのコラボレーションにより、ストラテジーからエグゼキューション（M&A）、ストラテジーからトランスフォーメーションをワンストップで支援します。

先駆者会議 ―EY 知恵のプラットフォーム：全会議の動画、議事録を掲載
https://go.ey.com/35iUQKI

・**菅田充浩**　マーケットセグメントリーダーパートナー
・**中田博之**　公共・社会インフラユニットパートナー
・**橋本博子**　公共・社会インフラユニットマネージャー

牧　大介
京都府出身。京都大学大学院（森林生態学研究室）修了後、民間シンクタンクを経て、2005年『アミタ持続可能経済研究所』設立に参画し、所長に就任。FSC 認証制度を活用した林業経営改善をはじめ、農山漁村での新規事業を多数プロデュース。2009年、『株式会社西粟倉・森の学校』設立。木材・加工流通事業を立ち上げる。2015年、『エーゼロ株式会社』を設立し、農林水産業の総合的な６次産業化に向けて研究開発を開始。

村上　敬亮
デジタル庁統括官　国民向けサービスグループ　グループ長。1967年、東京都出身。1990年、通商産業省入省。IT 政策、クールジャパン戦略の立ち上げ、COP15、16等の温暖化国際交渉、再エネの固定価格買取制度創設等に従事。2014年より内閣官房・内閣府で、地方創生業務に従事し2020年７月より中小企業庁経営支援部長。2021年７月より内閣官房　IT 総合戦略室内閣審議官、９月より現職。

■わたしをことばにする研究所

堀　潤　代表取締役／ジャーナリスト
1977年神戸市生まれ。O 型。蟹座。人見知り。学生時代にメディアを研究、その後 NHK に入局し、現在はフリーランスのジャーナリスト。「ことば」と「映像」を使った発信が専門で、ドキュメンタリー映画も制作。アフリカ、中東、アジア、欧米、世界各国を訪ね、そこを生きる人々にそれぞれの「幸せ」を聞くインタビューも。「大きな主語」よりも「小さな主語」を大切にことばを伝えている。

宮瀬茉祐子　取締役／フリーアナウンサー
1982年福岡県生まれ。O 型。双子座。大のいちご（あまおう）大福好き。東京暮らしが人生の半分以上を占めてきた今こそ、地元福岡の魅力を再認識したいと思っている。フジテレビ入社後、現在はフリーアナウンサー。「ことば」で素敵なモノを伝えたい、共感したい。趣味とも言える観察することから生まれる「気づき」を大切にしている。

■ライター

松岡一郎　株式会社エスクリプト

上山　康博

KLab 株式会社・取締役事業本部長を経て、2007年９月に楽天トラベル株式会社・執行役員（新規事業担当）就任。2012年同社を退職後、2012年６月、株式会社百戦錬磨を設立、同社代表取締役社長に就任。首都大学東京非常勤講師、内閣官房「歴史的資源を活用した専門家会議」構成員、一般社団法人日本ファームステイ協会代表理事

竹本　吉輝

1971年生まれ、神奈川県出身。外資系会計事務所、外資系シンクタンク、環境コンサルティング会社の設立等を経て、2009年株式会社トビムシを設立。全国各地で地域の自立に資するよう、林業・木材業の入口から出口までをトータルにデザインしている。専門は環境法。国内環境政策立案に多数関与。同時に財務会計・金融の知見を加味した環境ビジネスの多面的展開にも実績多数。立法（規制）起業（市場）双方の現場を知る。

藤沢　久美

大阪市立大学卒業後、国内外の投資運用会社勤務を経て、95年に日本初の投資信託評価会社を起業。99年、同社を世界的格付け会社スタンダード＆プアーズに売却後、2000年にシンクタンク・ソフィアバンクの設立に参画し、2013年から22年３月まで代表。07年には、ダボス会議を主宰する世界経済フォーラムより「ヤング・グローバル・リーダー」に選出され、08年には、世界の課題を議論する「グローバルアジェンダカウンシル」のメンバーにも選出され、世界40カ国以上を訪問。

政府各省の審議委員、日本証券業協会やＪリーグ等の公益理事といった公職に加え、静岡銀行や豊田通商など上場企業の社外取締役なども兼務。

自身の起業経験を元に、NHK 教育テレビ「21世紀ビジネス塾」のキャスターとして、全国の中小企業の取材を経験後、国内外の多くのリーダーとの交流や対談の機会に積極的に参画し、取材した企業は1000社を超える。

2020年３月に早稲田大学大学院スポーツ科学研究科を首席で修了。

2022年４月、NEC の中立的シンクタンク国際社会経済研究所の理事長に就任。

古田　秘馬

東京都生まれ。慶應義塾大学中退。

東京・丸の内「丸の内朝大学」などの数多くの地域プロデュース・企業ブランディングなどを手がける。農業実験レストラン「六本木農園」や和食を世界に繋げる「Peace Kitchen プロジェクト」、讃岐うどん文化を伝える宿「UDON　HOUSE」など都市と地域、日本と海外を繋ぐ仕組みづくりを行う。現在は地域や社会的変革の起業に投資をしたり、レストランバスなどを手掛ける高速バス WILLER 株式会社やクラウドファンディングサービス CAMPFIRE、再生エネルギーの自然電力株式会社・顧問、医療法人の理事などを兼任。

■地方創生先駆者会議

先駆者（五十音順）

安部　敏樹　氏　　株式会社 Ridilover　代表取締役
加戸　慎太郎　氏　株式会社まちづくり松山　代表取締役社長
上山　康博　氏　　株式会社百戦錬磨　代表取締役社長
竹本　吉輝　氏　　株式会社トビムシ　代表取締役
藤沢　久美　氏　　株式会社国際社会経済研究所　理事長
古田　秘馬　氏　　株式会社 umari　代表取締役
牧　　大介　氏　　株式会社エーゼログループ　代表取締役社長
村上　敬亮　氏　　デジタル庁　統括官

MC

堀　　　潤　氏　　わたしをことばにする研究所　代表取締役
宮瀬　茉祐子　氏　わたしをことばにする研究所　取締役

＜プロフィール＞

安部　敏樹

1987年生まれ。14歳の時に家庭内暴力を起こし家出、不良少年・不登校になるも、友人からの応援を受け一念発起し、東京大学に入学。在学中に「リディラバ」を、社会課題の現場へのスタディツアーを作るプラットフォームとして立ち上げた。Forbes アジアを代表するU－30選出、学生起業家選手権優勝、KDDI∞ラボ第５期最優秀賞など受賞多数。著作『いつかリーダーになる君たちへ』（日経 BP）等。

加戸　慎太郎

1982年松山市湊町生まれ。2005年に慶應義塾大学　経済学部を卒業後、ゴールドマン・サックス証券に入社。その後、地元に帰省し、家業のアパレル事業を継承。2014年より松山銀天街商店街振興組合の理事長に就任。同年、株式会社まちづくり松山の代表取締役社長に就任するほか、愛媛県商店街振興組合連合会　副理事長、愛媛県商店街振興組合青年部連合会　会長を務める。2015年より一般社団法人お城下松山　理事長に就任。2016年からは株式会社愛媛 FC 取締役となる。2017年、全国商店街振興組合連合会　青年部　部長、2019年に株式会社エヒメスポーツエンターテイメント取締役を歴任。2021年９月、全国商店街振興組合連合会の副理事長、愛媛県商店街振興組合連合会　理事長に就任。

地方創生先駆者モデル――「共助」が生み出す新たな戦略

2023年11月1日　第1版第1刷発行
2024年4月25日　第1版第3刷発行

監　修　地方創生先駆者会議
著　者　EYストラテジー・アンド・コンサルティング
発行者　山本継
発行所　㈱中央経済社
発売元　㈱中央経済グループパブリッシング
〒101-0051　東京都千代田区神田神保町1-35
電話　03（3293）3371（編集代表）
03（3293）3381（営業代表）
https://www.chuokeizai.co.jp
印刷／昭和情報プロセス㈱
製本／誠製本㈱

ISBN978-4-502-47891-8　C3033